Communication Technology and Creative Industry

4차 산업혁명과 영상 미디어산업

윤선희 저

박영사

머리말

　최근 한 번도 겪어보지 못한 위기를 동시 다발적으로 경험하면서 2020년은 후대에 역사의 변곡점으로 기록되지 않을까 전망해본다. 전 세계를 덮친 코로나 팬데믹은 언택, 뉴노멀 같은 신조어를 생산해 내면서 우리가 평소에 살아왔던 일상에 대해 새롭게 돌아보게 한다. 전염병의 대유행이 역사에 초유의 일은 아니지만, 지금 같이 복합적 위기로 닥쳐온 것은 유래가 없을 것이다. 질병, 기후, 환경에 더해 테러, 문화 갈등, 국제 관계의 와해 등등 대내외적인 혼란과 문제들은 위기를 가중시키고 있다. 위기의 시기에 이를 극복하고 새로운 전환의 시대를 여는 도전과 응전의 역사는 인류사의 기록이었으며, 우리나라도 예외가 아니다. 위기의 시대에 새로운 희망과 미래 전망을 기획하기 위해 흔히 시대론, 혹은 epoch 같은 거대 담론에 의존하게 되는데, 우리나라가 채택한 거대담론은 4차 산업혁명으로 모아지는 것으로 보인다. 21세기 위기를 극복하고 새로운 시대적 전환을 견인하는 키워드로 4차 산업혁명이 우리 사회 곳곳에 퍼져나가고 있다.

　흔히 시대론이나 epoch 관점은 텅 빈 기호라는 선인들의 비판의 목소리가 높았다. 더 나아가 인간의 다양한 삶의 양식을 한두 마디의 시대론이나 이포크로 환원하여 명명하는 것이 비인간주의적이고 권력적 사상이라는 비판까지 제기된다. 그럼에도 불구하고 어느 시대나 시대론이 등장하고 거대 담론으로 명명하기 좋아하는 것은 다른 한편으로 보면 이것이 희망의 횃불이 되고 시대를 개척하고자 하는 인간적 의지의 표현일 수도 있다. 우리 사회에 널리 회자되는 4차 산업혁명의 기치는 전형적인 거대 담론의 문제점을 드러낸다. 해외에서 처음 유입된 용어임에도 불구하고 다른 나라들이 4차 산업혁명이라는 용어를 널리 사용하지 않고, 유독 우리나라가 이를 전방위적으로 유용하고 있는 점도 그렇다. 또 4차 산업혁명을 기치로 내세우면서도 정작 구체적인 기술 수준이나 사회적 응용 측면에서 다른 선진국에 비해 뒤쳐지고 있는 현실도 텅빈 기호의 이포크 관점을 확인시켜 주는 듯하다.

이와 같은 문제점에도 불구하고 본 저서에서 4차 산업혁명을 논하는 이유는 이미 정치, 경제뿐 아니라 교육 전반까지 밀고 들어온 4차 산업혁명이라는 담론을 단순히 캐치프레이즈나 텅 빈 기호로서가 아니라 구체적으로 살펴볼 필요가 있기 때문이다. 또 미래를 희망적으로 전망하고 전천후적 용어로 사회 전반의 변화를 대체되는 4차 산업혁명이라는 개념을 다각도로 조망하고 비판적인 관점을 균형 있게 제시하고자 하는 목적이 있다. 우선, 4차 산업혁명이라는 전천후적 개념이 가장 구체적으로 구현되는 분야는 영상미디어 분야라는 관점에서 출발한다. 본 저서에서는 4차 산업혁명으로 변화하는 미디어를 구체적으로 살펴보기 위해 산업 구조적 관점에서 조망하였다. 4차 산업혁명을 구가하는 미디어의 변화를 단순히 현상적으로 추적하기보다 이론적으로 평가하고 균형 있는 관점을 제시하기 위해 주류 이론과 비판 이론 관점을 비교하여 제시하고 있다. 4차 산업혁명 관련 기술로 변화하는 영상 미디어산업 구조

분석을 위해 주류 이론으로는 경제학, 비판 이론으로는 정치경제학을 제시하고 있는데, 이는 단순히 특정 학제를 넘어 현상의 변화를 다르게 접근하는 두 개의 접근법이고 세계관을 대변한다고도 할 수 있다.

본 저서는 저자가 과거 십수년간 강의해온 영상 미디어산업 과목을 위한 교과서로 쓰여졌다. 미디어 전공 학생을 대상으로 한 교과서로 학부 3, 4학년 학생들에게 요구되는 광범위한 학문적 지식을 전달하면서도 가급적 이해하기 용이한 글쓰기 방식으로 쓰고자 하였다. 대학 교재로서 학부 학생들이 본 저서의 1차적 타깃이 되지만, 미디어 산업의 변화를 종합적으로 이해하려는 일반 독자에게도 도움이 될 것으로 생각된다. 특히 현재 광범위하게 확산되는 4차 산업혁명의 담론을 구체적으로 이해하고자 하는 독자라면 누구에게도 본 저서가 유용할 것이다.

끝으로 본 저서가 나오기까지 기여해 준 많은 분들께 감사를 전한다. 특히 수업 시간을 통해 좋은 질문과 피드백으로 본 연구에 기여해준 한양대 미디어 커뮤니케이션 학생들에게 일차적인 감사를 전한다. 또 본 연구가 좋은 책으로 나오기까지 애써 준 박영사 기획, 출판 부서 담당자 분들께 심심한 감사를 전하고 싶다.

2021년 한양 동산에서
윤선희

차례

Part 01

4차 산업혁명과 영상미디어의 변화

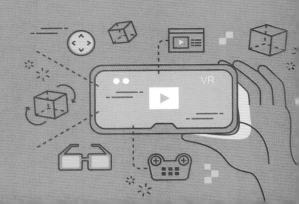

4차 산업혁명 담론과 사회 변화

　현재 인류는 그 어느 때보다 변화의 격랑 속에 부딪히고 있다. 환경의 피폐와 사회 갈등, 문명 충돌과 경제적 위협에 더해 전대 미문의 전염병과 자연 재해의 위협 등 전방위적인 도전에 직면해 있다고 해도 과언이 아니다. 이런 상황에서 지식의 경계와 이념의 차이를 넘어 현대 사회의 변화를 설명하기 위한 다양한 노력이 제기되고 있다. 불확실성과 위기의 세기로 인식되는 현세를 통제 가능한 것으로 인식하고 전망 가능한 것으로 조망하고자 하는 욕망은 어쩌면 당연한 시대적 요구라고도 할 수 있을 것이다.

　시대적 혼란과 미래의 불확실성을 잠재울 개념적 도구로 흔히 동원되는 것이 단계론이다. 현재 영상 세대, 언택트 시대, 신인류 시대, 무슨 무슨 족의 시대 혹은 세대를 정의하는 수많은 개념과 신조어가 등장하고 곧 대체되고 있는 현실은 그만큼 현실의 불확실성과 복잡계를 역설하는 것이라고 할 수 있다. 이런 시도로 현시대를 일목요연하게 단순한 숫자로 정의하기도 하는데 곧 제3의 물결로 요약하는 미래학자부터 4차 산업혁명의 시대로 요약하는 사회

학자들의 시대 정의도 이에 해당된다고 할 수 있다. 즉 인류 역사를 농경 중심의 1차, 산업화 시대의 2차 물결을 지나 정보화 시대로 대변되는 3차 물결로 현시대의 전반적인 변화를 가장 단순한 숫자로 설명하는 시각이다. 유사하게 4차 산업혁명도 현재 경제 사회적 변화를 근대화 초기 산업혁명을 1차로 상정하고, 2, 3차를 지나 현재 4차 산업혁명의 시대를 맞이하고 있다고 설명한다.

　4차 산업혁명은 한국 사회가 현재 사회 변화를 정의하고 미래 사회를 준비하는 핵심 개념으로 회자되는 용어이다. 4차 산업혁명은 정치, 경제, 사회 전 분야를 걸쳐 가장 많이 사용되는 용어가 되었고, 나라의 기간산업을 설정하고 업계가 미래의 먹거리를 기획하는 데 공히 이용되는 개념으로 자리 잡았다. 4차 산업혁명이란 용어는 2016년 스위스 다보스 포럼에서 최초로 제기된 바있다. 클라우스 슈밥(Klaus Schwab)이 '4차 산업혁명의 이해(Mastering the Fourth Industrial Revolution)'라는 주제로 열린 포럼을 통해 "현재 인류는 지금까지 아무도 앞을 내다보지 못할 정도의 빠른 기술혁신에 따른 '제4차 산업혁명' 시대를 맞고 있다. 여기서 4차 산업혁명이란 인공지능과 로봇, 빅데이터와 클라우딩, 3D 프린팅과 퀀텀 컴퓨팅, 나노, 바이오 기술 등 모든 지식정보 분야에서 눈부신 속도의 발전이 이루어지고 있다"고 정의한 바 있다.

　이같이 4차 산업혁명은 근대화 이후 인류가 이루어 놓은 산업 기반의 획기적 변화를 말하며, 기술과 산업의 변화가 인류의 삶 전반의 변화를 동반하는 말 그대로 혁명적 변화를 지칭한다. 18세기 말 19세기 초 사회의 급격한 변화에서 산업혁명이 근대화를 이끄는 추동력이 되었다면, 이후 기술적 발전과 산업 기반의 변화는 사회 전반의 변화를 수반하게 된다. 4차 산업혁명은 개념적으로 근대

표 1.1 • 산업혁명 단계론

	1차 산업혁명	2차 산업혁명	3차 산업혁명	4차 산업혁명
시기	19세기 초	20세기 초	20세기 말	21세기
동력	증기	전기	컴퓨터 인터넷	IoT, AI, 빅데이터
특징	기계화	전기화	정보화	지능화
결과	산업화	대량 생산	자동화	자율화
현상	섬유공업	컨베이어벨트	인터넷 디지털 혁명	초연결, 초지능화

초기 원조 산업혁명을 1차 산업혁명으로 상정하고, 이후 전기의 발명과 산업 기반의 변화를 2차, 전산화와 인터넷의 보급으로 다시 사회 전반적 산업 기반의 변화를 3차로, 그리고 21세기 정보 기술의 고도화를 넘어 사람, 사물, 공간이 하나로 연결되는 초연결 시대 산업의 변화를 4차 산업혁명으로 단계론을 제시하는 개념이다. <표 1.1>은 1차에서 4차에 이르는 산업혁명 단계를 일괄한 표로 시기별 기술 동력이 산업의 변화를 수반하는 양식을 간략히 보여주고 있다.

1차 산업혁명이 영국의 섬유공업 발전으로 해가 지지 않는 나라의 권력을 선사했다면, 2차 산업혁명은 포드 시스템으로 대변되는 대량 생산 체제를 정립하면서 미국 패권 시대를 열었으며, 물질적 풍요의 시대를 가져왔다. 3차 산업혁명은 제3의 물결로도 불리는 정보 사회의 기반을 닦았다면, 4차 산업혁명은 이에 더하여 인간과 기계, 공간의 경계를 넘은 초연결, 초지능화의 시대를 열고 있다고 요약할 수 있다.

물론 각 단계별로 명과 암이 동시에 존재하는 바, 1차 산업혁명은 제국주의의 또 다른 동인으로 작용하여 인류사의 상흔을 남겼다. 2차 산업혁명은 채플린의 <모던 타임즈>같은 영화에도 풍자되었듯이 인간 피폐와 대중 사회의 소외를 가져왔다. 한편, 3차 산업혁명 시기의 정보화는 개인 자유의 구속과 빅브라더스의 음모론을 이면에서 꽃 피웠다. 현재 4차 산업혁명은 미처 구현되기도 전부터 수많은 SF 영화에 등장하는 것 같은 AI의 반란과 기계의 인간 지배를 염려하는 디스토피아의 세계관을 펼쳐 보이기도 한다.

4차 산업혁명의 키워드는 가상성, 초연결성, 지능화, 자율화로 정의될 수 있다. 인간과 기계, 공간의 경계를 넘어 상호 연결되어 물리적 공간과 인터넷상의 공간이 연결되어 경계가 사라지는 것이다. 이때 산업 생산은 자동화를 넘어 자율화되며 AI 등 기계의 지능화에 의해 자율적 생산체제가 갖추어 지는 것이다.

4차 산업혁명 관련 산업은 기존 산업과 상이한 원리에 의해 움직이는 산업이라 할 수 있다. <표 1.2>는 기존 산업과 차이를 보이는 4차 산업혁명 관련 산업의 특징을 보여주고 있다. 가장 큰 특징은 기존 산업이 일반 재화를 생산한다면 4차 산업혁명시대의 산업은 가상성, 즉 Virtuality를 특징으로 한다는 점을 들 수 있다. 물리적인

표 1.2 · 4차 산업혁명 관련 산업

기존 산업	4차 산업혁명 관련 산업
물리적 제품	가상의 정보
변동비용 큼	고정비 크고 변동비 0에 가까움
규모의 경제	네트워크 효과
개별 제품 가격 판매	기본정보 무료 부가 수익
기업 경쟁	자연 독과점

제품의 경우 예를 들어, 자동차, 신발 같이 물질적인 재화가 중심이 된다고 한다면, 4차 산업혁명 관련 산업은 눈에 보이는 물리성이 아니고 눈에 안 보이는 가상의 정보, 가상성이 중심이 된다는 차이를 보인다. 따라서 일반재화는 물리적인 비용, 즉 원료나 노동 같은 변동비용이 크다고 할 수 있다. 이때 제품의 비용은 변동비용으로, 제품을 하나 만들 때마다 비용이 소요된다. 예를 들어, 자동차 한대를 만들기 위해 유리, 철 같은 원료나 타이어 같은 중간재가 들어가고 이것이 변동비용을 구성하게 된다. 이에 비해 4차 산업혁명 관련 산업은 가상성을 기반으로 하기 때문에 변동비용은 제로에 가깝다고 할 수 있다. 즉 AI 기술을 예로 들면, 처음 개발할 때 R&D에서부터 이를 디자인하고 제품에 적용하는 데 고정비용이 크게 소요된다. 그러나 한번 만들고 나면 이미 개발된 기술은 복제하는 데 거의 비용이 들지 않으며, 다양한 제품에 응용하여 활용할 수 있어 상대적으로 변동비용이 적게 소요된다. 개발에 필요한 고정비용은 크고 변동비용은 상대적으로 0에 가깝다고 할 수 있다.

이런 경제적인 논리에 의해 기존 물류산업의 경제원리가 규모의 경제(economy of scale)에 기반한다면, 4차 산업혁명 관련 산업은 새로운 경제의 원리인 바로 네트워크에 의존하게 된다. 규모의 경제는 산업화 시대의 경제 원리로 우리나라가 재벌 중심의 산업 기반을 가지게 된 것도 규모의 경제의 결과라고 할 수 있다. 인위적이고 불법적인 개입이 아니라도 대기업이 규모의 경제로 유리한 조건으로 생산할 수 있고 규모가 적은 사업자는 불리한 조건에서 경쟁하기가 어려워지는 것이 규모의 경제 시대 운영 원리가 된다. 그러나 이런 규모 경제의 원리는 20세기 말부터 쇠락하기 시작하였고, 이제 21세기는 혁신이 기반이 되는 산업으로 전환한다. 경제적

이익을 생산하는 것도 네트워크에 의해서 가능해진다. 세계적 기업 가치의 수위를 차지하는 아마존이나 페이스북, 유튜브 같은 기업은 대규모 플랜트 기반이 아니라 네트워크에 의존하여 수익을 생산하는 기업이다. 우리나라에서도 최근 논쟁이 되는 배달의 민족이 몇 조원의 기업 가치가 나오는 이유는 물리적 생산과는 무관하고 네트워크에만 기반을 둔 기업이기 때문이다.

이와 같은 기업들은 혁신에 의해 사업을 론칭하고 네트워크 효과에 의해 세계 수위의 기업으로 성장하게 된다. 페이스북의 경우도 처음에는 학생들이 아이디어 하나로 시작하고 거의 무료로 서비스를 시작하였다. 기본 제품은 거의 무료인 경우가 많고 부가 사업을 전개하여 수익을 창출하게 되는 것이다. 한편 무료로 제공되는 기본 정보에 의해 어느 정도 네트워크 효과를 보게 되면 부가적 수익 창출로 기업 가치가 높아지게 되는 것이다. 한편 혁신과 공유를 기반으로 하는 네트워크 산업은 아이러니하게도 독점을 기반으로 하고 있다. 4차 산업혁명 관련 산업의 독점구조는 일반 물류산업의 독점이나 재벌 구조와는 비교가 안 될 정도로 고도의 독점 산업을 구성한다.

4차 산업혁명이 다보스 세계 경제포럼에서 주목을 끈 이후 각국은 연관 산업에 범정부, 민간 기업 차원의 노력을 기울여 새로운 산업 방식과 미래 기술 개발에 박차를 가하고 있다. 포럼의 개최지인 유럽권 중 독일은 가장 활발하게 4차 산업혁명 연관 산업의 제조업 활용을 선도하며 Industry 4.0 전략을 범정부 차원에서 추진하고 있다. 제조업의 혁신과 새로운 공정 과정을 핵심으로 하는 독일의 전략은 IoT 기술과 CPS(Cypher-Physical System)를 미래 공장 설계에 적용하여 추진한다.

이에 비해 미국은 4차 산업혁명 연관 산업의 양대 산맥이라 할 수 있는 AI 기술에 중점을 두고 있다. 정부의 막대한 예산으로 AI 기술을 개발하고, 연관 산업은 민간 기업 위주로 개발되고 있다. GE가 IoT와 인공지능을 동원한 전략적인 혁신모델을 선도하고 있으며 GE, AT&T, 시스코, IBM, 인텔 5개사가 중심이 된 '산업인터넷 컨소시엄(IIC, Industry Internet Consortium)'으로 확장하여 산업에 활용되고 있다.

한편, 아시아에서 4차 산업혁명의 기술적 우월성을 갖는 국가로 일본을 들 수 있으며 현재 로봇 기술에 방점을 두고 있다. 고령화와 경제인구 감소로 심각한 산업적 도전을 받고 있는 일본은 로봇을 활용한 생산 공정을 한 축으로 하는 한편, 로봇을 민생에 활용하여 삶의 질을 고양하기 위한 노력을 지속하고 있다. 한편, 중국은 아시아 중에서 4차 산업혁명 관련 기술 개발과 산업 활용에 가장 적극적인 노력을 펼치고 있다. 세계의 공장이라고도 불리는 중국은 신기술을 활용한 스마트팩토리 건설에 적극적이다. 독일의 인더스트리 4.0을 벤치마킹하여 제조업의 혁신을 모색하며, 독일업체 보쉬(Bosch)와 공동으로 연구를 진행하여 중국 스마트 제조의 3단계 발전전략을 수립하기도 하였다. 또 중국은 5G 기술 개발에 박차를 가하여 스마트팩토리를 넘어 도시가 하나의 유기적 기술체제로 연결되는 스마트시티 건설에 주력하고 있다.

이와 같이 세계의 많은 나라들이 4차 산업혁명의 변화에 공감하고 특정 기술 개발과 산업 체질 개선에 매진하는 데 비해, 우리나라의 경우는 4차 산업혁명을 특정 기술이나 구체적 생산 과정으로 접근하기보다는 거대 담론으로 접근하는 경향이 있다. 앞서 지적했듯이, 4차 산업혁명이라는 용어가 유독 한국에서 유행하고 있는 것도 이를 반영한 현상이다. 다른 나라에서는 4차 산업혁명이라는 용어를 사용하는 경우가 드물고, 그 대신 구체적인 기술이나 개발 계획, 관련 산업 개발에 집중하여 AI나 스마트팩토리 같은 구체적인 형태로 기술 발전을 구현해 간다. 이에 비해 우리나라의 경우는 현재 사회 전반의 변화와 미래 지향성을 포괄적으로 4차 산업혁명 시대라는 말로 지칭하는 거대 담론화하는 경향을 보인다.

이러한 특정 개념이 사회 전반의 현상을 흡수하며 회자되는 거대 담론화는 이전에도 종종 시도되곤 했다. 한때 영상 시대, 영상 세대라는 말이 우리 사회의 변화를 대변하는 용어로 쓰이기도 했는데, 이는 한 정부 회의에서 "<쥬라기 공원> 한 편이 자동차 수출 300만 대를 수출하는 것과 맞먹는다는" 관료의 발언으로 시작하였다. 이에 제조업이 아닌 영상산업이 나라의 기간산업이 되어야 한다는 방향으로 급선회하면서 영상이라는 말이 거대 담론으로 유행하였다. 영상산업의 담론은 점점 영역을 확장하다가 10년이 지나지 않아 창조경제라는 용어로 대체되었다. 이제 2010년대 중반까지 창조경제가 한국의 미래를 살리고, 기간산업으로 경제 개발의 중심에 서야 한다는 시각이 지배적이었지만 그 개념이나 구체적 구현은 항상 논쟁의 대상이 되었다. 물론 주지하다시피 창조경제는 촛불혁명의 결과로 쇠퇴하고 이제 부패와 국정농단의 대명사로 더 이상 사용하지 않는 용어가 되었다.

이제 담론의 대체가 필요한 즈음 한국 사회가 채택한 용어가 바로 4차 산업혁명이다. 4차 산업혁명이 처음 제기된 다보스 포럼에서 환기하고 있는 지식정보 기술의 발전이나 이후 각국이 기술 개발과 산업 활용에 매진하는 범위를 넘어 사회 전반의 변화를 진단하고 미래를 전망하는 모든 요소들을 광범위하게 흡수하면서 확장

재생산된 것이다. 이런 담론화의 문제는 이전의 우리 사회를 선도하는 중심 개념이 그렇듯이 구체성이 떨어지고, 실제 구현 가능성에 대한 전망도 모호하다는 문제를 노정하고 있다. 우리나라의 높은 관심에도 불구하고, 실제 4차 산업혁명 관련 기술 수준이 여타 선진국에 비해 높은 것도 아니고, 업계에서 이를 활용할 준비나 인식도 부족하다는 평가가 많다(변재웅 2017; 이은민 2016). 아울러 사회 전반적으로 데이터 가치에 대한 인식 수준이 낮고, 정부의 지원도 미흡하고 규제의 장벽이 높다는 문제점이 공통적으로 제기되고 있는 실정이다(정분도 2018; KIET 2017).

이와 같이 4차 산업혁명 담론이 가진 우리 사회의 문제점에 대해 대안을 제시하기 위해 본 저서는 4차 산업혁명과 관련하여 가장 현실적이고 구체적으로 구현되고 있는 분야를 영상 미디어산업에서 찾고 있다. 이는 첫째, 영상 미디어산업이 4차 산업혁명의 산업적 특성과 재화의 성격을 개념적으로 공유한다는 점에서 그렇다. 둘째는 4차 산업혁명의 영향으로 영상 미디어산업은 획기적인 변화를 보이고 있으며 이를 구체적으로 구현하고 있다는 점에서 그렇다.

우선, 4차 산업혁명과 영상 미디어산업의 개념적 공통점은 앞서 말한 산업적 생산 방식, 가치 유발 효과에서 찾을 수 있다. 기존의 일반 물류산업에 비교해 영상산업은 특징적 성격을 보인다. <표 1.3>은 이를 요약한 표이다.

표에 나타나듯이 영상산업은 일반산업에서 물질적으로 생산되는 일반재화에 비해 고부가가치산업이라고 할 수 있다. 일반 물류산업에도 저부가가치와 고부가가치의 정도의 차이가 있지만 영상산업이 고부가가치인 이유는 재생산력에 그 비밀이 있다. 즉 영상산업은 정보와 콘텐츠를 기반으로 하기 때문에, 추가 비용 없이 무

표 1.3 • 물류산업과 영상산업

일반 물류산업	영상산업
저부가가치	고부가가치
한계 재생산	무한 재생산
생산 가치	유통가치
물적 자원	비물적 자원
개별성	시너지, 산업 연관
구체성	추상성
Low risk	High risk
Red Ocean	Blue Ocean

한대로 재생산 될 수 있다는 특징이 있다. 일반 재화의 경우 재생산을 위해서는 원료와 노동이 추가되어야 하지만, 영상 재화는 클릭 한번으로 복제하여 추가 투자 없이 무한 재생산할 수 있게 된다. 물론 이 점 때문에, 영상은 불법 복제의 위험에 쉽게 노출되고 지적재산권 보호에 노력이 필요하지만, 가치 생산이 부가적으로 무한 반복될 수 있다는 특징을 보인다.

그러므로 영상산업의 가치는 반복될 수 있는 유통에서 발생한다. 일반재화의 가치가 생산에서 발생하는 것과 대조적인 측면이다. 예를 들어, 자동차산업의 경우 자동차를 제조할 수 있는 원료를 투입하고 열심히 땀을 흘려서 노동을 들여 만들면 생산을 통해 자동차의 가치가 발생하고 거기에 유통과 서비스 비용이 부가적으로 더해져 최종 소비자에 의해 구매되는 것이다. 이와 대조적으로 영상산업은 생산에서가 아니라 유통에서 가치가 발생한다. 예를 들어, 영화 한편에 얼마나 많은 제작비와 출연자 스태프의 노력이 투입되었는가가 영화의 가치와 수익을 결정하는 것이 아니다. 1억 제작비이든 100억 제작비이든 개봉관에서 티켓 비용은 대동소이하며 관객이 얼마나 선호하는가에 따라 수익이 결정된다. 또 영화는 영화관 이외 다른 매체의 유통과정을 거칠 때마다 지속적으로 가치를 부가시킨다. 이는 일반재화가 물적인 자원을 바탕으로 하는 반면 영상자원은 비물질적인 자원, 즉 지적 재산을 기반으로 하기 때문이다. 영상산업은 비물질적인 자원, 즉 물리적으로 존재하지 않는 눈에 보이지 않는 아이디어, 창의력을 기반으로 하는 창의산업이다. 이런 점 때문에 창업 시 제작 지원을 받기 어려운 점도 존재한다. 일반 물류산업처럼 담보를 통해 대출을 받거나 구체적 플랜트로 투자를 이끌 수 없고 아이디어로 투자를 유도하고 설득해야 하기 때문이다. 또 비물질성 때문에 창의산업을 빙자하여 불법의 수단이나 모럴해저드가 발생하기도 쉬운 영역일 수 있다. 과거 정권의 실정이나 정부 지원의 관료주의적 문제가 영상산업의 발전을 저해했던 것도 이 이유 때문이다.

영상산업이 일반 물류산업과 대별되는 또 다른 특징은 개별성이 아니라 융합을 기반으로 하고 연관 효과 및 시너지 효과가 중요하다는 점이다. 예를 들어, HDTV 기술은 방송 뿐 아니라 군사, 가전, 기타 소비재에 공히 적용될 수 있는 기술이다. HDTV 자체가 군수산업을 위해 처음 개발된 신기술이고 이것이 방송이나 다른 기술에 도입된 것이다. 현재는 냉장고 같은 가전이나 자동차 등에도 HD영상 기술이 광범위하게 적용된다. 이는 앞서 설명한 4차 산업혁명 관련 산업과 공통된 특징으로 이의 반영이라고 할 수 있다. 예를 들어, AI 음성인식 기술이 텔레비전, 세탁기 등 홈테크에 공히 적용되는 것과 같은 특징이다.

고부가가치와 융합산업을 특징으로 한 영상산업의 단점으로는 고위험(high risk)을 들 수 있다. 물론 일반 물류산업에도 사업 리스크가 높은 것이 존재하지만 영상산업은 사업성의 예측 자체가 어려운 고위험군에 속하는 산업이다. 잘되면 소위 대박을 칠 수 있지만, 실제 성공보다는 실패할 확률이 훨씬 높다. 영상산업의 비물질성 창의성의 특징 때문에 몇몇의 성공 사례가 신화를 형성하여 이에 꿈을 쫓는 사람들을 양산하는 경향을 보이는데 이는 인생의 실패를 맛보게 하기 좋은 직업군이라 할 수 있다. 예를 들어, 초등학생들이 제일 되고 싶은 사람이 과거 대통령, 과학자였다면, 몇 년 전부터는 아이돌, 이제는 유튜버라는 통계가 나오고 있다. 누구에게나 열려있는 유튜버의 세계에 성공 사례를 길잡이로 하여 너도나도 뛰어들게 만들지만 실제 경제적으로 성공하는 예는 극히 일부라는 점을 기억할 필요가 있다.

영상산업은 기존 산업에 비해 신산업이라는 측면에서 새로운 형태의 지식과 정보 창의성의 세계라는 측면에서 소위 자주 언급되는 블루오션의 영역이라고 할 수 있다. 흔히 사람들은 블루오션을 먹잇감이 풍부한 전도유망한 영역으로 인식하지만 또 한편으로는 순식간에 익사할 만큼 위험하고 패망하기 딱 알맞은 조건을 말하기도 한다는 점을 상기할 필요가 있다. 흔히 여름에 해수욕장에 가면 부표가 떠 있고, 그 안에서 놀게 되어 있는데, 이것이 레드오션의 표식이다. 그것을 넘으면 블루오션으로 물론 인파로 바글거리는데서 인적을 떠나 호젓하게 즐길 수 있는 장점이 있겠지만, 생명의 위험을 감수해야 한다. 산업 영역에서도 블루오션은 개척되지 않은 시장으로 그만큼 경쟁이 없지만 스스로 길을 트고 개척하여야 하며, 준비가 안된 사람에게는 침몰 밖에 다른 길이 없는 위험천만한 영역인 것이다. 현해탄을 맨몸으로 수영해서 건넌 수영 선수 조오련 정도 되면 홀연히 바다의 도전을 온몸으로 받아 치고 새로운 기록을 수립하겠지만 준비가 안 된 사람은 레드오션에 머물러야 안전한 것이다. 영상산업이나 4차 산업혁명 관련 산업은 공히 신산업이고 미래지향적 블루오션이지만, 그만큼 리스크가 높고 실패 가능성이 큰 산업이라고 할 수 있다. 기술과 창의력을 개발하고 새로운 시장을 개척해야 하는 것은 오롯이 사업자 혹은 창작자의 몫이며, 예측 가능한 지표도 주어지지 않는 영역이다.

이런 맥락에서 4차 산업혁명 관련 산업, 또 그것이 가장 비근하게 적용되는 분야로 영상산업을 들 수 있는데, 이는 기존의 미디어산업과는 차이가 있는 확장된 개념으로 이해해야 한다. 그럼 영상산업은 기존 미디어산업과 어떤 차이가 있는가? 우리가 흔히 영화, 드라마, 뮤직비디오 등을 영상산업이라고 부르는데, 미디어산업의 일부로 설명할 수 있지 않을까? 여기서 영상 미디어산업의 정의가 필요해지고, 영상산업의 새로운 산업으로서 성격 규명도 필요해진다. 일단 영상 미디어산업을 정의하기 위해 단어의 조합을 분석하는데서 출발할 수 있다. 영상 미디어산업을 각각 별개의 3개 단어의 조합으로 본다면, 산업은 자명한 정의가 가능하다. 산업은 사전적 정의로 물적 재화와 서비스의 생산을 포함하여, 모든 분야의 생산적 활동이나 전체 산업을 구성하는 각 부문, 업종을 지칭한다. 자동차산업, 화장품산업 등 생산 업종을 지칭하기도 하고, 한국산업생산성 등 생산 활동 전반을 뜻하기도 한다. 즉 산업은 경제적 활동을 뜻하며, 영상 미디어산업은 영상미디어의 경제적 생산 활동을 대상으로 연구하는 분야를 뜻하게 된다. 그러면 경제적 생산 활동은 언제부터 관심의 대상이 되고 연구되었을까? 주지하다시피 경제를 뜻하는 영어의 economy는 그리스어 오이코노미아(oικονομία)에 어원을 두고 있으며 가정 관리를 뜻했다. 고대 사회에서 경제 단위는 노예와 경작지를 포함하는 가정을 단위로 했다는 점에서 오이코노미아는 현대 사회의 경제, 산업 활동의 기원이 되었다고 할 수 있다.

산업의 기원과 경제 활동이 고대부터 내려온 인류의 활동이라고 한다면, 미디어는 근대 사회의 산물이다. 미디어는 19세기 신문의 보급, 영화의 발명에서부터 20세기 라디오 텔레비전의 확산으로 발전해 왔는데, 모두 근대 대중 사회의 형성과 현대 자본주의 공고화의 근간이 되었다. 미디어는 말 그대로 수단을 뜻하는 미디움(medium)의 복수 형태로 의사소통의 수단을 말한다. 이런 의미에서 미디어는 사실상 물리적인 개념이고, 근대 이후 대중 사회에서 직접 만나는 면대면 의사소통의 수단이 어려워지고 매개된 수단으로 사회적 의사소통이 가능해졌기 때문에 등장한 것이다. 미디어 연구 중에서 하버마스가 의사소통의 장인 공공영역이 몰락하면서 미디어가 이를 대치하였다고 비판적으로 보고, 마르쿠제가 일차원적 인간을 만드는 기제로 미디어를 인식하고 있는 것은 이와 같은 미디어의 사회적 맥락을 고려하기 때문이다. 미디어 자체는 수단으로 내용을 담보하지 않지만, 근대 사회의 형성과 운명을 같이 한다는 점에서 미디어 연구는 내용이나 매체 기술적 측면 자체보다 사회적 영향력에 대한 영역을 더 많이 연구하게 되며, 복합적인 이론적 연계가 이루어지고 있다.

이와 같이 영상 미디어산업을 정의할 때, 산업이 고대부터 수천 년의 역사를 갖는 반면 미디어가 근대 이후 200여 년의 역사를 갖는다. 이에 비해, 영상은 가장 근접한 시기에 형성된 개념이라 할 수 있다. 앞서 언급했듯이 우리나라에서 영상에 대한 관심이 증대하기 시작한 것은 90년대 말이며, 불과 20년 사이 영상 시대, 영상 세대 등 새로운 영역을 대변하는 용어로 사용되어 왔다. 이와 같이 영상에 대한 관심은 21세기 현상이며 새로운 개념인 만큼 아직 이론적으로 정립되지 않은 개념이다. 영상의 개념이나 정의에서부터 연구자들 사이에서 논쟁의 와중에 있고 이론화가 채 완성되지 않은 영역이라고 할 수 있다.

영상이 개념적으로 논쟁적인 측면은 첫째, 영상은 이전에 존재하지 않은 새로운 현상인지 기존 미디어와 어떤 차이가 있는지에 대한 논쟁이다. 영상에 대한 사전적 정의는 "영화, TV, 비디오, 광고 사진 등의 시각 기호를 매체를 통해 형성된 이미지를 이야기한다"고 정의되어 있다. 이런 사전적인 정의에 의하면 실제 기존 미디어와 대동소이하며, 굳이 영상이라는 새로운 개념으로 설명해야 할 유용성은 없다고 보는 시각이 대두된다.

더 나아가서, 영상은 기존 미디어보다 더 오래 존재해 왔다고 할 수 있고 역사 단계 이전부터 존재한 인류의 가장 오래된 의사소통 수단이라고 할 수 있다. 영상을 어떻게 정의하는가는 학문적 논쟁의 대상이고, 이를 대별하면 대범위·중범위·소범위 이렇게 3개 범위로 영상이 정의된다. 우선 영상을 가장 확장된 개념으로 보는 대범위 정의로는 이미지론을 들 수 있다. 영상을 흔히 이미지라는 용어로 대체해서 쓰기도 하는데, 이미지는 통상적인 영상의 의미에 더해 심리적이고 추상적인 것을 포함한다. 즉 한국의 이미지, 사랑의 이미지, 악마의 이미지 등 우리가 눈으로 볼 수 없고 머릿속에서만 상상할 수 있는 추상적이고 상상적인 것도 이미지에 포함된다. 이런 의미에서 영상을 정의하면 영상 아닌 것을 찾기 어려우며,

인류 역사 이전부터 영상은 존재했다고 할 수 있을 것이다. 이에 대해 정의가 가져야 하는 보편성과 특수성, 즉 한 개념이나 사물이 공통적으로 가진 속성이라는 보편적 측면과, 다른 것과 대별되는 특수성이라는 측면이 충족되어야 학문적으로 받아들일 수 있는 정의가 되는데 영상의 대범위 정의는 지나치게 광범위하고 개념의 특수성을 가지지 못한다는 비판이 제기된다. 이에 대해 이를 주장하는 이론가들은 물리적인 형상도 사실 인간의 머릿속에만 존재하는 추상적인 이미지로 인식되고, 이를 바탕으로 만들어지는 것이므로 확장적 개념이 유용하다고 주장한다.

이에 비해, 영상을 소범위로 정의하는 시각은 근대적 영상에 한정해서 접근하는 시각이다. 즉 소범위의 영상 정의는 영상을 그 자체가 아닌 투영된 상을 의미한다. 이는 빛에 의해 상이 투영되는 사진의 역사에서 시작되며, 이후 발명된 영화, TV 등은 내용적으로 사실상 사진의 확장이라고 할 수 있다. 즉 영화의 초기 이름이 활동사진이라고 하는 데서 알 수 있듯이 사진을 이어 붙여 움직이게 하는 것이 영화이며 영미권에서는 지금도 활동사진(motion picture)이라는 용어가 많이 쓰이고 있다. TV도 영화의 원리가 필름 대신 마그네틱 테이프에 찍혀 송신소를 통해 전송된다는 기술적 차이가 있을 뿐 사진 이미지를 바탕으로 구성된다는 점에서는 같다고 할 수 있다. 21세기 디지털 미디어는 더 이상 빛이 필요 없이 상을 생산할 수 있게 되었지만, 기본적으로 기존 매체의 이미지를 모방하고 재생산한다는 점에서 영상에 속한다. 디지털 미디어는 빛의 물리적 포착이 아니라 시뮬레이션에 의해 상이 재현되는 기술적 차이가 있으나, 모방된 상은 빛에 투영된 형상을 기반으로 한다. 이와 같이 소범위로 영상을 정의하면 우리가 흔히 말하는 미디어 영상을 포괄할 수 있다는 장점이 있는 반면 투영된 상이 아니라 직접적으로 재현된 형상을 개념에서 제외한다는 단점이 있다.

영상에 대한 중범위 정의는 소범위 정의에 더해 직접적으로 재현된 형상의 중요성을 포괄하기 위해 타협적으로 내려지는 정의라고 할 수 있다. 즉 빛에 의해 투영된 영상으로 소범위로 정의하면, 그림이나 만화 등 직접적으로 재현된 형상은 제외된다. 근대 미디어 역사를 보아도 사진의 발명은 회화의 역사에서 시작되었으며, 회화 구성의 원리가 사진에 그대로 반영되고 있다는 점을 알 수 있다. 사진의 전신인 카메라 옵스큐라는 근대 회화의 역사에서 화가들이 사용한 장비가 발전하여 만들어 진 것이며, 초기 사진은 그림을 모방하고 또 화가들은 사진의 순간 포착 원리를 그림에 반영하기도 하였다. 이와 같이 그림의 구성 원리는 그대로 근대 매체 구성 원리에 적용되고, 최근에는 사진이 그림보다 더 추상화되거나 사진과 그림의 융합이 유행하는 현대 예술의 한축을 담당하기도 한다. 또한 만화나 웹툰 같은 경우는 많은 영화나 드라마 또 애니메이션의 직접 소재가 되고 있으며 이들을 배제하고 현대 영상을 말할 수 없을 것이다. 이런 의미에서 중범위 정의는 영상을 눈에 보이는 가시적인 형상, 즉 visual image로 정의하는 것이며, 영상커뮤니케이션(visual communication), 영상 문화(visual culture), 영상 미디어(visual media) 등 이론에서 보듯이 대표적 연구 영역에서 중범위 정의를 채택하고 있다.

둘째, 영상 개념과 관련한 논쟁점은 나라마다 영상의 개념을 다르게 사용한다는 점이다. 우리나라의 경우 영상산업, 영상 세대 이런 말이 광범위하게 회자되는 담론인데 반해, 이런 용어를 쓰는 나라는 우리나라가 거의 유일하고 할 수 있다. 예를 들어, 영미권에서 영상산업(visual industry), 영상 세대(visual generation) 같은 용어는 잘 쓰이지 않는다. 앞서 4차 산업혁명도 우리나라만 확장적으로 쓰고 있다는 현실을 지적했는데, 영상산업의 경우도 마찬가지다. 이것이 다른 나라는 4차 산업혁명을 안 하고 영상산업에 주력하지 않는다는 뜻은 아니다. 오히려 4차 산업혁명 관련 첨단 기술은 다른 선진국이 우리보다 우위를 차지하고 있고, 영상도 우리보다 수준이 높은 나라가 다수 존재한다. 이 분야에 우리나라는 후발주자라고 할 수 있는데, 용어는 다른 나라에서 볼 수 없게 광범위하게 사용하고 있다.

영상산업은 나라마다 여러 가지로 불리는데 영상산업과 가장 가까운 표현으로 프랑스 등에서 쓰이는 audio-visual industry를 들 수 있다. 시청각산업으로 직역할 수 있는 이 용어는 영상산업과 가장 가까운 언어적 표현이지만, 우리나라에서 의미하는 영상산업과는 차이가 있다. 프랑스에서는 영상 미디어산업 정책의 적용을 위해 이 용어를 개발했는데, 방송 프로그램의 콘텐츠를 의미하는 용어로 쓰인다. 프랑스는 영화에 대한 대대적인 지원정책을 펼치면서 방송의 수익을 영화 지원에 사용하는데, 대중적인 방송의 이점으로 영화수익 감소를 보전해 주기 위한 정책적 배려에서 비롯되었다. 이에 영화와 대별되는 방송의 콘텐츠를 오디오비주얼산업으로 정의하고 별개의 정책적 계획을 수립하기 위해 만들어 낸 용어이다.

미국 쪽에서는 영상산업이라는 용어 대신 콘텐츠산업, 엔터테인먼트 비즈니스와 같은 용어를 주로 사용한다. 미국은 세계 영상의 패권을 가진 할리우드를 배경으로 하기 때문에, 영상산업에 대한 정책적 고려나 지원에 대한 동기는 상대적으로 낮고 시장주의를 고수하고 있다. 20세기 초 영화산업을 기반으로 한 할리우드 메이저들이 20세기 중반 이후 방송, 출판, 뉴미디어를 석권하며 **M&A**를 통해 사업을 확장하고 미디어 융합을 시도하는 배경에서 매체의 경계를 넘어 콘텐츠산업에 대한 종합적 고려와 연구가 필요한 시점에서 나온 개념이다.

영국에서 시작한 창의산업(creative industry)[1]이라는 용어가 우리나라에서 말하는 영상산업과 가장 근접한 개념이라고 볼 수 있다. 산업혁명의 종주국인 영국이 변화하는 자본주의 체계로 산업의 체질을 개선하고 또 한번의 도약을 위해 주목한 것이 창의산업이다. 영국의 주도 아래 창의산업의 개념은 세계적으로 확장되었는데, 새로운 산업 개념으로 가장 많이 쓰이는 용어가 되었다. 다소 확장적이고 모호한 창의산업 개념을 유엔무역개발협의회(UNCTAD)에서는 문화유산, 예술, 미디어, 실용 창작물을 포함한 산업으로 정의하면서 실례로 공연예술, 미디어, 뉴미디어, 창조서비스, 디자인, 출판, 시각예술, 문화공간, 전통문화를 예시하고 있다.

한때 우리나라에서 널리 유포된 창조경제(creative economy)도 영국의 창의산업(creative industries)을 응용한 개념이다. 우리나라에서는 영국의 창의산업이 기초한 미디어, 문화산업을 제조업과 서비스 전 분야에 확장하려다 보니 창조경제는 개념적 모호성에 부딪히게 되고 결국 정권 전환과 함께 용어도 사라지는 결과를 가져오게 되었다. 현 정권에서는 창조경제라는 용어 대신 4차 산업혁명이라는 용어를 도입하였다. 그러나 이 또한 똑같이 확장된 개념으로 사용하려다 보니 개념적 모호성을 유발하게 되었다. 다른 나라들이

---

1 Creative industry는 창조산업, 창의산업으로 번역이 가능하나, 창조산업은 새롭게 만든다는 의미에 역점이 있고, 창의산업은 창의력(creativity)에 기반을 둔 산업이라는 의미가 짙으므로 창의산업으로 번역하는 것이 보다 정확하다고 할 수 있다.

4차 산업혁명의 용어 대신 이에 해당되는 구체적인 기술과 산업 적용에 정책 목표를 두고 매진한다면, 우리나라는 구체성을 담보하고 사회적 담론적으로 확장하는 데 치중하는 차이를 보인다. 이렇게 확장 편중적인 4차 산업혁명 개념은 과거 창조경제 기반의 경제 계획과 유사한 문제점에 직면하게 되는 것이다. 차이가 있다면, 미디어 문화 기반의 창의산업을 제조업 서비스에 확장하는 문제가 창조경제 개념 모호성의 원인이었다면, 4차 산업혁명은 기본적으로 제조업기반의 개념을 창의산업, 서비스산업까지 일괄적으로 확장하다가 발생하는 혼란이 문제의 원인이라는 역순의 문제점을 지적할 수 있다.

이와 같은 영상산업 혹은 창의산업은 기존의 미디어산업과 어떤 차이가 있을까? 앞서 영상산업의 사전적 의미나 UN무역협회의 정의에서 볼 때 미디어산업이 주를 이루기 때문에 과거 19세기부터 발전해 왔던 미디어산업으로도 충분히 설명이 가능한데 새로운 용어와 개념을 도입하고 있는 것에 대한 비판이 제기되기도 한다. 그러면 미디어산업과 영상 혹은 창의산업의 관계는 무엇인가? 우선 영상산업을 미디어산업의 부속 산업으로 보는 시각이 있다. 미디어산업 내부에 신문, 방송 등 각 하부 부속 산업이 존재하듯이 영상산업이 존속한다는 시각이다. 또한 부가적인 산업으로 보는 시각으로 기존 미디어산업에 공연이나 새로운 문화산업 같은 부가적인 산업을 더하여 영상산업, 창의산업으로 보는 시각이다.

그러나 영상산업을 기존 미디어의 부속물이나 부가적 산업으로 보기보다는 새로운 개념의 산업 개념으로 이해할 필요가 있다. 예를 들어, 어제 영화 한편을 보았다고 하면, 어디서 보았는가? 최신작은 영화관에 가서 보지만, 더 많은 편수의 영화를 텔레비전을 통해 혹은 인터넷으로 보는 사람이 많을 것이다. 그러면 그때 지불한 비용은 어떤 매출로 기록될까? 영화니까, 영화산업 매출인가, 텔레비전으로 봤으니 방송 매출인가 혹은 인터넷 포털의 매출인가? 핸드폰으로 보았다면 모바일산업으로 계산되어야 하는가? 매우 헷갈리는 문제가 될 것이고, 이런 문제는 일상적으로 수없이 일어나는 현실이다.

미디어산업은 19세기부터 성장해 왔지만, 이제는 새로운 시기를 맞고 있다. 앞서 말했듯이 미디어는 물리적 수단을 말하는 것으로 미디어는 내용을 담는 그릇이고 경로이다. 미디어산업은 이와 같은 물리적 수단을 기준으로 확립되었기 때문에 신문이라고 하면 종이 지면으로 출력된 신문산업, 방송이라는 전파를 통해서 송출되면 방송산업, 영화관 스크린을 통해 개봉되면 영화산업 이렇게 분류되었다. 그러나 현재 미디어의 변화로 하나의 콘텐츠가 여러 경로를 통해 유통되고 있고, 미디어의 융합으로 물리적 수단에 의한 산업분류가 유의미하지 않게 되었다. 이제 미디어라는 경로가 아니고 그 내용을 중심으로 봐야 할 필요성에서 영상산업의 개념은 출발하게 된다.

이와 같이 미디어산업은 개별 매체를 중심으로 보는 것이다. 영상산업은 매체의 경계를 넘는 내용에 초점을 둔 산업 개념이다. 영화를 영화관에 가서 볼 수도 있고, 다른 플랫폼으로도 다양하게 볼 수 있는 것이 21세기 현 상황이다. 융합의 시대에 개별 매체별로 산업을 나눠서 본다는 게 더 이상 의미가 없는 상황에서 영상산업은 콘텐츠, 즉 수단이 아닌 내용을 중심으로 접근하는 것이다. 과거 200년의 미디어 역사에서 콘텐츠는 하나의 매체에만 실렸다면 이제 21세기 미디어 융합에 의해 하나의 콘텐츠가 다양한 매체에 담기게 된 것이다.

표 1.4 • 미디어산업과 영상산업

미디어산업	영상산업
개별산업	연관/융합산업
미디어 중심	콘텐츠 중심
비산업성(여가, 이데올로기, 노동 재생산)	산업성(기간산업)
비연관성	산업 연관효과
Source 중심	Use 중심
제도/ 규제 정책	시장/ 지원 정책

영상산업은 원소스 멀티 유즈(one source multi use)를 특징으로 한다. 하나의 콘텐츠가 여러 매체를 거치면서 부가적으로 경제적인 가치를 계속 재생산하는 것이다. 영화를 예로 들면, 영화 <기생충>이 하나의 소스가 되어 영화관을 거쳐 VOD, DVD로 출시되고, 그 이후 방송으로 가면 경제 가치가 높은 것부터 유료 채널, 기본 채널, 무료 채널 이런 방식으로 여러 매체를 거치면서 경제 가치를 낸다. 이런 매체 기반을 영상산업에서는 윈도우라고 부르며, 영상산업의 부가가치를 생산해내는 기반이 된다. 미디어 외에 서적으로 나올 수도 있고, 음반, 머천다이저 등 연관 산업 효과를 내기도 한다. 영화, 웹툰, 소설 등 소스가 무엇이든지 멀티 유즈되면서 고부가가치를 생산하게 되는 것이다.

영상산업은 사회 전체적으로 볼 때 미디어의 역할에 변화를 설명한다. 과거 미디어산업도 산업의 정의상 경제적인 생산 활동을 하지만 사회 전체적으로 볼 때 경제적 생산보다는 다른 비경제적 활동에 중요성이 있었다. 언론의 사회적 역할, 제4의 정부라고도 불리는 권력적 위치는 미디어의 경제적 측면보다는 다른 사회적,

민주주의적 가치에 기인한 것이다. 또 한편 비판 이론에서 말하는 미디어의 이데올로기적 역할, 또 사회적 생산관계를 영속화시키기 위한 노동 재생산의 역할은 산업적 가치보다는 미디어가 현대 사회에 주는 영향력에 초점을 둔 것이다.

이에 비해 21세기 영상산업은 경제적 가치에 중점을 두며, 국가 발전의 기간산업으로 급부상하게 되었다. 영국에서 창의산업에 주목한 것도 과거 산업혁명의 원동력인 제조업 주도의 기간산업에서 변화 필요성을 실감했기 때문이며, 미국이 90년대 이후 새로운 경제 동력으로 미국 경제 부흥의 기간산업으로 삼은 것이 ICT (Information Communication Technology)라는 점도 이와 같은 영상산업의 경제적 가치에 주목했기 때문이다. 또한 한국의 창조경제, 중국의 데이터기반 경제 혁신안(KITA 2020) 등 주요정부 정책들은 미디어산업의 변화와 21세기형 창의산업의 확장을 기간산업으로 삼은 결과이다. 우리가 흔히 케이팝 가수가 몇조원의 경제 가치를 생산하고, 한류가 막대한 산업 효과를 낸다는 보도 등을 접하게 되는데 이런 경제적 가치, 산업의 연관 효과를 강조한 것이라 할 수 있다.

변화하는 미디어 환경과 산업적 변화로 인해, 과거 미디어산업과 영상산업은 정책적 중점을 달리한다. 과거 미디어가 소스 중심이라고 하면 영상산업은 유저 중심, 사용 중심으로 정책의 초점이 달라진다. 미디어산업의 시대에는 주로 미디어가 사회적으로 건전하고 바람직한 행동을 하는지 감시 기능이 중요하였다. 따라서 정책의 중점은 규제 중심이 된다. 이에 반해 영상산업은 경제적 가치에 중점을 두기 때문에 시장 효과를 최대화할 수 있는 방향으로 정책의 중심이 이동한다. 미디어 융합과 신매체의 등장으로 사실상 감시 기능이 가능하지 않다는 점도 현실적 이유로 작용한다.

4차 산업혁명 시대 영상산업의 부상

　　21세기 세계가 겪고 있는 새로운 변화를 4차 산업혁명으로 명
명하면서 우리 사회는 변화의 진통을 견디고 미래를 준비하고 있
다. 4차 산업혁명은 혁명이라는 말이 의미하듯이 산업 기반의 근본
적인 재구조화를 의미하며, 이를 근간으로한 생활양식의 변화를 의
미한다. 이로 인해 사회관계와 문화에 있어서 전반적인 변화가 수
반된다. 미래지향적인 4차 산업혁명의 담론이 확장되는 가운데, 현
실적으로 가장 구체적 형태로 구현되는 것 중 영상산업을 으뜸으로
손꼽을 수 있다. 영상산업은 현 상황에서 4차 산업혁명 관련 산업
이 가장 많이 개발되고 실험되는 영역일 뿐 아니라, 산업의 성격이
4차 산업혁명에 가장 동질적인 성격을 갖는다는 점에서 그러하다.
앞서 설명했듯이 일반 물류산업과는 다르게 영상산업은 가상성과 네
트워크 효과를 경제 생산의 근간으로 하는 점에서 4차 산업혁명의
산업적 성격을 같이한다. 또한 네트워크 효과로 부가가치가 연속적
으로 생산되는 고부가가치산업이면서 새롭게 부상하는 블루오션의
영역이라는 점에서도 공통점을 갖는다. 한편 예측이 어렵고 리스크

가 높은 산업이라는 문제점도 영상산업이 4차 산업혁명 관련 산업으로서 성격을 공유하는 측면이다. 그러면 21세기 4차 산업혁명 시대가 도래하고 영상산업이 부상하는 이유는 무엇일까? 이에 대한 논의는 이론적 시각에 따라 다양한 반응이 가능하고 각 시각에 따라 미래를 전망하고 대비하는 태도도 달라질 것이다. 여기서는 다양한 시각을 기술적, 사회적, 문화적 세가지 입장으로 대별하여 논의하고자 한다.

1 4차 산업혁명 시대 유토피아 혹은 디스토피아

현재 4차 산업혁명과 관련된 논의의 대부분은 새로운 기술 발전으로 세계가 획기적인 변화를 겪고 있다는 점을 지적한다. 자율주행자동차, AI, IoT, 3D프린터 등 기술의 발전으로 기계가 인간의 수고와 노동을 대신하고 인간 생활은 획기적으로 변화하여 한번도 경험하지 못한 신세계가 도래할 것이라는 전망을 내놓고 있다. 기술의 발전으로 인간이 제약을 뛰어넘어 편리하고 안락한 신세계가 펼쳐질 것이라는 유토피아의 전망과 함께 한편에서는 기술의 발전으로 일자리를 잃고 기술에 도태된 사람들은 하층으로 전락하고 결국 기계가 인간을 지배하는 디스토피아의 세계가 도래할 것이라는 염려 어린 시각도 동시에 존재한다.

그러나 레이몬드 윌리암스(1974)의 주장대로 기술적 발명이 세계를 변화시키는 것이 아니고, 기술은 항상 사회적 요구에 의해 채택되고 보급된다는 점을 상기할 필요가 있다. 현재 4차 산업혁명의 눈부신 기술 발전도 유토피아 혹은 디스토피아의 새로운 세계를 인류에게 선사하는 것은 아닐 수 있다. 4차 산업혁명의 담론으로 확산되는 기술 발전이 가져올 미래의 전망을 자세히 뜯어 보면 기실 새로운 세계라기보다는 과거의 연장이며 신기해 보이는 기술도 올드패션의 형태를 띠는 경우가 많다. 4차 산업혁명 관련 산업이 현재 개발 중이고 아직 현실적으로 구현된 것은 아니지만, 이것이 가져올 변화와 미래의 전망은 SF 영화나 광고 같은 미디어를 통해 비춰지는데 여기에 나오는 기술 발전을 보면, 해묵은 문제를 드러내고 있다는 것을 종종 찾아 볼 수 있다. 예를 들어, 미래의 세계를 그리는 SF 영화들이 복고주의 경향을 보여주는 것도 이와 무관치 않다. 또 기술 발전으로 변화된 인간의 삶을 단면적으로 보여주는 광고도 신기한 기술전시에 비해 실제 삶의 방식은 변화가 없거나 퇴보하는 모습으로 종종 그려지곤 한다. 예를 들어, 자율주행 자동차가 가져올 미래 사회 변화를 그린 광고를 보면, 자율주행으로 가족 모임에 참여하는 여자의 모습을 그리고 있다. 화려한 영상과 활발한 음악으로 편리하고 선진화된 미래의 라이프스타일을 그리고 있는 듯 싶지만 <그림 2.1>의 자율주행 자동차를 다시 재고해 보면 노동과 수고에서 해방

그림 2.1 • 자동차 자율주행[1]

1 https://www.adconsumerreport.com/Report/View.aspx?Code=A000365399

이 아니고 주 52시간 없이 밤샘 작업을 하고 피곤에 지쳐 차에 쓰러져 잠에 드는 노동자의 삶의 양식을 보여주고 있다. 또, IoT 기술의 발전으로 네트워크로 연결된 스마트 홈의 냉장고 광고에서는 열심히 가사 일에 몰두하는 여자 주부와 가족 식사 시간에는 네트워크된 알림에 의해 모두 하던 일을 멈추고 가족의 정을 돈독히 하는 인간주의적 모습을 그리고 있다. 집 전체의 일체 전자 제품을 셧다운하여 다른 방에 있던 온 식구가 식탁에 모여드는 모습을 명랑한 음악과 분위기로 그리고 있다. 비판적으로 보면 홈테크 시대에도 성역할이 고정된 가족의 이름으로 독재적 셧다운의 상황이 묘사되고 있다.

또 <그림 2.2>는 가족의 중심이 된 냉장고 모니터 앞에서 온라인강의를 듣는 고등학생에게 밥을 떠먹여주는 엄마의 모습을 담고 있다. 이와 같은 광고는 가족애를 그리고 있지만, 최첨단의 스마트 홈을 그린 모습 이면에는 해묵은 여성차별과 가족주의를 빙자한 빅브라더 같은 독재주의가 기술발전으로 재생산되고 있다는 것을 짧은 광고지만 미디어를 통해 보여주고 있는 것이다.

그림 2.2 · 냉장고 광고

이렇듯, 다시 한번 돌이켜 생각하면 4차 산업혁명이 제기하는 첨단 기술과 혁신의 이미지에 비해 그 내면에는 우리 사회 문제와 해묵은 권력의 문제가 녹아 있다. 앞서 영화와 광고가 예시하고 있듯이 4차 산업혁명을 가장 구체적으로 구현하고 있는 영상산업도 새로운 산업 개념을 구가하지만, 전적으로 새로운 세계를 그리는 것이 아니라, 오래된 사회 문화적 문제점을 그 안에 배태하고 있고, 이런 맥락 속에서 미래의 변화를 설파하고 있는 것이다.

앞서 설명했듯이, 영상 미디어산업 개념에서 산업이 고대부터, 미디어가 근대 이후부터인 데 비해 영상은 최근 20년 정도 전부터 확립된 개념으로 시차를 보인다. 그러나 기실 영상은 고대 이전부터 역사가 시작되기 이전부터 존재했던 것이다. 문자가 역사의 시대를 열었다면, 문자 발생 이전에는 다양한 형태의 영상이 커뮤니케이션의 수단으로 사용되었다. 영상산업에 대한 최근의 관심은 하늘 아래 새로운 현상이 아니라, 실상은 역사적으로 존재해왔던 영상에 대한 관심의 부활에서 비롯된다. 인류의 역사에서 문자 중심주의가 너무나 강력하게 지배해 왔기 때문에, 문자 언어에 의한 의사소통이 자연스럽고 당연하고 유일한 것으로 여겨지게 된다. 문자가 없으면 사람 사

표 2.1 · 문자언어와 영상언어

문자언어	영상언어
단순성	다의미성
기록성	기록 불리
반복재생	창의성
획일성	자유 다양성
학습 필요	즉각적 이해
보편성	비보편성

이에 의사소통이 불가능할 것이라고 생각하기 쉽지만, 기실 문자 탄생 이전에는 영상 언어가 의사소통과 자기 표현의 중심이 되어 왔다는 것을 상기할 필요가 있다. 선사 시대의 동굴의 벽화나 과거 화려했던 잉카 문명이나 호주 원주민의 문화에서는 이미지가 생활에 중심이 되고 의사소통의 수단이었다는 것이 그의 반증이다.

의사소통의 수단으로서 영상과 문자는 각각 장단점을 가지고 있다. 의사소통 수단으로서 문자의 장점은 곧 영상의 단점이 되고, 영상의 장점은 문자의 단점이 된다. 문자가 영상보다 우월한 점은 표현의 단순성, 기록과 보관의 용이성, 보편적 표현의 가능성이라 볼 수 있다.

문자는 사람이 표현하고자 하는 것을 몇 개의 단어로 경제적으로 표현할 수 있다. 두 사람이 만나 몇 천 볼트의 벼락을 맞은 듯 멍해지고 가슴 밑바닥에 나비가 꿈틀거리듯 두근거리고 <이상한 나라의 앨리스>가 체험한 신비한 세계보다 더 신기한 세계에 돌입되는 듯한 복잡 미묘한 감정을 우리는 "사랑"이라는 한마디로 표현한다. 이것이 복잡 미묘한 감정 전체를 정확히 표현하지는 못하겠지만, 사랑이라는 한마디로 그 심정은 전달된다. 그러면 그것을 듣는 사람도 어떤 심정일지를 대충 추측하게 되고, 이 한마디가 일생을 바꿀 약속도 하게 되는 것이다. 이런 표현의 경제성은 문자언어가 가진 장점이며, 이것이 보편적 의미로 타인에게도 전달되는 것이다. 이와 같이 간단한 표현들은 물리적으로 쉽게 기록되고 보관될 수 있다.

반면 영상의 장점은 풍부하고 구체적인 표현의 가능성, 즉각적 이해의 용이함, 창의적 표현과 다양한 해석의 가능성이다. 즉, 영상은 따로 배우지 않아도 언어가 다른 민족 간에도 의사소통이 가능하고 문맹자도 이해할 수 있다. 언어가 다른 외국을 여행할 때도 박물관 앞에 사진기에 빨간 줄이 간 것을 보고 사진을 찍으면 안 된다는 표현이라는 것을 이해하여 망신을 당하는 일도 면하게 된다. 또 박물관을 가득 메운 온갖 그림과 조각 등을 시대가 다르고 언어가 다르지만 그 가치를 감상할 수 있게 된다. 이같이 이해가 용이한 것은 영상의 장점이다. 또한 영상은 풍부한 의사 표현의 수단이며 보는 이에도 다양한 해석이 가능하기 때문에 예술적인 자기 표현의 수단으로도 사용될 수 있다. 앞서 예를 든 사랑을 영상으로 표현한다면 간단한 한마디의 분량으로 절대 표현할 수 없을 것이다. 우리가 로댕의 조각을 보며 사랑을 이해하고, 다빈치의 회화 <암굴의 성모>에 나타난 예수를 안고 있는 마돈나의 그림에서도 사랑을 느끼지만, 이것은 결코 한마디로 표현할 수 있는 것도 아니고, 사랑이라는 보편적 개념으로 표현하지 못하는 구체적인 의미들이 표현된 것이다. 유명 화가나 조각가가 아니라도, 일반인도 사랑을 그림이나 동영상으로 표현할 때 한마디로 정리되지 않는 구체적인 표상으로 각자 나름의 느낌이나 생각을 드러낼 수밖에 없다. 이와 같이 영상은 풍부하고 구체적인 표현이 가능하고 이해가 용이한 장점이 있다. 그러나 문자에 비해 표현의 경제성은 떨어지며, 보편적 표현의 가능성도 떨어진다. 이로 인해 기록이 어렵고 광범위한 전달 수단으로 적합하지 않은 단점을 보이게 된다.

영상과 문자가 의사소통의 수단으로서 각자 가진 장단점에 의해 역사 단계에 주요 수단으로 선택된다. 문자언어는 근대 서구 사회에 주류로 자리 잡고, 이후 영상의 의사소통 수단은 변방화 되거나 억압되게 된다. 문자언어의 보급을 뒷받침 해준 것이 15세기 활자의 발명이며, 이것이 문자언어 보급에 기폭제가 된다. 역사적으로 한국의 활자 직지심체요절이 구텐베르그의 것보다 더 오래되었다는 것이 세계적으로 인정되었지만, 구텐베르그의 인쇄술이 서구 문명사에 끼친 영향력은 발명의 시기 자체보다 훨씬 중요한 의미를 갖게 된다. 한국과 아시아의 활자 발명이 사회 전체의 획기적 변화의 동인이 되지 않고 식자층에 전유물이 된 반면, 서구에서 인쇄술의 발명은 정치 체제의 변화, 종교 개혁의 동인과 사회 경제사적 변인으로 전방위적 사회 개혁을 수반하게 되었다.

서구에서 인쇄술이 사회 변화의 맥을 타고 급속하게 보급된 것은 근대 자본주의의 발전과 맥을 같이하고 있다. 흔히 자본주의의 태동을 경제사적으로 인클로저 운동으로부터 시작하여 정치사적으로 절대 국가 단계와 시민혁명, 또 이후 산업혁명과 제국주의 단계를 거치면서 발전되어 왔다고 본다. 인류사의 명암을 함축하고 있는 근대 자본주의 발전의 단계는 문자언어의 우월성을 확립하는 역사이기도 하다. 획일성과 보편성을 특징으로 하는 문자언어의 의사소통 수단으로서의 장점은 근대화 단계 사회 권력의 수단으로 활용되었고, 소유권을 공고히 하기 위한 기록의 필요성을 만족시키면서 문자 중심주의 문명을 공고히 하게 된 것이다. 문자에 비해 영상 이미지는 그 기호의 다의성에 의해 획일적인 해석과 통제에 적절하지 않아 퇴보하는 역사적 과정을 거치게 된 것이다.

문자와 영상이 인류의 의사소통의 두 축이라는 점에서 어느 한쪽이 소멸되지는 않고, 문자 중심주의 문명권에서 영상은 희화화되거나 유희화 되는 경향을 보이게 된다. 만화를 즐기는 어린이들을 유치하다고 여기고, 텔레비전 시청에 빠져있는 어린이에게 공부를 못하게 될 것이라고 우려를 나타내는 어른들의 가치관도 어떤 면에서는 이런 문화적 편견이 반영된 것이라고 볼 수 있다. 영상이 문명의 중심이 아니라, 삼류 문화의 대명사로 인식되는 문화 풍토에서 주류 권력에 편입하기 위해 문자에 능해야 되고, 영상에 탐닉하는 것은 이에 대척점으로 인식하게 된 것이다. 공부를 잘한다는 것은 곧 문자언어에 익숙해진다는 것이고, 게임이나 만화와 같이 영상 중심의 미디어는 사회에서 도태되는 수단으로 인식하는 사고방식의 반영이다. 게임을 하려는 자녀와 이를 말리려는 부모와의 다툼은 어느 가정에서나 볼 수 있는 풍속도가 되었으며, 만화나 텔레비전을 몰래 보다가 들켜 혼이 나는 경험도 청소년기에 흔히 경험하게 되는 일이다. 만화나 쇼 게임에 대한 사람들의 인식과 태도가 부정적이고 이러한 영상 문화의 내용과 용도가 주류 지식의 대상이 아니고, 점점 변방화된 것도 이런 문화적 권력의 결과이다. 영상은 천한 유희거리로, 주류 지식과는 상반된 것으로 인식되는 경향이 아직까지 지속되고 있다.

또한 이를 더 확장시켜 보면 서구적 세계관에서는 비서구, 비문자적 문명을 흔히 '미개', '원시'로 치부하고 서구식 근대화와 발전의 방식으로 일방적으로 편입시키려고 했던 것이 제국주의 역사였다. 아메리카 대륙의 위대한 발견자인 콜럼버스는 남미를 발견한 후 잉카 문명의 빛나는 유적들을 모두 부수고 녹여 금괴를 만들어 스페인으로 이동했다는 수탈 역사로도 유명하다. 문자언어가 없었던 잉카 문명은 영상을 통해 풍부한 문명을 이루어 내었으며, 이것이 그들의 조각과 그림 등 문화재 속에 그대로 자리잡고 있었던 것이다. 서구인의 시선으로 영상 문화의 중요성은 이해되지 않고, 단지 미개하거나 신비한 것으로 정복과 교화의 대상으로만 봤던 것이다. 남미에서 아프리카에서 아시아에서 서구인들이 자행한 제국주의의 역사는 경제적 필요와 더불어 영상 문화에 대한 편견이 함께 작용한 결과이기도 하다.

이제 21세기 영상에 대한 새로운 관심이 높아지고 영상산업에 대한 수요가 증가하는 것은 사회 발전의 새로운 단계에 접어들었다는 것을 의미한다. 기술 발전에 의해 영상의 장점이 단점을 극복하고 새롭게 부상하게 된 것이다. 기술의 발전에 따라 영상 이미지의 기록성과 재생산성이 어려운 약점이 극복되고 다의성과 풍부한 표현력이라는 장점을 살릴 수 있게 된 것이다. 영상 매체와 ICT의 발전에 영상의 기록과 복제가 획기적으로 가능하게 된 것이다. 과거 문자를 통해 한 단어로 표현되는 의미가 영상으로는 A4 한 장으로도 표현하기에 부족하여, 수백 배의 종이 혹은 메모리가 필요하기 때문에 기록이 불가능하였다. 그러나 21세기 기술적 발전으로 그 한계를 극복할 수 있게 되었다. 특히 컴퓨터를 통한 압축과 저장기술의 발전으로 문자에 비해 수백 배의 메모리가 필요한 영상이 문제없이 대중에게 전달·소통되게 되었으며, 문자보다 더 재미있고 더 표현이 풍부한 영상의 장점이 기술적 제약 없이 수용될 수 있게 된 것이다. 훨씬 구체적이고 생생한 영상이 재미와 의미의 사실성을 담아 전달할 수 있는 것은 물론이다. 영상의 표현과 전달이 가능해진 것은 불과 한 세대가 지나지 않았으며, 90년대 말까지 컴퓨터를 통해서도 사진 한 장을 다운받기 위해 몇 개의 디스켓이 동원되어야 했던 데 비해 현재 유튜브나 인스타그램을 통한 영상 공유 방식은 실로 빠르게 보급되고 있다. 이와 같이 하루가 다르게 변하는 기술적 발전은 영상의 단점을 완화시킬 수 있게 만들어 영상이 부상하게 되는 근거로 작용한다.

그러나, 이와 같이 기술의 발전으로 영상의 부상과 영상산업의 수요를 진단하는 것은 기술결정론의 시각이라 비판받을 수 있다. 결정론은 한가지 측면으로 전체를 진단하는 환원주의를 뜻하며, 대표적인 논리적 오류의 하나이다. 설사 기술의 발전이 오늘날과 같은 영상의 대중적 공유, 영상미디어의 빠른 보급을 가능하게 하고, 사회 전체적인 변화를 견인하는 것이 사실이라고 해도, 사회의 발전과 변화가 기술에 의해 결정되는 것은 아니다. 앞서 설명했듯이 15세기 인쇄술의 발명이 근대주의적 변화를 수반했지만, 이것이 인쇄술이라는 기술이 가져온 변화만은 아니다. 설사 인쇄술의 보급으로 세속언어 성경이 등장하여 종교 개혁을 가속화시키고, 기록과 지도 제작의 용이성으로 절대 국가 행정이나 제국주의 진출이 가능해졌다고 해도, 이것이 기술이 가져온 변화만은 아니다. 더 앞서 인쇄술이 발명된 한국이나 아시아 같은 경우 서구식 근대화가 아니라 다른 방식의 귀족주의 문화와 종교 의식을 꽃피우는 방향으로 나가가게 된 것과 비교해 볼 수 있다. 똑같은 논리로 현재 발전하는 영상미디어와 ICT의 기술적 발전, 또 이와 연관된 4차 산업혁명 관련 산업의 발전 그 자체가 지금 미디어나 정책에 청사진으로 등장하는 것 같은 획기적 사회 혁신의 유토피아를 가져오는 것도, 또 기술 지배의 디스토피아를 가져오는 것도 아니다.

2 4차 산업혁명 시대 영상산업, 뉴웨이브 혹은 신자유주의

4차 산업혁명이 부상하고 영상산업에 대한 요구가 증가하는 것은 기술에 앞서 사회구조적 변화에 기인한 것으로 볼 수 있다. 학문적 시각이나 이념적 진영을 불문하고 현재를 새로운 사회구조로 이해하는 시각이 높다. 주류시각 혹은 보수주의 진영에서 현재 21세기는 과거와 다른 새로운 사회 구조적 변화를 보이는 것으로 간주한다. 미래학자가 말하는 제3의 물결, 다니엘 벨이 말하는 후기 산업사회론은 이러한 21세기를 새로운 사회, 뉴웨이브로 인식한 것이다. 4차 산업혁명 시대라는 용어 자체가 자본주의와 근대화를 이끌었던 원(1차) 산업혁명을 뛰어넘는 새로운 시대를 표상하기 위한 것이다. 한편, 비판주의 혹은 좌파의 시각에서 현재 사회를 포스트 자본주의, 포스트모던 사회, 신자유주의로 부른다. 자본주의와 근대화의 정점을 찍은 20세기를 넘어 21세기는 새로운 형태의 사회 권력과 지배의 사회로 자본주의가 자체 변이된 형태로 나타나는 새로운 사회로 변화한다고 보는 것이다.

이와 같이 현재 4차 산업혁명 시대가 도래하고 영상산업이 발전하는 것은 근대 사회의 경제 구조의 기반과 그의 변화 양상을 보이는 거시적 변화에서 기인한다. 근대 사회의 기본 구조는 19세기 원 산업혁명, 즉 증기기관의 발명으로 촉발된 1차 산업혁명을 기초로 형성되는데, 이때 형성된 자본주의 체제의 기본 구조는 공장 시스템과 대량 생산 체제를 의미한다. 산업혁명으로 이전의 공동체적 생산 관계가 와해되고 산업적 분업화가 이루어지는 기초가 형성되었고, 그 후 한 세기 동안 근대화는 전 지구적 차원으로 확대되었다. 자본주의의 물적 생산도 최대한으로 발전하여 역사의 어느 시기와도 비견할 수 없을 만큼 폭발적인 생산력을 보이게 된다.

그러나 20세기 중반 이후 폭발적 생산력을 자랑하던 전통적 자본주의 구조는 퇴화의 길을 맞게 된다. 자본주의 생산 체제는 대량 생산 체제를 근간으로 물적 풍요를 보장하였지만, 시장의 포화에 의해 더 이상 근대화 초기에 보였던 생산력의 증가가 가능하지 않게 되었다. 자본주의는 필연적으로 확대 재생산을 통해 유지될 수밖에 없기 때문에 생산력의 동력을 유지하기 위해서는 제품의 자연스러운 생산 확대뿐 아니라, 새로운 수요를 끊임없이 창출하여 생산력의 확대를 유도해야 한다. 소비에 필요한 제품은 이미 대다수 수요자에게 공급된 상태에서, 포화된 시장을 넘어 확대 재생산을 위해서는 소비자의 단순한 필요를 넘는 끊임없이 새로운 수요 창출을 해내야 한다. 그렇지 못하면 소비의 감소가 생산의 퇴화를 초래하고 실업자가 대거 발생하면 공장문을 닫게 되고 자본주의 사회는 근본적으로 와해될 수밖에 없다.

이와 같이 자본주의 확대 재생산을 유지할 새로운 수요 창출의 동인이 되는 것이 다름 아닌 영상산업이다. 예를 들어, 우리의 가정에서 필요한 가전제품인 세탁기, 냉장고, 텔레비전 등은 이미 광범위하게 공급되어 있다. 세탁기가 단순히 세탁을 하기 위한 것이라면, 냉장고가 단순히 음식을 저장하기 위한 것이라면 한번 내구재를 구매한 소비자는 20년, 30년 동안 더 이상 새로운 가전제품의 수요가 없을 것이다. 이때 영상산업은 제품의 자연적 필요가 발생하기 전에 새로운 수요를 창출하는 데 기여하게 된다. 광고를 통해 전달되는 신제품의 고급스런 이미지는 소비자로 하여금 단순히 가전제품의 기능이 아니라, 이미지를 사게 만든다. 또 새로운 제품이 선보이는 세련된 디자인과 색채 등은 제품 소유의 욕망을 자극하는데, 모두 영상산업이 적용된 산업 부분이다. 1년이 멀다 하고 핸드폰이 교체되고 멀쩡한 컴퓨터가 내다 버려지고 방송을 시청하는 데 지장이 없는 텔레비전이 고물상에 쌓이게 되는 것은 단순히 기능이나 필요를 위해서가 아니고, 새로운 이미지를 소비하려는 소비자의 심리를 자극한 데서 발생하는 수요이며 이런 역할을 하는 것이 다름 아닌 영상산업이다.

이러한 영상산업이 부상되는 거시적인 사회구조 맥락에 대해 마르크시스트 정치경제학 내에서는 자본주의 생산 양식의 변화를 의미하는지에 대해 이견이 있다. 전통 시각에서는 제3의 물결, 정보 사회, 포스트모던 사회로 불리는 현재 사회 변화를 새로운 생산 양식을 구성하고 자본주의의 권력 구조가 해체되는 현상으로 인식하지는 않는다. 한편 소위 포스트 마르크스주의자들은 현재 사회 변화가 자본주의의 생산양식 자체를 전복하는 것은 아니지만 새로운 가치의 전유 방식, 가치 생산의 유형으로 자본주의가 구조적 변화를 보인다고 주장한다. 과거 제조업 중심의 산업 자본주의가 규모의 경제와 분업을 바탕으로 한 가치의 전유 과정이라고 본다면, 후기 자본주의의 생산 과정은 지식과 정보 기술이 근간이 되는 4차 산업혁명 관련 산업, 영상산업이 가치의 창출에 핵심에 서게 되는 것이다.

이런 의미에서 비판주의나 좌파 시각에서는 현재 사회를 신자유주의라고 자주 명명하는데 이는 현재 자본주의의 가치 생산 유형의 변화를 지칭하는 개념이다. 신자유주의는 가장 좁은 의미로 공적 영역의 시장화와 민간화를 지칭하는데, 80년대 말 이후 영국과 미국에서 경제 정책의 일환으로 추구되었던 대처주의나 레이거노믹스를 말한다. 이들은 교육이나 의료, 통신 미디어 같은 공적 서비스를 수혜자 부담 원칙으로 시장주의로 전가하면서 국가 경제를 재구조화하는 정책을 펼쳤다. 이후 신자유주의라는 개념은 공적 서비스의 시장주의를 넘어 경제 제도의 재편과 글로벌 경제의 재구조화를 의미하는 것으로 확대되고 사회구조적 체질 개선을 광범위하게 의미하는 것으로 확대된다. 좌파 시각에서는 사회 정책 전반과 삶의 양식의 변화를 신자유주의로 부르며 비판적 시각을 펼치게 된다. 신자유주의가 지나치게 확대된 개념으로 쓰인다는 문제점도 있지만 그만큼 현대 사회 변화를 설명하는 키워드로 쓰이게 되었다는 것을 의미하기도 한다.

이와 같은 후기 자본주의 혹은 신자유주의 아래 생산 양식의 변형으로 생산 과정이나 소비 같은 경제활동은 한층 복잡해진다. 생산 유통, 소비 전 경제 활동 과정에 경제와 문화가 서로 얽혀서 중요하게 작용하게 되는 것이다. 이런 상황에서 주류이론이 추구했던 영역의 세분화와 전문화가 설명력을 잃게 되고, 한편 비판이론, 정치경제학에서 말하는 토대와 상부 구조의 구분도 와해되게 된다. 이제 경제와 문화의 관계는 보다 중층적으로 나타나게 되는 것이다. 예를 들어, 젊은이들의 휴대폰 수요와 잦은 교체는 이른바 기술적 기능이나 경제적 가치로 설명할 수 없는 광범위한 문화적 현상이다. 가전제품이나 소비재의 소비도 마찬가지이다. 현재 온 나라를 들썩이게 하는 부동산이나 주식 투자 같은 묵직한 경제 활동도 이제 더 이상 경제적 이해 관계로만 설명할 수 없는 문화적 심리적 영향이 작용하고, 정치적·사회적 영향이 강하게 작용하게 되었다. 여기서 경제와 문화를 나누어 설명하는 것이 불가능하고, 어느 한쪽을 부가적 현상으로 통제 변수로 설명한다면 현실을 있는 그대로 파악할 수 없게 된다. 이런 변화된 현실을 정확히 이해하기 위해서는 경제와 문화를 동시에 파악할 수 있는 새로운 이론 틀이 필요하게 된다. 기존의 경제 이론은 문화의 중요성을 파악할 수 없고, 한편 문화 이론은 거시적 정치 경제 구조를 파악하기에 역부족으로 지엽성에 치우치고 있는 한계를 드러낸다.

  4차 산업혁명 시대 영상산업이 부상하게 된 것은 경제적 구조의 변화뿐 아니라, 문화적 변화에 기인한다. 21세기 문화 변화를 흔히 포스트모더니즘으로 지칭하는데 이는 서구 근대주의 문화를 탈피하여 새로운 형태로 변화하는 것을 뜻한다. 포스트모더니즘은 대중 예술의 형태로 우리 일상 생활과 사고방식에까지 반영되어 있다. 포스트모던 영화, 포스트모던 광고와 더불어 패션, 음식, 건축에 이르기까지 포스트모더니즘의 영향을 받지 않은 분야가 없다고 해도 과언이 아니다. 포스트모던 문화의 특징은 기능보다 영상 이미지가 강조된다는 것이다. 포스트모던 광고에서는 제품의 기능이나 우월성을 설명하지 않고, 뜻 모를 이미지들이 연속적으로 등장하는 15초가 전부이다. 1세대 포스트모던 광고인 휴대폰 광고를 보면 서비스 광고에 휴대폰은 나오지도 않으며 소녀가 어항에 손을 넣거나 침대에서 양을 세는 장면만 나온다. 청바지 광고에 청바지가 질기다거나 하는 말은 없고 두 남녀가 하늘을 나는 장면으로 끝난다. 퓨전으로 대변되는 포스트모던 음식에는 맛보다는 멋이 강조되고, 포스트모던 건축은 내구성 같은 건축적 기능이 아니라 녹슨 철제를 붙이기도 하고 건물을 기울여 위태롭게 보이기도 하면서 논리와 기능을 해체하는 새로운 미학을 강조하기도 한다. 서울시 설치예술로 비난의 상징이 되었던 슈즈트리도 예술이 고전적 아름다움이 아니고, 일상의 기록, 환경의 자각을 위한 새로운 예술 형식으로 표현된 포스트모던 예술의 방식으로 볼 수 있다.

  포스트모더니즘 예술과 미학적 형식이 예술과 디자인의 한 조류를 담당하지만, 이의 일상 속에서 적용과 사고방식의 전환은 대중 사이에 확산되고 있다. 예술 조류로서 포스트모더니즘은 앤디 워홀의 팝아트에서 시작하여 신선한 충격을 주고 유행처럼 각 분야에 번졌지만, 2000년대 후반 이후 사그라지기 시작하였다. 하지만, 산업과 라이프 스타일에 자연스럽게 스며든 포스트모던 양식은 여전히 확대되고 있다. 이때 영상산업은 핵심적 역할을 하며 인간의 의식주를 비롯한 모든 생활양식에 깊숙이 파고들어 산업적 영역을 확대하고 있다. 단순한 기능과 필요가 아니라 좀 더 멋있고 파격적인 것을 통해 감성적 만족도 같이 추구하는 영상 세대들에게 영상의 산업적 가치는 날로 높아만 가게 된다.

포스트모던 문화와 예술의 사상적 기반은 기존 논리와 사상에 역행하는 포스트구조주의 철학에 기인한다. 기존 서구 철학의 기반은 로고스, 즉 이성 중심주의에 있다. 서양 철학의 태동이라고 하는 그리스 시대에는 다양한 철학적 인식이 상존하고 있었다. 소크라테스, 플라톤, 아리스토텔레스로 이어지는 이성주의가 주류 철학의 맥으로 그어지고, 그 외의 것은 이른바 궤변론으로 차별화되면서 서구 철학은 이성 중심주의에 기초하게 된 것이다. 그리스 시대부터 정착된 서구의 중심 철학은 수세기 동안 면면히 내려와 이성 중심주의에 역행하는 철학은 쇼펜하우어, 니체, 베르그송 같은 극소수를 제외하고는 거의 찾아보기가 어렵다. 이것이 20세기 후반에 와서 새로운 양상을 보이는데, 이성 중심주의에 정면으로 대항한 이론들이 속속 등장하게 된다.

이성 중심주의를 기초한 서구 철학의 전 체계를 진리가 아닌 하나의 권력으로 파악하고 비판한 푸코가 새로운 인식론을 이끈 장본인이다. 푸코에 뒤이어 나온 데리다, 들뢰즈 등 일군의 이론가들은 지식을 새롭게 접근하면서 지식과 문화에 뿌리 깊은 권력의 측면을 고발하고 있다. 이 사상이 가장 극단적인 형태로 전개된 것이 포스트모더니즘이며, 이에 이르러서는 비판의 근거조차 상실하는 극단적 상대주의로 흘러 오히려 사회적 권력에 그대로 포섭되는 양상을 보이기도 한다. 포스트모더니즘이 후에 오히려 체제 유지를 지지하는 보수성을 보인다는 비판을 받게 되기도 하지만, 원래의 의도는 주류 인식론에 전제된 권력의 측면을 비판하기 위해 출발한 것이다.

20세기 후반에 일어난 인식론의 변화는 서구 철학의 이성 중심주의를 넘는 새로운 유형의 인간주의, 감성주의가 눈뜨면서부터다. 이른바 '포스트' 사상은 이성 중심주의의 서구 사상이 지식을 통해 행사해온 권력에 대한 총체적 반성으로 해체주의를 표방하게 되는 것이다. 이에 따라 사회 권력 의지 기반으로 공고화된 문자 중심주의도 비판을 받게 된다. 공식적이고 보편적이며 논리적인 근거를 전제로 한 문자는 새로운 사회 변화 속에서 인간의 인식을 대변하는 데 유일한 우월성을 확보하지 못하게 된다. 일상적, 즉각적 말, 복합적 영감적 이미지의 다의성이 새로운 가능성으로 자리 매김하게 되는 것이다 (Derrida, 1978). 포스트모던적 영상 이미지의 추앙은 사실 이와 같은 기존 사상에 대한 저항 의식을 담은 것이라고 볼 수 있다. 영상에 대한 사회적 미학적 요구도 이런 맥락에서 두드러지게 된 것이다.

영상산업이 부흥하게 되는 문화적 변화와 인식론적 변화는 비단 몇몇 철학자들의 유식한 이론서나 식자층의 지적 논쟁에만 국한된 것은 아니다. 철학적 지식이 전혀 없는 일반인들 사이에서도 생활 속에서 현대 사회의 사고 방식의 변화, 문화 취향의 변화로 나타나게 된다. 예를 들어, 이른바 영상 세대로 대변되는 젊은이들과 기성 세대와의 많은 갈등은 이러한 인식론의 변화를 반영한다. 부모들과 자녀들의 대화는 서로의 이해로 끝나기보다는 일방적인 '잔소리'로 끝나는 경우가 많다. '요즘 젊은이들이 버릇이 없다'라는 생각은 고대에서부터 있었다고 하는데, 지나치게 단순한 접근이다. 세대간의 사고의 변화와 문화적 취향의 차이를 인지하면, 서로간의 이해를 높일 수 있을 것이다. 즉 기성 세대는 흔히 '왜'를 다그치면서 논리적인 근거와 뚜렷한 목적 의식을 원하는데, 영상 세대는 '그냥'이라는 대답을 많이 한다. 이런 상이한 사고 방식에 의해 서로를 인정하지 않는다면 대화란 이루어지기 어렵게 된다. 영상 세대는 과거 산업 사회의 근거인 논리와 합목적적 행위 양식과는 다른 인식으로 생활양식을 지탱하고 있는 것이다. 논리 중심주의를 넘는 이유 없는 즐거움, 아름다움, 감성을 찾고 이를 추구하는 인식론의 변화를 보이는 것이다.

이와 같이 다양성과 상대주의를 지향하는 포스트 시대 문화 환경에서, 배타주의와 문화적 충돌이 더욱 증가하는 것은 일견 모순으로 보인다. 현재 우리사회가 겪고 있는 치열한 젠더 갈등, 이념 갈등, 세대 갈등은 우리가 현재 21세기를 살고 있는가 의심이 들 정도로 과거로 회귀하는 느낌을 감출 수 없다. 이는 비단 한국 사회에 국한된 것이 아니고, BLM(Black Lives Matter) 운동으로 촉발되는 미국의 인종주의 문제의 치열한 갈등, 서구 사회가 겪는 난민 문제와 종교 갈등에서 보듯이 하이테크 시대에 전 세계가 문화 갈등의 와중에 있다는 것을 실감하게 한다. 포스트 사상이 확산되는 문화 환경에서, 전 세계적으로 확산되는 소위 뉴내셔널리즘, 신냉전, 신자유주의는 사회 갈등의 극치를 보인다. 이와 같은 문화 갈등이 일부의 퇴행적 시대착오적 문제에 의한 것이라고 치부될 수도 있지만, 그러기에는 문화 갈등과 충돌이 지나치게 광범위하게 확산되고 일반화되고 있다는 현실을 외면하기는 어려울 것이다.

　4차 산업혁명 시대 미래의 비전은 채 닻을 올리기도 전부터 이와 같은 문화적 갈등과 사회적 위협 같은 암울한 현실에 직면하게 되었다. 이에 대해 기술은 중립적이고 그것을 쓰는 사람들이 만들어낸 문제라고 할 수 있다. 그러나 기술은 인간 문명의 산물이고, 그것을 사용하는 사람들과 동떨어져 중립적으로 존재할 수 없다. 현재 전 세계적인 문화 갈등에 기술의 발전이 무관하다고 말 할 수 없을 것이다. 앞서 제기한 뉴내셔널리즘, 인종갈등, 문명의 갈등이 21세기 확대되는 현상에 기술 발전이 채널로 되고 있는 점을 부정하기 어렵다. 국가간·인종간·문명간 갈등에 4차 산업혁명의 네트워크 기술이 힘을 보태고 있는 것은 엄연한 현실이다. 비록 기술 자체가 갈등을 만들어내는 것은 아니라고 해도 그것을 나르고 연결하는 것은 4차 산업혁명 기술의 힘이 된다.

4차 산업혁명과 영상 미디어산업:
이론적 접근

4차 산업혁명 시대 새롭게 부상하는 영상 미디어산업은 새로운 시대의 변화하는 기술과 전망을 담보하는 만큼 첨단의 학문이라는 장점과 함께, 아직 체계적인 이론화가 진행 중인 영역이라는 단점도 동시에 갖고 있다. 영상산업이 신흥 사업이고 아직 매우 빠르게 변화하는 분야이다 보니, 사회적 요구와 관심에 비해 이론화 작업이 아직 미완의 상태이다. 현재 변화하는 영상산업에 대한 이론적 접근을 위해 기존 이론 중에서 경제학과 정치경제학을 활용할 수 있을 것이다.

영상 미디어산업이 경제활동에 중점을 둔 영역으로 경제학과 연관되는 것은 당연하다. 또한 정치경제학은 비판주의 시각에서 산업과 경제 구조에 접근하는 학문이므로 적용이 될 수 있다. 경제학과 정치경제학은 산업, 경제활동이라는 같은 현상을 상이하게 보는 이론적 시각이다. 이런 시각 차이는 이념적 차이이기도 하고, 세계를 보는 세계관의 차이이며, 인간과 사회에 대한 시각의 차이에서 비롯된다. 이런 의미에서 경제학과 정치경제학은 산업 영역을 다루지만 세계를 보는 보편적 시각의 차이를 반영한다고 할 수 있다.

경제학과 정치경제학은 미디어 연구에 적용되어 세부 전공을 구성해 왔다. 미디어 경제학은 신고전파 경제학에 근간을 두어 미디어에 응용된 분야이고, 미디어 정치경제학은 마르크시즘 정치경제학이 미디어 분야에 적용된 분야이다. 미디어 경제학과 미디어 정치경제학이 20세기 미디어 현상을 경제적 차원에서 설명하는 데 공헌해 왔지만, 현재 새롭게 부상하는 영상산업을 설명하는 데는 일정한 한계가 있다. 앞서 설명했듯이 4차 산업혁명 기술과 산업과 이것이 적용되는 영상산업은 새로운 형태의 산업 구조와 경제 활동을 보이기 때문이다. 여기서는 기존 미디어 이론을 돌아보고 활용할 수 있는 부분과 새롭게 개선되어야 할 점을 살펴보도록 하겠다.

1 경제학과 미디어 경제학

경제학은 사회과학 중에서 가장 과학화되었다고 인정받는다. 학문의 최고 수준을 우리가 흔히 노벨상으로 평가하는데, 경제학은 인문 사회 분야에서 유일하게 노벨상 대상이다. 노벨 의학상과 노벨 물리학상 같이 주로 자연과학에 상이 주어지는데, 학문의 전문성과 수준을 높이 평가받기 때문이다. 물론 인문 사회 관련 노벨 문학상과 노벨 평화상이 있지만, 이것은 이론적 학문적 평가라기보다는 문학상의 경우 예술적 가치에 대한 평가이고, 평화상은 사회운동이나 공헌을 평가하여 주어지는 상이니 다른 과학 분야와는 차이가 있다. 노벨 경제학상은 과학적·학문적 평가에 의해 수상되는 인문 사회 분야의 유일한 상이다. 이와 같이 경제학이 학문적 수준을 높게 평가 받는 것은 경제학의 학문적 성격과 관련이 있다.

우선 경제학은 어떤 학문인가? 경제학이 당연히 인간의 경제활동을 연구 대상으로 하니 경제적 이익, 돈을 연구하는 학문이라는 반응이 많다. 그러나 경제학 원론에서 정의되는 경제학의 성격은 선택의 학문이라는 정의이다. 선택, 즉 돈을 버는 학문과는 한참 거리가 있어 보이는 정의이다. 우리가 일상생활에서 많은 선택을 하게 된다. 짜장면을 먹을까 짬뽕을 먹을까 또 내가 드라마의 주인공이라면 재벌 3세를 선택할까 아니면 10년 사귄 이성 친구를 선택할까 이런 선택의 귀로에 놓이게 된다. 우리가 흔히 선택의 다른 이름은 자유라고 생각할 수 있는데, 또 한편 생각해 보면 선택의 자유를 발휘하는 보다 근원적 이유는 사실 부족과 한계 때문이다. 우리가 세상을 살다 보면 내가 원하는 것과 하고 싶은 만큼 허락되는 것이 아니다.

경제학에서 말하는 선택은 자원의 희소성에 의해 요구되는 것이다. 인간 사회에 자원은 항상 희소하고 우리는 항상 부족과 한계 가운데 살 수밖에 없다. 앞서 말한, 재벌 3세도 선택하고 10년 사귄 친구도 같이 할 수 있다면 굳이 선택할 필요는 없다. 그러나 이는 세상에서 허락되지 않는다. 물론 원시공동체 같은 데서는 선택할 필요 없이 다같이 살면 되지만 고대 문명 사회 이후에는 이런 생활양식은 가능하지가 않다. 짜장면을 먹을까 짬뽕을 먹을까 선택의 귀로에 서는 것도 우리가 소화 능력에 한계가 있고 자원의 희소성 때문에 선택이 이루어지는 것이다.

경제학의 학문적 성격은 선택의 원리, 최선의 선택을 찾는 방식을 설명하는 것이다. 경제학은 선택의 원리를 보편화·추상화 시켜 과학적으로 설명하는데, 이로 인해 높은 학문적 수준을 유지하게 된다. 경제학에서는 흔히 그래프와 수식으로 원리를 설명하는데, 높은 추상성을 표시하는 방식이다. 예를 들어, 방금 예시한 선택도 그래프로 표시할 수 있다.

<그림 3.1>에서 짬뽕을 2, 짜장을 1로 표시하면 정성적 선택의 경우 2를 선택하면, 1은 0이 되고, 1을 선택하면 2는 0이 된다. 이런 선택의 애로를 고민하여 새롭게 고안된 것이 짬짜면인데, 정량적 그래프로 변환되어 A'에서 짬짜면을 선택할 수 있고, 양적 비율은 그래프 선상에 선택할 수 있게 된다. 같은 원리로 재벌 3세와 10년 사귄 애인 사이의 고민도 X축과 Y축으로 표시할 수 있다. 1을 택하면 2는 0, 2를 택하면 1은 0이 된다. 이 경우 솔로몬의 지혜를 발휘해도 사람은 정량적으로 나눌 수 없기 때문에 A'는 가능하지 않다. 고민이 너무 깊으면 판을 다시 짜는 수밖에 없다. 재벌의 재력과 10년 사귄 애인의 사랑을 적당한 선에서 버무린 새로운 대상을 찾아 A'를 만들 수는 있다. 아니면 같은 판에서 소위 양다리

그림 3.1 · 선택 그래프

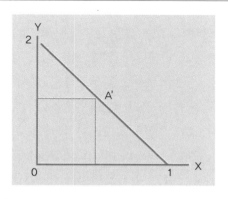

도 가능할 수 있다. 이 경우 멜로 드라마는 막장 드라마로 장르 변화가 될 것이다.

　이와 같은 경제학적 선택의 원리는 경제학의 아버지로 불리는 아담 스미스에서 계승되고 있다. 아담 스미스가 경제학을 개발하고 고전주의 경제학의 기틀을 마련한 목적은 사실 국가의 부강한 나라를 만드는 게 목적이다. 아담 스미스의 유명한 저서 <국부론>은 사회전체의 경제를 부강하게 할 원리를 설명한 것이다. 국부론은 아담 스미스의 구국부강의 비밀이 담겨있고, 그 원리에 의해 과거 200여 년 동안 물질적 풍요를 달성했으니 우리 모두 그에게 빚을 졌다고도 할 수 있다. 아담 스미스가 제시한 부의 축적의 비밀은 한마디로 말하면 분업이다. <그림 3.1>의 그래프로 개인 선택을 예시 했는데, 국가 사회 전체로 볼 때, 그래프와 같은 선택이 국가를 부강하게 만드는 비법이다. 예를 들어, 밀과 쌀을 X, Y축에 대입할 수 있다. 사람이 빵만 먹고 살 수 없다는 말이 있는 것처럼 사람이 빵만 먹고 살 수 없고 밥도 먹어야 한다. 이때 가장 자연스러운 것은 밀도 생산하고 쌀도 생산하여 밥도 먹고, 때로 빵도 먹는 것이다. 하지만 이런 자연스러운 방식은 생산량의 한계를 드러낸다. 이때 나는 밀만 생산하고, 이웃집은 쌀만 생산하면, 마을 전체로 볼 때 생산량이 훨씬 높게 나타나게 된다. 이것이 근대 경제의 원리가 되는 바로 분업이다. 아담 스미스는 <국부론>에서 나사 생산을 예로 들고 있는데 이 원리는 찰리 채플린의 영화 <모던타임즈>를 상기시킨다. 영화에서 하루 종일 공장에서 나사를 착착 돌리는 작업만 하니까 나사가 꿈에도 나타나고 지나가는 여자 가슴만 봐도 나사를 돌리는 모습을 그리는 코미디 영화인데, 근대 사회의 속성을 잘 나타내 주고 있다. 이것이 아담 스미스가 말한 분업의 원리이고 근대 사회를 만드는 원리가 되었다.

분업의 원리에 의해 어떤 사람은 밀만 생산하고 쌀만 생산하고, 또 어떤 사람은 나사만 생산하고 어떤 사람은 시멘트만 생산하게 된다. 이와 같은 분업에 의해서 필연적으로 발생하는 현상이 바로 교환이다. 교환은 내가 많이 생산한 것 중 내게 필요한 이외의 것을 다른 물건과 바꾸게 되는 것이다. 물론 물물 교환이란 고대 사회부터 항상 존재해왔지만, 아담 스미스 이후 교환은 분업 생산에 의해 대규모로 항시 이루어지는 사회 활동의 근간이 된다는 점에서 차이가 있다. 과거 자급자족 사회에서 교환이 잉여 처분의 부분적 수단이었다면, 근대 사회에서는 생산 단계부터 교환을 위해 생산된다는 차이가 있다.

사회 전체적으로 교환이 이루어지기 위해 발생한 것이 시장이다. 우리가 흔히 동대문시장, 남대문시장 같은 장소로 이야기 하는데 경제학에서 말하는 시장은 특정 장소가 아니고 교환이 이루어지는 것을 뜻한다. 동대문시장, 남대문시장 이런 곳도 교환이 이루어지니 물론 시장에 속하지만 다른 시장, 즉 학교도 교육 재화가 교환되는 시장이 된다. 대학을 상아탑이라고 신성시하지만, 경제학의 관점에서는 교육자가 지식을 전달하고 피교육자는 대가를 지불하고 지식을 사서 습득하는 교환의 장소, 즉 시장이 성립한다. 경제학자들의 입장에서는 인간의 모든 행위가 교환의 대상이고 그로 인해 시장이라고 하는 것이 인간의 모든 행위에 형성이 되고 있다고 보는 일종의 가정이다.

시장은 교환이 이루어지는 장으로 경제학에서는 한 줄의 그래프로 표현할 수 있다.

그림 3.2 · 시장 곡선

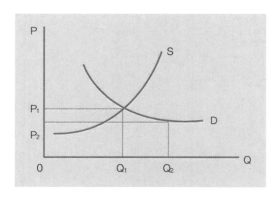

경제학에서 말하는 시장은 <그림 3.2>에 압축되어 있다. 수요와 공급이 만나서 교환이 이루어지는 곳이 시장이다. <그림 3.2>에서 X축은 일반적으로 공급량(quantity) Q, Y축은 P(price) 즉 가격을 표시한다. 수요와 공급의 원리에 의해서 가격이 결정되고 교환의 양이 결정된다. 방금 예를 든 신성한 학교, 교육 시장을 보면 지식의 교환이 이루어지고, 이에 대한 수요, 즉 그래프상 D(demand)는 학생이 된다. 그러면 공급자 곧 S(supply)는 교수와 학교 행정 측이 될 수 있다. 우리가 사회에서 갑을 관계 흔히 말하는데, 사실 갑을 관계는 교환의 계약 관계를 말한다. 갑, 을을 A, B라고도 할 수 있고 ㄱ, ㄴ으로 불러도 되고 모두 교환 당사자인 수요자가 갑이 되고 공급자가 을이 되는 구조를 표시해 주는 것이다. 예를 들어, 서비스를 사고 팔 때, 서비스를 사는 사람 쉽게 말해 돈을 내고 서비스를 사는 사람이 수요자 즉 갑, 돈을 받고 서비스를 제공하는 사람이 공급자 즉 을이 된다. 미디어에서 흔히 교수가 갑질을 한다는 기사가 있는데, 이치에 맞지가 않는다. 교육 시장에서 교수는 을이고 학생들의 수요에 맞게 교육 서비스를 제공하는 입장이다. 학생은 서비스를 사는 수요자이므로 갑이 되는 게 맞는 이치이다. 갑이 갑질을 하는 것은 어느 정도 이해가 되는 부분이고, 을이 갑질을 하면 주객이 전도된 우스꽝스러운 경우라 아니 할 수 없다.

시장은 일반적으로 가격의 변화에 의해 움직이며 이에 따라 양이 결정된다. 즉 <그림 3.2>에서 P의 움직임에 따라 수요 공급 곡선이 움직이며, 두 선이 만나는 점에서 X축 상에서 양(Q)이 결정된다. 예를 들어, 석유 값이 두 배 올랐다고 하면, 자동차를 몰지 않고 걸어 다니거나 대중교통 이용이 늘면서 수요가 줄어들게 된다. 이에 석유에 대한 거래량은 줄어들게 되는 것이다. 또한 공급자는 당연히 가격이 올라가면 공급을 늘리고자 한다. 가격이 오르면 공급이 늘어나고 가격이 오르면 수요는 반대로 움직이는 것이 일반원리이다.

시장에서는 품목에 따라서 가격 변동이 수요와 공급에 반영되는 영향력에 차이를 보인다. 가격의 변화가 수요 공급에 큰 변화를 주는 경우가 있고, 적게 변화를 이끄는 경우가 있다. 경제학에서는 이를 탄력성이라고 부른다. 탄력성, 즉 고무줄은 늘어났다가 탁 놓으면 고무줄은 탄성이 좋으므로 급격히 줄어든다. 어떤 경우는 탄성이 낮으면 늘였다 줄였다 하기 어렵다. 재화의 종류에 따라서 탄력성이 높은 것을 탄력적이라 하고 낮은 재화를 비탄력적이라고 한다. <그림 3.2>에서 Y축에 가격이 P_1에서 P_2로 내려갔을 때 수요가 늘어나고 공급이 줄어드는 것이 일반적 원리이다. 그러나 그 변화가 X축의 Q_1, Q_2로 크게 변할 수도 있고, 작게 변할 수도 있다. 이는 수요, 공급 곡선의 기울기에 따라 달라진다. 기울기가 느슨하면, 탄력적인 재화로 Q_1와 Q_2의 거리가 멀어지게 된다. 반면 수요, 공급 곡선의 기울기가 가파르면 비탄력적인 재화로 Q_1과 Q_2의 거리가 좁게 나타난다. 그래프 기울기가 수평선에 가까울수록 완전 탄력적, 수직선에 가까울수록 완전 비탄력적이라 부른다. 즉 탄력적일 경우 가격의 변화에 따라 공급량의 변화가 커지고, 비탄력적일수록 가격의 변화에 따라 공급량의 변화는 작아지게 된다.

일반적으로 사치품의 경우 탄력적이고 생필품의 경우 비탄력적이라고 보는데, 물론 경우에 따라 달라질 수 있다. 보통 생필품, 밥이나 주식이 되는 상품은 가격이 올라도 밥을 안 먹고 살 수는 없으므로 공급량이 크게 영향을 받을 수는 없다. 반면 사치품은 돈의 여유가 있으면 사지만, 여유가 없을 때는 수요를 먼저 줄이므로 탄력적인 재화라고 할 수 있다.

경제학에 대한 기본 개념과 원리에 대해 설명했는데, 이를 현실 문제에 적용시켜 보면 어떤 결과가 나올지 점검해 볼 필요가 있겠다. 대학생들이 가지는 현실 문제나 고민은 상담소 통계에 의하면 크게 3가지로 취업 진로문제, 학업문제, 이성교제문제라고 한다. 이런 문제를 경제적 원리로, 또 위의 그래프에 대입하여 풀면 어떤 답을 얻게 될까? 대부분 현실 문제를 해결할 답을 얻기 어려운데, 이는 경제학적 지식이 부족해서라기보다 경제학 자체의 학문적 성격 때문이기도 하다. 예를 들어, 학업 문제에 대한 고민은 시장 원리로 움직이지 않기 때문이다. 학생들이 수요자로서 교육 서비스에 만족하지 못해도 그만두지 못하고 4년을 다녀야 하는 구조가 고민의 이유일 수 있다. 또한 취업 문제도 연봉 같은 하나의 원리로 수요와 공급이 결정되는 것이 아니니 선택에 어려움이 생기는 것이다. 이성교제는 더 시장의 원리로 설명하기 어렵다. 인간의 마음은 복잡 미묘하고, 인간 관계라는 것은 더 복잡하여, 재력이나 미모 등 한 두가지 변수로 수요 공급이 결정될 수가 없기 때문이다.

이러면 경제학이 인간과 사회에 대해 설명할 수 있는 부분은 없어 보이는데 사회과학 중에 최고의 수준으로 평가 받는 이유는 무엇일까? 경제학자들이 흔히 경제학의 원리를 설명하는 유명한 농담이 있다. 무인도에 불시착한 학자들이 있어 생존을 위해 먹을 것을 찾게 된다. 다행히 통조림이 몇 개 있어 구조를 기다리는 동안 며칠 버틸 수 있게 되었는데, 통조림 따개는 바다에 쓸려가 찾을 수가 없는 상황이었다. 이때 각 분야 석학들이 나름의 묘책을 가지고 나와 물리학, 화학 등 고단수의 묘책을 내놔도 통조림은 딸 수가 없게 된다. 이때 경제학자가 나타나 묘안을 내게 된다. 바로 "통조림 따개가 있다고 가정하자. 그리고 통조림을 따서 먹는다." 경제학을 단적으로 설명하는 농담이다.

이와 같이 경제학은 가정의 학문이다. 경제학이 인문사회과학 중에서 유일하게 노벨상을 수상할 정도로 과학화 되었다고 하는 것도 사실 가정에 기반을 두고 있다. 사회과학 중에 가장 과학화 됐다는 의미는 사회 현상을 자연과학의 원리로 설명한다는 것이고, 자연과학 같이 법칙을 발견하고 예측할 수 있다는 의미이다. 해가 동쪽에서 뜨는 자연 현상처럼 예외없는 법칙, 내일도 예측할 수 있는 원리가 사회 현상에는 가능하지 않다. 인문사회 현상은 거의 모든 것이 예외, 개별성이라고 해도 과언이 아니다. 열 길 물 속은 알아도 한 길 사람 속 모른다는 말처럼 규칙과 예측대로 움직이지 않는 것이 인간이다. 인간들이 모인 사회는 더욱더 예측하기 어려운 것은 당연하다.

경제학은 사회 현상을 예측이 가능한 법칙으로 설명하여 학문의 과학성을 높이는데, 이것을 가능하게 하는 것이 바로 가정이다. 앞서 예를 든 이성 교제나 결혼의 변수를 설명하기 위해 개인적 선호의 차이는 없다고 가정하고 재력만으로 보면, 보편 원리가 나올 수 있을 것이다. 물론 경제학의 가정이 현실과 일치한다는 것은 아니고, 이론화를 위해 설명할 수 있는 한 변수만을 고려한 결과로 나온 것이다.

이와 같이 경제학은 몇가지 보편적 가정을 바탕으로 한다. 첫째는 인간에 대한 가정이다. 복잡다난한 백인 백색의 인간을 따지지 않고, 인간형을 하나로 가정한다. 경제학에서 가정한 인간은 합리적 행위자로서의 인간이다. 합리성(rationality)은 고대 철학부터 내려온 중심 사상이지만, 경제학에서 합리성은 이런 의미의 철학적 이성이나 합리성을 의미하는 것은 아니고, 근대적 의미의 합리성을 의미한다. 즉 만인에 의한 만인의 투쟁으로 대변되는 토마스 홉스의 근대 사상은 근대적 합리성을 함축하는 것으로 경제적 합리성도 경쟁과 이익으로 정의되는 합리성이다. 경제학에서 말하는 합리적 행위자는 일상에서는 자기 중심적 이기심으로 표현할 수도 있는 최대한 자신의 이익을 실현하는 행위자를 말한다. 물론 인간이 이익 실현에 최선을 할 때도 있고, 아닐 때도 있지만 경제학에서는 합리적 행위자 곧 자신의 이익을 최대한 추구하는 존재로만 인간을 가정하는 것이다.

둘째, 경제학에서 합리적 행위자의 행동 원리는 일관되게 합목적적 행위로 최소비용 최대효과의 원리로 설명한다. Mini-Max 곧 minimum cost maximum benefit은 합리적 인간의 보편적인 행위 패턴이고 예외가 없는 것으로 가정한다. 우리가 소위 얘기하는 가성비라는 것도 이를 반영하는 것이고, 적은 비용으로 같은 효과를 내는, 또 비용에 비해 더 좋은 효과를 바라는 것은 인지상정이라고도 할 수 있다. 물론 현실에서는 그렇지 않는 경우도 있지만 일반적인 경우는 최소-최대 원리에 의해 움직이므로 경제학에서는 예외없는 보편적 행위 패턴으로 가정해 보는 것이다. 예를 들어, 친구들과 점심 회동을 가질 때 각자가 원하는 것과 가성비만 비교하여 미니 맥스 원리로 각자 흩어져 점심을 먹지는 않을 것이다. 때로는 정 때문에, 때로는 귀찮아서 자신의 미니 맥스 원리를 잠시 접어두고 친구가 가자는 데로 가서 점심을 같이 먹는 경우가 많을 것이다. 경제학에서는 이와 같이 현실에 존재하는 다양한 경우를 없다고 가정하고 미니-맥스의 행동 원리를 보편적인 것으로 가정하여 경제 활동을 설명하고 미래를 예측하는 것이다.

셋째, 경제학에서는 합리적 행위자가 자신의 효용을 인지하고 있는 것으로 가정한다. 앞서 예를 든 점심을 먹는 상황에서 행위자는 자신이 원하는 맛과 영양을 충분히 알고 있다는 것을 가정한다. 고기도 먹어 본 사람이 맛을 안다는 말이 있듯이 현실에서는 각자 느끼는 효용이 다르고, 또 인지하는 효용이 왜곡된 경우도 많다. 어렸을 때는 짜장면이 가장 맛있다고 생각하고, 고향의 음식이 맛있다고 하지만, 다른 사람에게는 혐오 음식일 수도 있다. 또 중독이나 심리적 문제로 본인에게 좋은 것이 아닌 것을 원하는 경우도 있다. 이와 같이 현실에서 사람들은 자신의 효용을 정확히 느끼지 못하고, 그에 대한 정보도 부족할 수 있지만, 경제학에서는 효용의 완전한 인식을 가정한다. 경제적 합리적 행위자와 최소 최대 법칙이라는 것도 효용을 인지하고 그것을 추구할 때 성립될 수 있는 것이다.

효용(utility)은 19세기 말 이후 현대 경제학 발전의 중심 키워드가 되었다. 아담 스미스의 고전주의 경제학이 설명하지 못하는 현상을 설명하기 위해 도입된 개념으로, 효용을 중심으로 설명하는 경제학을 신고전주의 경제학이라고 하고 좁게는 효용학파라고 부르기도 한다. 현재 경제학과 커리큘럼의 대부분을 차지하는 신고전주의의 경제학에서 말하는 효용의 원리는 한계 효용 체감의 법칙이다. 한계 효용 체감의 법칙은 소비가 하나씩 늘어나는 만큼 효용은 줄어든다는 원리이다. 배가 고파서 라면을 한그릇 먹으면 맛있지만, 한 그릇 더 먹으면 배가 부르고, 또 한 그릇을 먹으면 불쾌해지고, 더 먹으면 병원에 가야하는 원리가 한계 효용 체감의 법칙을 말해준다. 현실에서는 가질수록 더 갖고 싶어 하여 구두만 몇천 켤레, 명품백만 몇 백개 갖는 사람도 있지만, 이런 경우는 수집광이거나 이상 심리인 예외 케이스라 할 수 있고 보편적 원리에는 맞지 않다고 보는 것이다. 또한 경제학에서는 효용의 안정성을 가정한다. 효용은 변하지 않고 일정하게 유지되고 있고 그것을 최대화하고자 추구하는 행동 원리로 움직인다고 가정하는 것이다.

넷째, 경제학에서 경제의 원리와 법칙을 설명하는 가장 이상적인 상태로 완전 경쟁 시장을 전제로 한다. 완전 경쟁 시장은 소비자나 수요와 공급이라고 하는 것이 완전히 평등한 상태에서 외적 요인의 구축을 받지 않고 하나의 변수로만 움직이는 것이다. 아담 스미스의 유명한 말, '보이지 않는 손'이라는 것은 완전 경쟁 시장에서 인위적인 요인이 작용하지 않는 상태에서 작동하는 시장 원리이다. 이 경우 시장은 보이지 않는 손에 의해서 자동 조절되어 최상의 상태를 유지할 수 있는 것이다. 완전 경쟁 시장의 이상적 상태는 균형을 통해 달성되는 것이고, 이것이 근대적 의미의 선이 되는 것이다. 그러나 아담 스미스가 전제하는 완전 경쟁 시장은 현실에서 존재하지 않고 여러 가지 힘의 원리가 작용한다. 신고전주의 경제학에서는 완전 경쟁 시장이 아닌 다른 형태의 시장도 경제학 범위 내에서 설명하는데, 독과점시장이 포함된다.

경제학은 합리적 인간형과 행위 방식을 전제로 경제 현실을 설명하게 되는데, 이론적 방법론으로는 주로 수리나 계량의 방식을 쓰게 된다. 경제학이 현실과는 차이가 있는 전제를 기반으로 이론을 전개하지만, 이는 복잡한 현실의 다양한 변수들을 통제하여 이론의 초점이 되는 부분을 부각시키기 위한 것으로 이를 통해 상당한 수준의 설명력을 자랑한다. 현실의 복잡한 변수를 통제하고 중심이 되는 변수를 수량화 시켜 현상에 대한 설명 뿐 아니라 미래에 대한 예측도 가능해 진다. 인문사회과학 중에서 가장 과학화된 것으로 인정되는 경제학도 기실 이런 현실과 유리된 전제에 근거한 때문이다.

미디어 경제학은 신고전주의 경제학을 그대로 받아들여 미디어 산업에 적용한 학문 영역이다. 경제학의 다양한 학설과 발전 방향에도 불구하고 미디어 경제학은 전통적 경제학을 그대로 받아들여 미디어 현상을 설명하고 있고, 앞서 제기한 경제학의 기본 가정과 원리들을 그대로 적용하고 있다. 우선 경제학에서 가정하는 합리적 행위자 모델을 미디어 경제학에 그대로 적용시킨다. 미디어에서 주체를 크게 보면 미디어 소유주, 수용자, 미디어 제작자, 광고주 이상 네 가지 주체로 구성될 것이다. 경제학적 전제에 따르면 이들 주체는 각자 최소-최대 법칙에 근거해 효용 극대화를 추구하는 존재로 상정된다. 미디어 소유주의 효용은 무엇일까? 경제인으로서 미디어 소유주의의 최대 효용은 좋은 프로그램이 아니라 사실은 최대 이윤일 것이다. 최소의 비용을 들여 최대의 이윤을 내고자 하는 것이 미디어 소유주의 효용이 된다. 물론 현실에서는 돈을 벌기 위해서가 아니라 좋은 프로그램으로 사회에 기여하거나 작품성에 인생을 거는 소유주도 있을 것이다. 또 장기적으로는 좋은 프로그램과 명망이 없이 이윤을 추구할 수도 없을 것이다. 하지만, 경제학의 전제가 된 경제인이라면 최소 비용으로 최대의 이윤을 내고자하는 것이 소유주의 효용이 될 것이며 이를 일률적으로 추구하는 것이 미디어 경제학의 설명이 된다.

한편 수용자의 입장에서는 역시 최소-최대 법칙이 작용하여 최소의 비용을 내고 원하는 프로그램을 최대한 즐기는 것이 수용자의 효용이 된다. 수용자 개인이 즐거움이나 유익을 주는 프로그램을 최대한으로 즐기면서 비용은 가장 낮은 수준으로 낼 수 있다면 또 아예 비용을 안 낼 수 있다면 그 길을 택할 것이다.

광고주의 입장에서는 미디어를 통해 수용자들의 구매 욕구를 사는 것이 목표가 된다. 최소의 비용으로 많은 수용자에 접근하기를 원하는 것이 광고주의 효용이 된다. 광고주의 입장에서 광고의 내용 자체는 큰 의미가 없을 것이다. 광고의 내용은 수용자의 이목을 잡아 구매로 이끌기 위한 수단이 될 뿐이고, 수용자의 구매 욕구를 일으키기 위한 광고를 최소 비용으로 만들어, 보다 많은 수용자에게 접근하려고 하는 것이 광고주의 효용이 될 것이다.

한편, 미디어 제작자들은 미디어산업에 고용인으로서 최소의 비용으로 최대의 효용을 보는 목적을 가지게 된다. 즉, 최소로 일하고 높은 보수를 받는 것이 경제인으로서 미디어 제작자의 효용 극대화 원칙이 될 것이다. 여기서도 물론 월급과는 무관하게 좋은 작품이나 공정한 보도를 위해 발이 닿도록 뛰는 종사자들이 현실에는 많이 있다. 그러나 경제학의 설명력을 높이기 위해 다양한 변수들을 통제하고 미디어 종사자도 경제인으로 가정할 때 최소의 노동으로 높은 보수를 받는 개체들로 가정하게 된다. 현실적으로도 아무리 작품에 열정이 드높은 미디어 제작자라도 한해 두해 월급을 받지 않고 일 할 수 있는 사람은 거의 없을 것이다. 미디어 경제학은 현실을 단순화 시켜 변수를 제한하여 현실의 문제를 설명하는 이론의 설명력을 높이는 것이다.

미디어 경제학의 연구 단위는 서로 경쟁하는 미디어 주체들이다. 이들이 개별적으로 보면 개인의 영달만을 추구하는 이기적인 주체로 파괴적일 수도 있는데, 이런 경제인으로서 속성이 사회 전체적으로는 최선의 결과를 나타낸다는 것이 경제학의 전제이다. 미디어 경제학의 목적은 경쟁에 의해 효율성을 극대화하는 것이다. 미디어 주체들 간 경쟁의 극대화로 경쟁하는 이익이 균형을 이루어 사회 전체적으로 최대의 생산성을 기대할 수 있다고 보는 것이다. 미디어의 주체들이 미니-맥스 원칙에 의해 각자의 이익을 최대로 추구할 때, 그 정점에서 균형을 이루게 되는데, 이것이 최대의 효율성과 생산성을 낳게 되는 것이다. 미디어 경제학의 연구 분야는 시장에 모아진다. 미디어 주체들이 경쟁하는 장은 바로 시장이 된다. 미디어 시장은 경쟁하는 이익이 균형의 정점에서 만나는 장이기도 하다.

영상산업이나 미디어산업의 경우는 가장 보수적인 미디어 경제학으로 접근하더라도 시장의 원칙으로만 접근할 수 없는 복합적 변수들이 작용한다. 여기서 미디어 경제학은 순수 경제학에 비해 사회적 문화적 변수에 보다 관심을 가지게 된다. 미디어 경제학이 시장 다음으로 관심을 가지게 되는 것이 정책적 변수이다. 그러므로 규제 정책에 대한 연구가 미디어 경제학의 중요한 부분을 차지하게 된다.

미디어 경제학의 주요 연구 분야는 미디어산업의 경제성·생산성에 대한 연구가 주류를 이루고 있다. 미디어산업 분석, 경영 분석, 수용자 선택 분석이 대표적인 것이다. 이들 연구는 전통적 경제학의 방법론을 그대로 따라 미디어현상을 분석하는 것이다.

2 정치경제학과 미디어산업 연구

정치경제학은 경제학, 더 넓게는 주류 학문에 대한 비판으로 시작되었다. 주류 학문이 기반하고 있는 학문의 비현실성을 꼬집어 현실 자체에 접근하고자 대안적인 학문의 체계를 펼치게 된다. 정치경제학은 마르크스의 이론으로부터 출발한다. 마르크스 사후 200년이 흐른 만큼 마르크스 이론의 갈래는 다양하게 전개되었고, 서구 마르크시즘, 공산주의 마르크시즘, 제3세계 마르크시즘 등 지역적 다양성도 크게 뻗어 나갔다. 이와 같은 다양한 정치경제학을 지면 관계상 일일이 설명할 수 없지만, 여기서 기본 개념을 살펴보고 경제학과의 차이점을 중점적으로 보고자 한다.

정치경제학은 기본적으로 사회의 권력적 지배 구조에 주목한다. 정치경제학을 간단하게 이해하기 위해 피라미드 삼각형으로 도식화시켜 볼 수 있는데, 사회 구조가 절대 다수의 피지배층과 절대 소수의 지배층이 피라미드 구조를 형성하고 있다. 유사 이래 피라미드 지배 구조는 유지되어 왔으며 지금도 미래도 계속될 것으로 예측되는데, 정치경제학은 이와 같은 불평등한 구조가 유지되는 원리를 설명하는 데서부터 출발한다.

정치경제학을 도식적으로 설명하는 기본 틀도 삼각형 구조로 설명가능한데, 즉 토대와 상부구조 구성을 말한다. 마르크스 이론은 변증법에 의거하여 보이는 현상을 구축하는 보이지 않는 구조를 설명하고자 한다. 상부구조가 눈에 보이는 현상이라면, 이것을 구축하는 지배원리는 바로 토대이다. 우리가 흔히 변증법을 "정반합", 또 상부구조를 정치로 하부구조를 경제로 이해하는 경우가 많은데, 마르크스 이론에 대한 잘못된 해석이다. 토대는 보이지 않는 내면의 구조로 현상을 구축하고 미래 가능태를 배태하는 토대가 되는 것으로, 경제 활동도 토대의 지배를 받는 상부구조일 수 있다.

마르크스의 이론은 토대에 초점을 두는데, 마르크스가 <자본론>에서 토대를 한마디로 생산양식이라고 정의하고 있다. 생산양식은 생산력과 생산관계로 구성되어 있으며, 이 양자간의 필연적 갈등으로 현실의 모순이 발생하고 또 혁명적 변화가 배태된다고 설명하고 있다. 즉 현재의 생산양식은 자본주의이고, 생산력은 노동 생산에 의해 일상적으로 발생하는 생산력을 말하고, 생산관계는 자본가와 노동자라는 계급 관계를 말한다.

정치경제학은 비판 이론의 기초를 만들었고, 마르크스 자신은 당대 주류 이론인 경제학에 대한 비판으로 그의 정치경제학을 개발한다. 마르크스는 <자본론>에서 고전주의 경제학자 아담 스미스와 리카르도에 대한 비판으로 시작하며, 이런 비판주의 시각은 현재까지 주류 이론과 비판 이론간의 논쟁으로 이어지고 있다.

첫째, 정치경제학에서 비판하는 주류 이론의 문제는 개인주의의 오류(individual fallacy)이다. 경제학에서 전제로 하는 개인의 효용, 만족, 합리성이라는 것이 개인주의 오류에 기인한 것으로 본다. 기본적으로 정치경제학에서는 인간을 개인으로 보지 않고 사회적 존재로 인식한다. 인간이 개인적으로 느끼는 감정, 판단, 선호, 효용이라는 것도 사실 자연인으로써 개인이 아닌 사회적인 존재로서 사회적 영향 가운데 느끼고 구조화된다고 보는 것이다. 이와 같이 개인을 구속하는 것이 생산관계 곧 계급이며, 현실을 구축하는 권력의 핵이 되는 것이다. 정치경제학에서는 개인이 느끼는 효용과 합리적 행동 양식도 사회 구조적으로 계급에 의해서 배태된 것이며 계급을 유지하기 위한 이데올로기로 학습된 것으로 보고 있다.

둘째, 정치경제학에서 제기하는 주류 이론의 모순은 효용, 모순이다. 경제학에서는 효용이 목적이고 효용을 최대화 하기 위해 최소 최대의 법칙에 의해 합리적으로 행동하는 것으로 본다. 이와 같은 경쟁적 행동 원리가 사회 전체 차원에서는 최대 효과를 가져오고 최대 다수의 최대 행복을 보장하는 길이 되는 것이다. 이런 의미에서 주류 경제학은 공리주의적 사상을 기본으로 하고 있다. 그러나 정치경제학의 입장에서 보면 효용 자체가 사회구조적으로 조성된 것이고, 공리주의는 잔인한 인간 억압의 이데올로기라고 본다. 효용의 만족은 누군가가 대가를 치른 결과이고 지배의 공고화 하기 위한 기제에 불과하다는 것이다.

셋째, 시장의 모순을 들 수 있다. 주류 경제학은 시장주의라고 불리울 만큼 시장에 대한 신뢰가 높다. 경제학에서는 시장이라는 것이 인간의 최대 다수의 행복을 가져온다는 파레토 최적화(pareto optimum)의 조건으로 시장을 말한다. 정치경제학에서는 시장을 부정적으로 인식한다. 정치경제학의 입장에서 보면 시장이라는 것 자체가 가상적인 것이다. 시장은 교환가치, 즉 마르크스가 말한 진정한 가치인 사용가치를 왜곡하고 가짜의 죽은 가치를 뜻하는 교환가치를 만드는 기제이며, 이는 당연히 현실의 문제를 왜곡하는 기제가 된다. 정치경제학에서는 시장을 현실의 가치를 왜곡시키고, 불평등한 구조를 심화시키는 기제 그 이상도 그 이하도 아니다. 정치경제학에서는 시장보다 다른 기제를 통한 평등한 분배를 선호하는데, 국가주의와 관료주의를 발생시키는 문제점이라고 역으로 비판을 받기도 한다.

넷째, 정치경제학이 주류 이론에 제기하는 문제는 이론적 방법론적 모순이다. 주류 경제학의 이론은 피상적으로 겉으로 드러난 현상만을 학문의 대상으로 삼기 때문에 단기적 개선책을 내놓을 뿐 근본적인 원인에 대한 설명이 부족하다는 입장이다. 정치경제학에서는 현실, 또 현실이 구성되는 역사적이고 보이지 않는 사회 구조까지 포함하는 총체성에 접근하고자 한다. 이론적으론 총체성에 접근하는 것이 어떻게 가능한지 비판도 제기되지만 정치경제학의 입장에서는 현실의 문제를 일종의 모델로 가상화시키는 주류 경제학의 입장에 반대하며 이론적 대안을 모색한다.

정치경제학에서 추구하는 것은 평등과 공공선이다. 경제학과 같은 개인의 효용 극대화는 사회관계 속에서 더욱 불평등을 심화시키는 기제가 될 뿐이며 이를 통해 공공선은 달성할 수 없고 사회의 모순은 악화될 뿐이라는 입장이다. 문제의 해결을 위해 정치경제학에서 추구하는 것은 효용의 극대화가 아니라 평등이다. 이를 위해 시장은 부익부 빈익빈을 강화하는 수단밖에 안되고, 평등한 분배를 위한 보다 강력한 방식을 추구하게 된다. 이는 가장 과격한 수단인 혁명에서부터 국가 개입을 통한 계획 경제 체제, 비정부 조직에 의한 운동 등 다양하게 나타날 수 있다.

미디어 정치경제학은 정치경제학을 미디어 연구에 적용한 연구 분야로 미디어 연구에 다양하게 적용되고 있다. 우선 주류 연구와 미디어 경제학에 대한 이론적 현실적 비판에서부터 논의를 시작한다. 미디어 경제학의 기본 전제와 설명 방식에 대해 대안적 이론을 제시한다. 즉, 미디어 정치경제학도 미디어 경제학과 마찬가지로 산업 구조와 시장, 정책을 다루지만 그것의 기본 단위는 개인이 아닌 사회관계이다. 앞서 설명한 미디어 경제학에서 중심으로 다루는 4주체를 예로 들면, 미디어 정치경제학에서는 개별 행위자가 아니라 사회관계의 복잡한 궤도에서 존재하는 주체들이다. 미디어 정치경제학에서 사회관계의 핵심은 바로 권력이며, 이것이 가장 전형적으로 나타나는 것으로 정통 정치경제학에서는 계급으로 보고 있다. 미디어 소유주, 광고주, 제작자, 시청자 모두 계급 관계에 의해 사회 구조적인 제약 내에서 미디어를 생산 소비하는 것으로 보는 것이다. 미디어 소유주와 광고주는 자본주의 체제 유지를 위한 자본가의 이익을 대변하며, 미디어 제작자는 노동자로서 또 시청자는 간접적 노동자로서 미디어를 통해 계급의 착취가 작동하도록 돕고 자본주의가 유지되도록 역할을 하는 것이다.

미디어 정치경제학은 미디어 경제학과는 판이한 목적에서 이론을 전개하게 된다. 경제학 학문의 목적이 효용을 극대화하고 이윤을 많이 남기는 것인데 비해 평등과 분배의 수단으로서 미디어의 가능성을 탐구하는 것이 정치경제학의 목적이다. 미디어 정치경제학이 관심을 갖는 첫번째 문제는 미디어가 민주주의의 도구로서 작용하는가에 대한 것이다. 미디어는 효용이나 이윤의 극대화와 같은 경제적 재화로서만이 아니라, 사회적 재화로서 가치를 갖는다. 대중매체가 대중 사회의 도래와 함께 등장하여 대중 사회의 병폐를 심화시키는 데 기여한 것으로 비판을 받아온 것도 사실이다(Habermas 1987). 그럼에도 불구하고 대중 사회의 변화된 생활양식에서 참여를 유도하기 위해서는 미디어를 수단으로 할 수 밖에 없다. 과거 공동체 사회에서 자연적으로 정보가 공유되고 자연적 소통과 교류가 가능하여 공동체 성원 전체가 의사 결정 과정에 참여할 수 있었다. 하지만 대중 사회에서는 자연적 교류와 참여가 가능하지 않고, 정보의 습득과 교류, 사회 참여 같은 민주주의의 기본 조건은 미디어를 통해서 이루어 질 수밖에 없게 되었다. 미디어의 이와 같은 양면적 역할로 인해 정치경제학자들은 민주주의적 도구로서 미디어의 역할을 강조한다. 미디어의 경제적 역할은 민주주의적 도구로서 미디어 역할과 역행할 수 있다. 즉, 미디어의 상업화는 업체의 이윤을 높일 수는 있지만 정보의 불평등으로 다수의 대중에게는 참여의 기회를 앗아 갈 가능성이 높아지게 된다. 정치경제학에서는 미디어가 민주주의의 도구로서 역할을 하는가를 중요하게 평가한다.

둘째, 정치경제학에서는 미디어가 소외 집단들도 접근 가능한지가 중요한 기준으로 작용한다. 마르크시즘에서 자본주의의 가장 큰 병폐는 바로 소외이다. 마르크스는 독일 이데올로기에서 자본주의의 발전을 소외의 시작으로 보았다(Marx 1967). 이런 의미에서 미디어는 인간 소외의 수단으로 역사적으로 작용해 왔던 것이 사실이다. 미디어가 직접적으로 소외의 수단으로 작용한 것은 공동체적 교류를 해체시키고 대중이 일방적 커뮤니케이션인 미디어에 의존하여 능동적 참여와 자율적 의사 결정을 저하시켜 수동적 인간형으로 만든다는 데 문제가 있다. 또한 간접적으로는 일반 대중인 노동자가 현실의 모순을 직시하지 못한 채 현실에 만족하고 안주하게 하는 미디어의 이데올로기로서의 기능을 수행한다는 문제가 있다. 정치경제학에서는 자본주의 체제 내에서 미디어가 끼친 소외 현상을 비판적으로 인식한다.

더 나아가 정치경제학에서는 대안적 미디어의 역할을 강조하게 된다. 즉, 자본주의의 태생적 소외 현상을 완화시켜 줄 대안으로 미디어는 사회 내 소외 계층도 참여하고 혜택을 누릴 수 있게 하는 접근권이 허용되어야 한다는 것이다. 미디어 정치경제학에서 인식하는 미디어의 우선 목표는 산업적 성공이 아니라, 사회의 소외 계층을 아우를 수 있는 미디어의 역할이 된다.

셋째, 정치경제학에서 중시하는 미디어의 민주주의적, 탈소외적 도구로서 역할과 연관하여 미디어는 공공선을 실현하는 목적으로서 중요성을 가지게 된다. 미디어 경제학과 판이한 입장에서 개별 효용 주체의 만족이 아니라, 사회 전체를 단위로 모두의 만족을 이끄는 공공선의 실현을 목적으로 한다. 사회 모두의 만족이라는 공공선은 매우 이상적이고 비현실적으로 들릴 수 있지만 정치경제적 입장에서는 사회 구성원의 평등과 분배가 공공선 실현의 지름길이 된다고 믿는다. 전통 마르크시즘에서 전제하는 것은 자본주의의 불평등한 구조가 문제이고, 이것이 붕괴되면 공공의 선이 실현될 수 있다고 보기 때문이다. 이런 입장에서 미디어를 접근하면 미디어가 사회 전체의 공공선을 실현하는 데 얼마나 기여하는지를 기준으로 미디어의 역할을 평가하게 된다.

이상에서 논의했듯이 미디어 정치경제학에서 미디어의 목적을 민주주의, 탈소외, 공공선 실현으로 보기 때문에 이 목적을 실행하는 방식도 미디어 경제학과 판이하다. 미디어 경제학에서 목적의 실현 방식은 시장을 통해서 이다. 시장은 사회 갈등을 해결하고 구성원 간 균형을 이루어 최대 다수의 최대 행복을 이루는 공리주의적 도구로 경제학자들 간에 인식되어 왔다. 하지만, 정치경제학적 입장에서 시장은 부의 불평등과 자본주의 모순을 심화시키는 도구로 인식된다. 미디어 정치경제학에서는 목적을 달성하기 위해서도 시장은 적절한 방법이 되지 못한다고 본다. 이로 인해 정치경제학자들은 시장보다는 공적 개입에 비중을 둔다. 물론 공적 개입이 부패와 비효율성이라는 병폐를 배태하기도 하지만 민주주의와 공공선 같은 비경제적 목적을 달성하기 위해서는 공적 개입이 중요한 역할을 하게 된다고 보는 것이다.

또한 시민 참여에 의한 미디어 정책의 결정과 실행은 민주주의와 공공선을 최대 목적으로 하는 정치경제학에서 적절한 방식으로 간주된다. 위로부터의 동원이 아니라, 밑으로부터의 참여에 의한 미디어 정책의 결정과 실행은 일방적 커뮤니케이션으로서 미디어의 문제점을 완화시켜 주는 접점이 될 수 있을 것이다. 미디어 정치경제학에서는 시민을 위한 미디어가 어떤 산업적 성공보다 우선되는 중요한 요소가 되는 것이다.

미디어 정치경제학의 이론적 접근은 정치경제학의 기본 테두리인 총체적 접근을 시도한다. 경제학적 이윤 계산이나 경영 분석, 수용자 선택 같은 수리적 통계적 접근이 아니라 역사성 사회성을 근간으로 한 총체적 접근을 시도하는 것이다. 구체적으로 미디어 정치경제학에서 가장 많이 연구되는 것은 미디어 소유권의 문제이다. 정치경제학의 전통적 의제인 계급의 문제를 실증적으로 보일 수 있는 것이 미디어의 소유 집중의 문제이기 때문이다. 마르크시즘에서 주장하는 자본주의 계급의 이원적 구조가 미디어 분야에는 극단적으로 나타나고 있다. 미디어산업은 역사적으로 독과점이 뿌리 깊게 구조화되어 있으며, 시간이 갈수록 이는 더욱 심화되는 경향을 보인다. 특히, 세계를 단위로 독과점화 하는 미디어산업의 소유 집중 현상은 여타 산업에서도 찾아보기 어려울 정도로 심화되어 있다(Bacthin 1981). 미디어산업의 소유 집중은 산업적 공정 거래의 차원에서도 문제가 되지만, 미디어의 사회적 역할을 고려하면 언론의 집중화는 사회적으로 큰 문제일 수밖에 없다. 이것은 민주주의와 탈소외의 도구로서의 미디어의 목적을 달성할 수 없게 하는 권력적 구조가 된다.

미디어의 소유 집중과 더불어 정치경제학에서 중요하게 다루는 문제는 미디어의 상업화와 탈규제화의 문제이다. 이는 경제학적 입장과 상반되는 것으로 경제학에서는 상업적 성공이나 시장의 기능을 위해서 탈규제화를 지지한다. 경제학에서는 시장이 가장 효율적인 수단으로 시장의 기능을 최대화하기 위해 탈규제를 주장하나, 정치경제학에서는 이와 상이한 입장을 보인다. 정치경제학에서는 시장주의에 의한 미디어의 상업화가 불평등을 심화시키고 소외를 확산시키는 것으로 인식한다. 미디어의 상업화는 결국 있는 자와 없는 자 간에 정보의 불균형, 참여의 불평등한 기회를 배태시켜 민주주의와 탈소외라는 정치경제학적 목표와는 거리가 먼 미디어역할을 할 수밖에 없다.

한편, 탈규제의 문제에는 정치경제학에서 양면적 반응을 보이지만, 대체로 탈규제가 초래하는 상업화에 대해서 반대하는 입장을 보인다. 미디어 정치경제학에서는 미디어 경제학과 달리 시장에 의해 모든 사람에게 평등한 미디어의 혜택이 주어지지 않는다고 보기 때문에, 정부의 개입에 기대를 건다. 정부 정책이 인위적인 개입으로 인한 문제점을 낳을 수 있다는 것을 인정하면서도 미디어의 특성상 사회적 기능을 최대화하기 위해서는 시장에만 의존할 수 없고 형평성과 공정한 분배를 위한 개입이 불가피하다고 보는 것이다. 1980년대 이후 현재까지 미디어의 탈규제화가 세계적 추세로 자리잡고 있는 이때, 산업적 성공 여부와 별도로 탈규제에 의한 시장의 병폐를 고발하는 데 정치경제학은 학문적 공헌을 하고 있다.

미디어 경제학과 미디어 정치경제학은 서로 상이한 이론적 방법론과 목적을 바탕으로 두개의 판이한 시각으로 미디어에 접근하고 있다. 두 입장이 각기 이룬 학문적 성과는 어느 것 하나의 우월성을 판단하기 어렵다. 연구의 목적과 시각에 따라 두 입장의 어느 하나를 선택할 수도 있고, 둘을 부분적으로 이용할 수도 있다.

영상산업과 관련하여 미디어 경제학이 가장 활발한 연구 성과를 보이는 것은 기술적 변화, 미디어의 산업적 가치, 탈규제의 문제로 요약해 볼 수 있다. 우선 현재 미디어의 가장 큰 변화의 추인은 디지털화이다. 디지털은 새로운 매체를 양산할 뿐 아니라 기존 매체의 성격 변화도 촉진한다. 현재 인터넷, 게임 등 다양한 멀티미디어가 활발히 활용되고 있을 뿐 아니라, 방송, 영화 등의 기존 매체도 디지털화에 의해 변화의 와중에 서 있다. 다매체 다채널을 지향하는 방송은 방송의 내용과 수용자의 시청 패턴도 뒤바꾸고 있다. 가장 고전적 미디어의 형식을 유지하고 있는 영화의 경우도 내용적 면에서는 디지털화가 활발하게 활용되고 있다. 이와 같은 기술적 변화의 양상과 효과 변화에 대한 예측은 미디어 경제학을 통해 잘 파악할 수 있을 것이다. 또한 경제적 원리의 근간이라고 볼 수 있는 미디어의 산업적 가치에 대한 평가는 미디어 경제학이 가장 효과적으로 성과를 보일 수 있는 분야이다. 한편, 경제학의 시장주의적 입장에 의해서 정책적 사안에 대한 미디어 경제학의 연구는 탈규제의 문제로 귀착된다.

경제적 가치와 효율성을 연구 목적으로 한 미디어 경제학과 대조적으로 미디어 정치경제학에서는 사회적 분배와 평등의 문제를 주로 다루게 된다. 미디어의 기술적 발전과 경제적 가치를 평가하기에 앞서 이것이 사회적으로 얼마나 분배되고 평등에 기여하며 소외 계층을 감쌀 수 있는지에 관심을 두게 된다. 미디어 정치경제학의 경우도 최근 탈규제의 문제를 비중 있게 다루게 되는데, 시장주의 관점에서가 아니라 미디어의 상업화에 대한 비판 의식에서 출발한 연구라고 볼 수 있다.

이와 같이 미디어 경제학과 미디어 정치경제학의 차이는 연구의 목적, 방법론, 분석 단위에 있어 큰 차이를 보이게 된다. <표 3.1>은 앞서 설명한 경제학과 정치경제학의 차이, 또 미디어 경제학과 미디어 정치경제학의 차이를 정리한 것이다. <표 3.1>에서 보듯이 연구 단위와 이론적 접근, 행위 원리와 방식과 제도 면에서 차이를 극명하게 나타내고 있다. 미디어 관련 현상에 따라 경제학과 정치

표 3.1 • 미디어 경제학 대 미디어 정치경제학

연구	경제학	정치경제학	미디어 경제학	미디어 정치경제학
단위	개인(경제인)	사회관계	미디어 주체 개인	미디어 주체의 사회관계
목적	효율성 효용	평등 공공선	효용극대화 주체간 균형	민주적 도구 탈소외 공공선 실현
방식	시장 균형	공공개입 분배	시장 부분적 규제	공공개입 시민참여 public access
이론적 접근	수리 계량	총체성 사회 역사적 접근	미디어산업 경영분석 수용자 선택 분석	소유집중 민영화 탈규제 이데올로기

경제학의 접근이 설명력의 차이를 나타내기도 하지만, 사실상 하나의 현상에 대해 양립될 수 없는 상이한 시각이고 접근법이다. 이 때문에, 어느 이론의 우월성을 평가하기도, 또 두 개의 시각을 양립시키기도 어려운 측면이 있다. 앞서 설명했듯이 두 개의 대립되는 세계관과 사상을 바탕으로 하고 있고, 접근 방법과 이론의 논리가 상이하다고 할 수 있다.

그러면 여기서 하나의 예시를 통해 미디어 경제학과 미디어 정치경제학의 상이한 접근 방식을 설명하고자 한다. 최근 뉴스에 '드라마의 굴욕'이라는 제하의 지상파 0%대 시청률에 대한 보도가 눈에 띤다. 드라마는 한국 텔레비전의 꽃으로 높은 시청률을 자랑하고 한류를 이끈 역군이라고 할 수 있다. 드라마는 투자 비중이 높은 스케일이 큰 장르이고 엄청난 시청률을 자랑해 왔다. 최고 시청률의 <허준>은 60%까지 <대장금>은 50%까지 시청률을 올렸다. 그러나 요즘에는 지상파 드라마 시청률이 점차 줄어들어 잘해야 10%대 이고 1%, 0%대까지 나오게 된 것이다.

이에 대해 미디어 경제학으로 설명하면, 드라마 편성의 손익 관계를 분석하고 경제적 대안을 내놓을 것이다. 이에 철옹성 같았던 프라임 타임의 드라마 편성이 줄어들고 지상파에서도 그보다 투자가 적게 들고 시청률을 끌어 올릴 수 있는 예능을 편성하는 방향으로 점차 개편하는 경향을 보이고 있다. 또 일부 대규모 드라마에 선택 집중하여, 기존 방영 권역을 넘는 새로운 시장을 개척하여 수익을 올리는 방향을 모색하기도 한다. 일부 케이블 채널에서 소위 텐트폴이라고 불리는 대규모 드라마를 기획하여 넷플릭스같은 국제적 네트워크를 통해 유통시키는 기획은 드라마 굴욕 시대에 새로운 경제 전략이라고 할 수 있다.

한편, 똑같은 현상에 대해 정치경제학적으로 접근하면 전혀 상이한 논의와 정책 방향에 도달하게 된다. 앞서 약술한 토대/상부구조의 삼각형으로 보면 드라마가 상부구조가 되고 그것을 구속하는 것은 토대의 사회 구조가 된다. 이에 드라마의 굴욕 현상도 사회 구조적 변화를 반영하고 있다는 시각으로 접근해 볼 수 있다. 물론 드라마 시청 같은 하나의 현상에 사회 구조를 대입하는 것이 무리한 부분이 있지만, 여기서는 하나의 예시로 접근해 보는 것이다. 우리나라 드라마의 전성기를 주도하고 한류를 이끌었던 드라마의 정수는 멜로 드라마, 즉 로맨스에서 찾을 수 있다. 로맨스 드라마의 양상은 시대적으로 변화를 보여 왔다. 우리나라 로맨스 드라마는 90년대 트렌디 드라마에서 2000년대 소위 "신데렐라" 드라마로 2010년대는 판타지 로맨스로 그리고 최근에는 정통 로맨스가 실종되고 기획이 드물어졌다. 이와 같은 로맨스의 변화는 사회적 변화를 담고 있다고 볼 수 있는데, 90년대 트렌디 드라마는 정통 멜로에 집중하지만 남녀의 신분차이가 적고 전문직 남녀들이 주로 등장한다. 그 후 2000년대 오면 신데렐라 드라마로 변화하는데, 남녀 신분의 차별성을 부각시킨다. 실장님에서 시작해서 본부장, 부회장으로 진보하는 재벌 후대와 사회 언더독인 여성과의 사랑 이야기로 주도되는 것이 신데렐라 드라마 스토리이다. 2010년대 이후에는 이와 같은 신데렐라 로맨스가 쇠퇴하고 판타지나 다른 혼합 장르로 로맨스에 식상한 시청자들을 끌어들이고자 시도한다. 타임 루프나 사극과 현대극의 교차가 흔한 경우가 되었다. 그러나 2010년대 중반 이후에는 이런 판타지 로맨스도 더 이상 인기를 끌지 못하고, 재벌의 비리나 범죄 집단, 혹은 검찰이나 정치 권력자들의 극단적 행위와 소위 막장 드라마가 치열하게 전개된다.

이러한 드라마 장르의 변화를 단순히 취향이 변하는 것이라고 하면 정치경제학에서 말하는 개인화의 오류라고 비판할 수 있다. 정치경제학적 입장에서 개인의 취향은 진공상태로 개인이 선택하고 효용 최대화를 시도하는 것이 아니고 사회적으로 조성된다고 보기 때문이다. 토대의 변화가 드라마라고 하는 구체적인 현상에 반영된다고 볼 수 있다. 90년대는 우리나라 경제발전의 황금기라고 할 수 있다. 한국의 빠른 발전과 부상이 경제적인 성과로 나타났던 것이 90년대라고 할 수 있다. 90년대 사회는 발전과 희망의 시기였고 트렌디 드라마는 이러한 사회 배경을 밝은 로맨스에 반영하고 있다. 시대적 분위기에 따라 드라마는 전문직종에 종사하며 열심히 일하고 발전하는 모습을 배경으로 하고 있다.

그러다 90년대 말부터는 "IMF" 경제위기를 겪으며 좌절을 겪게 된다. 이때 유행한 것이 신데렐라 드라마라고 볼 수 있다. 신데렐라 드라마에 내재된 의미는 무엇인가? 물론 좋은 남자, 백마탄 왕자님을 만나는 이야기가 주를 이루는데, 신데렐라 드라마의 근본적인 사회학적인 의미는 신분 상승(social mobility)이라고 할 수 있다. American dream, Korean dream과 유사한데, 이런 꿈은 기본적으로는 사회 이동성을 의미한다. 신분이 낮고 가진 것이 없는 사람도 자신의 노력에 의해 사회적 사다리를 타고 상승할 수 있다는 믿음이 이런 드림의 사회적 의미이다. 신데렐라 드라마는 이와 같은 신분 상승의 환상을 심어주는 이야기이다.

이와 같은 신분 상승의 욕망과 신데렐라 희망은 일종의 이데올로기라고도 할 수 있다. 자본주의 사회 계급의 뚜렷한 피라미드 구조에서 아메리칸 드림, 코리안 드림을 그리는 드라마, 영화는 일반 사람들에게 일종의 환상을 부여하는 것과 유사하다. 나도 상승할 수 있다는 믿음과 때로는 나도 이제 상류층에 속해 있다는 착각을 주기도 한다. 중산층은 지배계급을 모방하고 선망하면서 나는 부르주아이고 사회는 변화한다는 착각을 주는 것이 미디어가 지배계급에 봉사하는 보이지 않는 역할이기도 하다. 신데렐라 드라마를 보면서 너무 뻔하고 말이 안 되는 이야기라고 욕을 하면서 보는 이유가 이런 사회적 욕망을 반영하고 있기 때문이다.

그러나 최근에는 이와 같은 신데렐라의 환상도 공감을 얻지 못하는 변화의 시기를 보인다. 2010년대 특히 금융위기를 겪고 흔히 신자유주의라는 용어가 널리 사용하는데 불평등이 이전보다 더 심화되고 경제가 장기적 불황에 빠지며 재구조화가 일어나는 현상을 반영하고 있다. 금융위기 이후 신자유주의의 가장 큰 특징은 중산층의 몰락으로 나타난다. 신분 상승과 사회 변화의 희망은 더 이상 꿈이 되지 못하는 좌절의 시기를 맞이하게 된 것이다. 영화 <기생충>도 여러 가지로 해석할 수 있지만 이러한 신자유주의 시대 중산층이 몰락하는 새로운 사회상을 보여주고 있다. 영화에는 대만 카스테라 무역 사업을 하다가 실패하여 반지하에 사는 가족과 남의 집 지하에 숨어 사는 가족이 등장한다. 신자유주의 시대 사회 변화를 극적으로 보여주고 있다.

이런 새로운 사회 상황에서 신분 상승과 사회 통합의 메시지는 더 이상 설득력을 잃게 되고 극단적인 계급 갈등이 드라마에 등장하게 된다. 물론 드라마에서는 재벌이나 권력자가 범죄, 악, 나쁜 인물로 묘사되고 있지만, 굳이 드라마가 극단적 상위계층을 이토록 자세하게 조망하는 것은 현재 사회 변화를 반영하고 있기 때문이다. 상층의 부패와 불행을 목도하며, 도덕적 우위로 대중의 안위를 삼을 수도 있고, 이들을 통해 사회 전복의 희망을 걸어보기 위해 재벌과 권력자의 부패와 음모를 드라마가 묘사한다고 할 수 있다.

이와 같이 정치경제학에서는 자연스러운 취향 변화나 미디어 수용자의 자유로운 선호를 넘어 사회 구조적 문제를 미디어를 통해 짚어 낸다. 물론 사회의 구조적 변화가 10년 단위로 급격히 변화하는 것은 아니고, 변화의 원인을 계급으로 환원시켜 설명하는 것이 무리가 있을 수 있지만 하나의 가능한 설명 방식으로 예시를 이해하면 되겠다.

4 영상 미디어산업과 문화 연구

최근 부상하는 영상산업은 아직 이론화가 채 진전되지 않은 신흥 학문에 속한다고 볼 수 있다. 영상의 역사가 인류의 발생과 비견될 만큼 오래된 것이지만, 그것의 산업적 관심은 경제적, 문화적, 인식론적 근거에 의해 최근에 부상하기 시작했기 때문이다. 영상산업의 이론화를 위하여 이제까지 미디어의 이론적 근거가 된 미디어 경제학과 미디어 정치경제학이 많은 부분 적용될 수 있다.

하지만, 미디어 연구가 영상산업 연구에 곧바로 적용되는 데 한계를 갖는 것은 매체를 중심으로 한 미디어 연구가 영상산업에 적용되는 데 발생하는 한계와 더불어 영상산업의 산업적 특수성에 기인한다. 미디어 경제학과 미디어 정치경제학이 일정부분 영상산업 연구에 적용될 수 있고 현재 이론적 근거로 삼을 수 있는 가장 유력한 이론들이 되고 있지만 영상산업 연구에 한계를 드러낸다. 미디어의 산업적 연구가 영상산업 연구에 보이는 한계는 첫째, 개별 매체를 중심으로 한 미디어 연구의 한계이다. 영상산업은 현재 미디어가 융합되고 다양한 매체들이 생겨나면서 매체보다는 그것을 담는 내용, 즉 콘텐츠를 중심으로 산업적 성과를 진단해 봐야 하는 필요성이 높다. 과거 개별 매체별 산업으로 설명하지 못하는 영상산업의 속성이 이제 설명되어야 할 필요성에 직면한 것이다. 하나의 콘텐츠가 만들어지면 매체의 구분을 넘어 공유되는 영상산업의 경우 미디어 연구의 일반 법칙이 적용되는 데 한계를 가질 수밖에 없다. 예를 들어, 영화 한편을 제작했을 때, 이는 영화의 전형적인 매체로 인정되는 극장을 통해서 뿐 아니라, 위성과 케이블 등 방송 채널, 비디오, DVD, 지상파 방송, 모바일 등 다양한 윈도를 통해서 수용된다. '원소스 멀티 유즈(one source multi use)'라는 영상산업의 특성은 과거 미디어 연구가 설명하지 못하는 특성이 된다. 또한 영상산업은 직접 시장뿐 아니라 간접 시장을 통한 확대된 유통으로 광범위한 영상산업의 후방 효과를 보이게 된다. 즉, 영화가 만들어지면 제작된 콘텐츠 뿐 아니라, 주제곡은 음반산업으로, 영화 촬영지는 테마 파크로, 출연진은 다양한 스타산업과 매니지먼트 사업의 후방 효과까지 따진다면 영상산업의 범위는 실로 무한하다고 볼 수 있다. 이러한 영상산업의 범위와 특성을 설명하고 예측하기 위해서 미디어 경제학이나 미디어 정치경제학은 한계를 보인다.

둘째, 미디어 연구가 영상산업에 적용되는 데 한계를 보이는 것은 영상산업의 문화재로서의 속성 때문이다. 미디어도 물론 문화재로서의 속성을 가지고 있지만 이제까지 미디어 경제학이나 정치경제학은 미디어의 경제재로서 성격에 치중하여 분석하여 왔다. 미디어 경제학은 일반 경제학의 원리를 적용하여 미디어의 현상을 고찰한 것이다. 미디어 정치경제학의 경우는 이에 비해 보다 사회적 문화적 변수를 고려하긴 하였지만, 주요 관심은 미디어의 물적 토대로서 역할과 영향에 치중하여 소유권의 분석과 계급 관계에 미치는 영향에 관심을 모아왔다.

영상산업의 경우는 과거 미디어 연구에서 분석한 것에 비해 더욱 경제적 효과가 확대되었고, 경제적 이윤을 높이기 위해서라도 그 어느 때보다도 영상산업의 문화재로서의 속성을 파악하고 분석하는 것이 중요한 과제가 되었다. 이는 영상산업이 산업으로서 부상하게 되는 근거가 경제적 필연성만이 아니라, 사회적 변화와 문화적 현상으로 부상한 것이기 때문이다. 이른바 영상 시대에 경제와 문화는 별개의 영역이 아닌 불가분의 관계에 있고, 이로 인해 문화의 경제학, 경제의 문화학이 필요하게 되었다. 이로서 영상산업을 연구하기 위한 새로운 이론틀이 필요하게 된 것이다.

경제학적 입장에서는 미시 경제의 기본 원칙에 의해 영상산업을 설명하고 있다. 수요와 공급의 법칙에 의해 영상물의 투자와 공급, 또 좋은 영상물에 의한 수요로 영상 시장이 확대되어 시장의 법칙에 의해 최적을 달성하게 된다는 것이다. 낙천적 시장의 기능론이 영상산업에도 적용되는지에 대해서는 문제 제기가 이루어지고 있다. 영상산업의 경제학적 접근에 대한 한계는 영상산업의 문화재로서의 특수성을 고려하지 않고, 경제재로만 취급하는 우를 범하고 있다는 점이다. 영상산업은 여타 재화와는 달리 단기적인 화폐 이윤으로만 평가할 수 없다. 영상산업은 일반 소비재와 달리 소비자가 개별 상품의 필요에 의해 구입하고 소비하는 것이 아니라, 사회화 과정을 통해 소비가 개발 육성되는 문화재이다. 사회의 가치, 분위기, 영상 소비 습관에 의해 새로운 소비가 창출되는 것이지, 영상물에 대한 개별 제품 평가를 바탕으로 소비자가 이를 선택하고 구매하는 것은 아니다. 예를 들어, 할리우드의 영화가 세계 영화

시장의 80% 이상을 석권하게 된 것도 할리우드 영화 개별 작품이 소비자에게 효용을 주기 때문이 아니라, 세계의 관객이 할리우드 영화에 길들여진 소비 습관과 할리우드의 가치 주입에 의해 끊임없이 할리우드 영화에 이끌리게 되기 때문일 것이다.

또한, 영상산업에 대한 경제학적 접근의 한계는 근본적으로 이론적인 한계에서 기인한다. 아담 스미스 이후 경제학은 기본적으로 개인을 분석 단위로 시장의 행위를 설명하고 있다. 이때 개인은 합리성을 전제로 인성의 개별성 없이 비용-효과, 혹은 효용의 원칙에 의해 움직이는 것으로 전제한다. 인간의 개별성, 사회적, 문화적 요인들은 일체 비합리적 변수로 통제하고 예측 가능한 경제적 법칙만을 고려하게 된다. 개인을 분석 단위로 한 이와 같은 경제학의 기본 전제가 비현실적일 뿐만 아니라, 특정 학문적 경향에 경도된 것으로 비판받을 수 있다.

한편, 정치경제학에서는 경제학의 오류를 넘어 현실의 경제 현상을 바로 이해하기 위해서 총체성의 접근을 주장한다. 영상산업의 문제도 양국간의 화폐나 기술 교류의 단기적 현상으로만 파악할 수 없는, 사회적이고 역사적 시각에서 접근해야 한다는 입장이다. 1970, 1980년대 국제 관계의 모순을 고발한 종속 이론이나 세계 체계론이나 1990년대 문화 제국주의론에 이르기까지 정치경제학은 근대화의 역사성 속에서 지배국과 피지배국 간의 부단한 권력의 갈등 관계를 추적하며, 영상산업의 국제적 교류와 외자 유치 같은 근황도 역사, 사회적인 거시적 구조 속에서 파악하고 있다(Fank 1979; Wallerstein 1974, 1979; Nordenstreng & Schiller 1993).

그러나 정치경제학이 경제학의 문제점을 비판하는 데는 이론적 공헌을 했지만, 현실의 문제를 설명하고 대안을 제시하는 데는 일정한 한계를 보이고 있다. 20세기 중반 이후 사회적 변화에 발맞추어 기존 정치경제학에 대한 비판이 일기 시작하면서 새로운 이론적 시각들이 등장하게 되는데, 포스트구조주의, 포스트모더니즘으로 대변되는 일련의 이론들이 속속 등장하게 된다. 이들 이른바 포스트 사상은 실증주의나 마르크시즘 모두를 구조주의로 지칭하여 비판하면서 새로운 시각 정립에 돌입하게 된다. 이와 같은 '구조주의'와 포스트구조주의의 토론과 공방이 아직 이론적 차원에 머무르지만, 영상산업의 문화 경제학을 이해하기 위해서 응용될 수 있는 시각으로 보인다.

포스트구조주의 입장에서 경제의 문제를 돌아보는 시도를 문화 경제 연구로 명명하고자 하며, 이는 실증주의에 바탕을 둔 (신)고전주의 경제학이나, 마르크시즘에 바탕을 둔 정치경제학과 대별된다. 문화 경제 연구의 입장에서 영상산업은 경제학적 접근과 달리 문화재로서의 특성을 강조하게 된다. 영상산업은 문화재로서 소비자의 취향, 생활양식, 신념, 미학적 인식과 습관이 여타 소비 재화에 비해 강하게 작용하게 된다. 문화적 요인을 분석하기 위해서 기존 경제학에서 비합리성으로 통제되었던 많은 변수들이 재고되어야 하며, 국가적 차원과 개인적 차원의 정체성의 문제가 중요한 연구의 주제가 된다.

한편, 문화 경제 연구는 기존 경제학을 비판한 정치경제학과 일부 입장을 같이 하면서도 근본적인 차이를 보이게 된다. 첫째, 정치경제학이 주장하는 총체성의 접근을 거부한다. 포스트구조주의 입장에서 볼 때, 총체성의 접근은 현상의 문제를 해결하기 위해 본질성으로 천착하는데, 이 과정에서 지식 권력의 작용으로 현상과 개인의 중요성은 사장된다. 마르크시즘이 전제하듯이 개인의 고통은 혁명을 위해 합리화되고, 현상의 불합리성은 역사 유물론의 필연적 단계로 인고해 내야 하는 단계로 환원된다. 푸코는 구조주의를 권력 지식으로 명명하면서 총체성을 해체한 분열성, 역사 단계를 타파한 계보학적 다양성을 강조한다(Foucault 1980). 이런 시각에서 경제의 문제도 계급 투쟁의 역사성으로 환원될 수 없다. 표면적 현상의 구체적인 과정과 경제학적 비합리성을 포함한 다양한 인간주의적, 문화주의적 요소의 고려가 중요하게 된다.

둘째, 문화 경제 연구가 정치경제학과 입장을 달리 하는 것은 국가간의 관계에 대한 분석 단위의 차이에서 찾을 수 있다. 20세기 정치경제학의 발전은 전통 마르크시즘 이론에 새로운 설명력을 불러 일으켰는데, 국가 사회를 단위로 한 마르크시즘의 한계를 해결하는 데 공헌한 것이다. 마르크시즘의 자본주의 멸망의 예측은 빗나갔으며 자본주의가 고도로 발달한 서구 사회에서 혁명은 일어나지 않았다. 이로 인해 마르크시즘에 대한 비판이 거세게 일어났는데, 20세기 정치경제학은 분석의 단위를 국가 사회가 아닌 세계를 단위로 확대하면서 계급 혁명에 대한 새로운 시각을 제공하게 된다. 서구 사회가 자본주의 발전의 자동 추인 장치에 의해 멸망하지 않은 것은 계급의 모순을 제국주의, 신제국주의를 통해 외부에 전가하기 때문이라는 것이다. 마르크스가 말한 계급 갈등은 서구 사회에서 해소된 것이 아니라, 세계에 전이되어 세계를 단위로 한 계급투쟁이 여전히 지속되게 된다는 것이다(Lenin 1970; Luxemburg 1951). 제국주의, 신제국주의, 종속 이론, 세계 체제론, 문화 제국주의론은 네오마르크시즘의 시각에서 세계 체제의 하위에서 발생하는 계급 갈등의 문제를 개발도상국의 시점에서 이론화한 것이다.

정치경제학이 마르크시즘의 설명의 지평을 넓히는 데 공헌이 크지만, 역시 마르크시즘의 기본 한계를 벗어날 수는 없었다. 국가간 관계를 설명하면서 지배국과 피지배국간의 계급 관계에 치중하다 보니, 국가 내부적 요소는 도외시하는 오류를 범한다. 피지배국 내부의 다양성, 일상을 사는 인간의 다양한 모습들은 놓칠 수밖에 없었다. 정치경제학에서는 개발도상국 내부의 다양한 발전 혹은 저발전 형태, 문화적 사회적 요인에 의한 다양한 현실을 외면하고 계급의 시점에서만 문제를 접근하여 역동적 현실을 간파하는 이론으로 발전시키는 데 실패하게 된다.

이에 문화 경제 연구에서는 정치경제학의 총체성의 접근과 변증법적 논리 방식을 비판하면서 새로운 이론틀을 발전시키게 된다. 한편 경제학과 달리 개인주의의 오류와 환원주의를 거부하고 문화적 요소와 다양성의 문제를 중심 주제로 연구하게 된다. 이를 위해 문화 경제 연구는 새로운 권력 개념으로 출발한다. 경제학과 같이 권력의 부재를 전제하는 것도 아니고, 정치경제학과 같이 항시적 권력의 억압을 수용하지도 않는다.

영상산업에 진출한 외국 자본의 경우에는 경제학이나 정치경제학 이론으로 설명할 수 없는 복합적이고 다양한 양상을 보인다. 많은 경우 현재 외국 기업은 대체로 직접 들어와 통제하지 않고 보다 객관적이고 중립적인 모습인 자본의 형태로 경제 활동을 전개하고 있다.

그러나 통치의 부재가 권력의 부재를 의미하는 것은 아니며, 보다 미세하고 복합적인 차원에서 피투자국 기업인, 노동자 더 나아가 사회 전체에 강력한 영향을 미치고 있다. 지배자가 물리적으로 부재한 상태에서 피지배자 스스로의 변화에 의해 유도되는 포스트식민주의적 문화 실천으로 권력 작용이 전개되는 것이다. 이것이 문화 경제 연구에서 보는 권력이 작용하고 재생산되는 방식이다. 정치경제학은 네오마르크시즘의 잣대를 갖고 평가할 때, 이와 같은 문화실천 현상은 권력으로 인식되지 않고 무권력의 평화로운 화합으로 인식될지도 모른다. 그러나 신체에 가해지는 직접적, 억압적 권력은 부재한 채, 권력은 또 다른 얼굴을 하고 현대 사회에서 지배를 공고히 하고 있다. 이제 억압적 권력이 아닌, 푸코가 말한 생성적 권력으로 사람들의 일상생활에 면밀히 침투하여 미시적 차원에서 권력을 유지 확장시킨다(Foucault 1977). 권력은 더 이상 대결자의 갈등과 투쟁으로가 아니라, 피지배자 스스로 주체의 변화로 실천하기 때문에, 가장 효율적으로 권력재생산이 이루어진다. 국가 간의 권력 관계도 이제 더 이상 정치적 제국주의나, 경제적 신식민주의가 아니라 주체의 변화를 유도하는 문화적 실천에 의한 포스트 식민주의 시대로 접어든 것이다.

문화 경제 연구에서는 현실에 작용하는 복합적 권력 양상을 설명하기 위해 식민지와 지배국간의 명시적 대결 구도가 아니라, 둘이 조화하고 화합하는 듯한 모습을 보이는 데 더 주목하게 된다. 포스트 식민주의 이론에서 바흐바 등이 말했던 양가성(ambivalence)은 이와 같은 식민지에 사는 인간의 일상성 속에서의 변화, 주체 자체의 심리적, 문화적 변화를 가정한 것이다(Bhabha 1994: 37~8; Young 1995: 21~2). 이런 세심하고 복합적인 권력 작용을 추적하기 위해 일상성 속에서의 미세한 변화 양식과 식민지인 스스로의 목소리를 부각시키는 것이 중요하게 된 것이다.

현대 사회에서 자본의 권력이 직접 통치가 아니라, 자발적 복종에 의거한다는 의미는 경제적 법칙이 아닌 주체의 변화를 유도하는 문화적 영향에 근거하고 작용한다는 것이다. 들뢰즈와 가타리에 따르면 자본의 문제는 결국 주체의 문제이며, 이는 욕망의 문제로 귀결된다. 욕망 실천의 메커니즘을 무시하고 노동 가치에 치중했던 마르크스의 이론이 한계를 가질 수밖에 없는 것도 인간의 정신과 육체에 동시에 작용하는 자본주의의 문화적 실천을 간과하기 때문이다.

들뢰즈와 가타리의 인식대로 자본주의는 물질 뿐만 아니라 인간의 정체성과 일상 생활의 모든 부분에 영향을 주는 탈코드화된 실천의 체계이다(Deleuze & Guatarri 1994: 244~5). 자본과 노동이라는 자본주의의 큰 축도 결국 문화적 사유화 과정을 통해 형성되고 실천되는 단위이다. 들뢰즈와 가타리의 주장대로 자본은 사회적이고 정치적이며 이는 인간 개개인의 정신과 일상 생활을 변화시키는 문화적 단위이기도 하다. 이에 문화 경제 연구의 입장에서 외국 자본 유입의 문제를 새로운 권력의 문제와 주체의 문화적 실천의 과정을 통해 접근해 보고자 한다.

이와 같이 영상산업은 경제적 생산과 소비도 문화로 매개되어 전개되는 새로운 형태의 산업이다. 경제적 원칙으로만 설명할 수 없는 문화재로서의 성격 때문에 기존의 이론들이 적용되는 데 한계를 보이고 새로운 이론 틀로서 문화 경제학의 접근이 타당하다고 보인다. 문화 경제학은 기존 경제학과 같이 화폐와 노동 시장의 기능을 대상으로 하면서도 객관적 경제 법칙이 아니라 사회적이고 역사적인 토대와 함께 주체들의 실천적 개입을 설명하는 이론이다. 경제 원칙이라는 것도 객관적으로 존재하는 것이 아니고, 사회 문화적 맥락에서 경제 주체들의 해석에 의해 도입되고 반영되는 것이다. 기존 경제학에서는 이를 비합리적, 비객관적인 요소로 통제 변수를 두고 이른바 합리성 변수만을 설명하는 이론으로 일관했는데,

영상산업의 경우 산업의 특성상 사회 문화적 변수를 통제 변수로 간주하고 무시한다면 설명이 불가능해진다. 문화재로서의 영상산업의 특성상 복잡하고 난해해 지더라도 문화 경제의 접근이 불가피하게 된 것이다.

후기 자본주의 생산 양식의 변형으로 산업 자본주의 시대의 규모의 경제는 한풀 꺾이고, 하이테크, 창의성을 자원으로 한 영상산업이 21세기를 이끌 주역으로 부상하고 있다. 영상산업의 생산력의 핵심은 영상산업의 생산력은 규모와 집중화가 아니라, 지식과 창의력이다. 생산의 규모도 소규모이고, 생산 관계도 횡적으로 재구조화 한다. 벤처 기업을 중심으로 짧은 순환 주기 속에서 자본주의 초창기의 창업주의 정신이 다시금 요청되게 되었다. 이렇듯 영상산업은 제조업 중심의 전통산업과 자원 운용의 기본 방식이 다르게 나타나게 된다.

영상산업은 생산의 사회관계가 변형됨과 동시에 가치의 생산 과정도 과거와는 다른 형태를 띤다. 과거 산업 제품이 주어진 가치를 최대한으로 생산하기 위해 최대의 에너지와 자원을 투입하고 노동 가치의 절대적 혹은 상대적 착취를 통해 생산을 관리하는 데 반하여, 영상산업은 가치 자체를 끊임없이 재창조하여 잉여를 최대화하는 새로운 형태를 띠게 되는 것이다. 이때 에너지와 자원의 투입은 최소화하고, 노동 가치의 전이도 시간이나 강도를 조절하는 과거의 방법과 다른 창의력을 기반으로 하는 새로운 방법에 의거하고 있다.

신기술과 영상 미디어산업의 시장과 정책

1 영상산업과 영상 시장

시장은 경제학적 입장에서 가장 중요한 수단이며 현실의 문제를 해결하는 궁극적 수단으로 인식돼 왔다. 경제학에서 개인의 목적은 효용 극대화이므로 주체간의 갈등은 필연적이고 이 문제가 해결을 보는 것은 시장을 통해서이다. 미디어 경제학에서는 미디어에 관여하는 4주체가 각기 상반되는 목적을 가지고 갈등할 수밖에 없는데, 이것이 해결점을 찾는 것은 바로 시장을 통해서이다. 시장은 서로 갈등하기 때문에 합의 또한 가능하며, 시장을 통해 모두가 최대의 만족치인 균형점에 도달할 수 있다고 보는 것이 경제학적 관점이다.

한편, 정치경제학에서 시장은 분배의 불평등을 심화시키는 제도로 이해된다. 시장은 가치가 왜곡된 모습으로 나타나 물화되는 제도로 교환가치가 현실화되는 장이기도 하다(Marx 1967: 4~23). 마르크스는 <자본론> 1장에서 사용가치와 교환가치를 대별하여 설명하면서 시장은 가치의 부차적 형태인 교환가치가 화폐 형태로 가치화 되는 전형적 형태로 보았다. 시장은 자본주의의 모순이 확대되는 장으로 자본이 자본을 축적하고 궁극적 가치의 형태인 사용가치 혹은 노동가치는 은폐되는 장으로 보았다. 이런 의미에서 시장은 현실의 문제를 해결하는 곳이 아니라, 현실의 문제를 은폐하고 심화하는 곳으로 정치경제학자들은 인식하였다. 그러므로 유통을 위해 시장이 불가피하더라도 시장의 실패를 보완할 수 있는 다른 제도적 장치를 요구하게 된다.

미디어도 재화가 유통되는 시장의 형태가 나타나지만 다른 시장과 다른 특이한 시장을 형성한다. 미디어 시장은 이원적 속성을 갖는다. 미디어 재화는 영상물, 즉 미디어에 실릴 영상 콘텐츠가 시장에서 유통되지만, 실제 가치를 갖는 것은 수용자이다. 그런 의미에서 정치경제학자들은 영상 시장은 수용자를 사고 파는 곳이라고까지 주장하기도 하였다. 실재로 미디어 시장에서 영상물의 작품성과 우수성 등 제품의 속성은 이차적 가치를 가질 뿐이고 진정한 가치는 얼마나 많은 수용자가 영상물을 감상했느냐로 평가되는 경우가 많다. 방송의 경우가 전형적인 예인데, 방송 프로그램이 유통되지만 기실 프로그램의 우수성과 작품성 자체에 가치가 있는 것이 아니라, 얼마나 많은 사람들이 시청했는가를 뜻하는 수용자 접근도가 가치를 생산하여 경제적 가치가 매겨지는 것이다. 수용자 접근도는 가장 비근하게 시청률로 나타나는데, 시청률이 높은 작품은 미디어에서 가치를 대변해주게 된다. 시청률이 높으면 많은 광고가 방영되어 높은 가치를 갖지만 아무리 작품이 우수해도 시청률이 낮으면 그 가치는 여지없이 저평가되어 광고가 붙지 않게 된다. 이는 미디어 시장에서 미디어에 실릴 콘텐츠가 유통되지만 실제 영상물의 가치는 부차적으로 되고 실제 수용자의 수가 가치를 갖는 이원적인 구조를 말해주는 것이다.

이런 의미에서 정치경제학자들이 비판하는 가치의 은폐 작용인 시장의 속성을 미디어 시장은 가장 비근하게 보여주고 있다. 미디어 시장은 표면적으로 유통되는 제품과 시장에서 가치를 가지는 것과 괴리를 보이는 현상을 보인다. 전통적으로 정치경제학에서 시장에서 유통되는 화폐적 가치는 진정한 가치를 은폐시키는 표면적일 뿐이라는 가치의 변증법을 말하는데, 표리가 다른 시장의 이중성을 미디어 시장은 단적으로 보여주는 것이다. 미디어 시장의 이원적 구조는 시장의 가치 교환의 이중성에서 한 단계 더 나아가 유통되는 제품 자체도 이중성을 보인다는 특징을 드러내는 것이다.

미디어에 따라 시장의 이원적 속성에는 차이를 보인다. 방송 같은 경우는 콘텐츠 가치가 부차적이고 시청률에 따라, 즉 수용자 접근도가 가치를 결정하는 반면 영화 같은 경우는 관객이 콘텐츠에 직접 돈을 지불하고 사는 방식이기 때문에, 상대적으로 이원적 속성은 낮게 나타난다. 그러나 이 경우에도 관객 동원수와 예매율 등 수용자들의 반응이 영화 선택에 작용하기 때문에 이원적 속성은 작용한다. 더 나아가, 영화 콘텐츠의 수출이나 2차 저작권 시장, 곧 영화의 채널 판매, 기타 플랫폼 판매에는 극장 관객수가 절대적인 가치 평가의 기준이 된다. 이런 의미에서 방송보다 상대적으로 낮지만, 일반 재화에 비해 이원적 구조는 높다고 할 수 있다. 한편, SNS나 신매체 유통, 플랫폼 사업은 조회수가 가치를 결정하므로 다른 미디어보다 한층 높은 이원적 구조를 보인다고 할 수 있다.

전통적으로 경제학에서는 시장을 구조, 행위, 성과의 3차원으로 접근한다. 첫째, 구조는 시장의 권력 혹은 집중도를 뜻한다. 경제학에서 시장의 집중도는 공급자의 수에 따라 차이를 보이는데, 독점, 과점, 자유 경쟁 시장으로 나뉘어 진다. 시장에서 수요자는 불특정 다수인데 비하여 공급자는 소수가 될 수도 있고 다수가 될 수도 있다. 이와 같이 독과점 구조와 자유 경쟁 시장 간에는 공급자의 수가 차이를 보이게 된다.

경제학의 이상은 자유 경쟁 시장이다. 불특정 다수의 수요자와 불특정 다수의 공급자가 인위적인 개입 없이 보이지 않는 손, 곧 시장의 자동 조절 장치에 의해 합의에 도달하고 교환하여 상호 이익을 나누는 것이 자유 경쟁 시장의 원리이다. 자유 경쟁 시장에서 제품은 대체가 가능한 동질 제품으로 경쟁하게 되어 특정인이 수요나 공급을 통제할 수가 없다. 특정 공급자나 수요자의 시장 점유율은 0에 가까우며 시장에서 권력 행사의 여지는 없게 된다. 여기서 수요자나 공급자는 가격 담지자(price taker)가 되지만 가격 결정자(price maker)가 될 수는 없다.

그러나 현실에서 완전 경쟁 시장은 극히 예외적인 경우이고 대부분 시장의 권력, 공급자의 수는 유한적이다. 현실에서 공급자가 소수이고 시장의 전적 권한을 차지하는 경우를 독과점 시장이라고 한다. <표 4.1>은 완전 경쟁 시장과 독점 시장의 차이를 요약하고 있는데, 완전 경쟁 시장이 조성되려면 재화의 성격이 대체재이고 시장에 인위적이거나 자연적인 진입장벽이 없을 때 가능하다. 이 경우 공급자의 시장 점유율은 0에 가깝고, 가격도 형성된 가격을 그대로 받아들이게 된다. 한편 그 반대 현상이 독점 시장이고 1인 공급자에 의해 시장이 좌지우지 되는 구조가 독점 시장이 된다.

우선 농산물이나 수산물과 같이 재화가 다른 것으로 쉽게 대체

표 4.1 • 완전 경쟁 시장과 독점 시장

완전 경쟁 시장	독점 시장
다수경쟁기업	한기업 공급
대체재	비대체재
진입장벽 없음	진입장벽
시장 점유율 0	시장 점유율 100%
Price-taker	Price-maker

될 수 있는 것을 대체재라고 하고 명품이나 브랜드 가치가 높은 상품처럼 다른 것으로 쉽게 대체되지 못하는 것을 비대체재라고 부른다. 또 전기나 담배와 같이 공급자가 1인으로 규정되어 있고 다른 공급자가 사업을 할 수 없는 경우 진입장벽이 높거나 불가능하다고 하며 이때 독점 시장이 성립된다. 진입장벽에는 카르텔 같은 인위적인 장벽으로 공급자의 진입을 차단하는 경우가 있고, 높은 자본 집약도, 기술 집약도로 감당할 수 있는 공급자가 적어 자동적으로 진입이 차단되는 경우도 있다. 또 천연 자원 같은 생산요소의 한계에 의해 자연적 독점이 발생할 수 있다. 인위적인 경우로는 법이나 제도로 인위적으로 진입장벽이 부과되어 독과점 시장을 형성시킬 수도 있다. 앞서 말한 전기나 담배의 경우는 법적 진입장벽이고, 특허 같은 경우도 법적으로 진입장벽을 규정하여 창작의 권리를 고양하고 새로운 사업자가 무단으로 특허를 사용할 수 없게 진입장벽을 두는 제도가 된다.

일반적으로 사람들이 독과점 구조보다 경쟁 시장을 선호하는 경향이 있는데, 이는 "사촌이 땅을 사면 배가 아프다"는 말처럼 심리적인 측면으로 설명하는 경우가 많지만, 실제 경제학적으로는 독과점이 사회 전체적으로 야기하는 비효율과 사회비용이 발생하기 때문이다. 독과점 시장은 공급자의 개입에 의해 완전경쟁시장의 보이지 않는 손이 하는 자동 조절의 역할을 다할 수가 없고 보이는 손에 의해 불평등한 배분이 이루어진다. 독과점 시장에서는 독점이윤이 발생하는데 수요자에게 배분되어야 할 이윤이 독점 공급자에게 배분되는 것이다.

<그림 4.1>에서 빗금 친 부분은 독점이윤에 해당되는데, 완전경쟁을 가상적으로 상정했을 때 수요와 공급이 만나는 점 가격 P_2와 수요량 Q_2에 비해 독점 시장에서 P_1은 높고 Q_1은 적게 책정된다. 독점 시장은 재화의 조건상 비탄력적 재화라고 하더라도, 가장 이상적인 배분을 상정했을때, P_1, Q_1의 점을 잇는 사각형은 가상적 완전 경쟁 시장의 P_2, Q_2를 잇는 사각형의 면적보다 작을 수밖에 없고 그만큼 사회 전체적인 배분의 혜택은 줄어들게 된다.[1] 이의

그림 4.1 · 독점 이윤

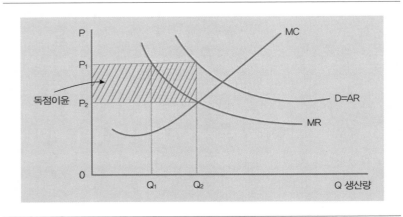

1 MR = Marginal Revenue. MC = Marginal Cost. AR = Average Revenue

혜택은 독점 기업에게 전가되어 독점 이윤이 발생한다. 독점 이윤은 사회적 비용이기도 한데 사회 전체적으로 이익이 감소하는 결과를 가져오기 때문이다.

경제학에서는 흔히 시장을 이상으로 하여 시장주의 시각을 전개하는데, 이는 완전 경쟁 시장을 전제로 한 것이다. 그러나 현실적으로 완전 시장은 존재하지 않는다고 해도 과언이 아니다. 수요자와 공급자가 무한 다수 존재하고 동질 제품으로 대체가 가능한 농산물의 경우 완전 시장에 가깝다고 볼 수 있지만, 최근에는 이런 농수산품도 차별성이 강조되고 공급자도 불특정이 아닌 특정인으로 두각을 보이는 브랜드화의 경향이 점점 더 뚜렷이 나타나고 있다. 이런 경향으로 인해 완전 경쟁에서 점점 멀어지게 된다. 제조업 제품이나 서비스 제품은 더더욱 완전 경쟁 시장을 형성하지 않는다.

미디어산업은 전통적으로 독과점의 구조가 다른 산업에 비해서 더욱 심화된 구조로 나타난다. 방송이나 영화처럼 초기 자본과 자본 집중도 때문에 생기는 진입장벽 때문에 경쟁 시장의 형성이 어렵고, 미디어라는 재화 자체의 성격상 창의력을 바탕으로 하기 때문에 차별성 혹은 비대체성이 필수적이다. 이로 인해 미디어의 유통은 독과점 시장이 형성되어 왔다.

미디어산업 내부에서 하위 산업의 성격에 따라 독점 구조의 정도의 차이를 보인다. 완전 독점인 위성 방송에서 경쟁에 가까운 프로그램 시장으로 다양한 스펙트럼이 형성된다. 초기 유선 방송의 경우 한 지역에 한 개의 방송사가 허가되는 프랜차이즈 시스템으로 완전 독점으로 시작되었다. 이는 제도에 의해 진입장벽이 인위적으로 도입된 경우이다. 지상파 텔레비전 방송은 공적 개입과 더불어 고도의 자본 집약적 사업의 성격 때문에 어느 나라나 독과점이 형성된 시장을 이룬다. 우리나라의 경우 지상파 3개 방송사, 미국의 경우도 3개 방송사로 독과점 시장으로 운영되어 왔던 것은 이와 같은 시장의 조건에 기인한다.

이에 비해 음반이나 잡지 같은 미디어는 독점보다는 경쟁에 가까운 시장을 형성한다. 방송에 비해 자본 집약도가 낮고 공적 개입도가 상대적으로 적어 등록에 의해 사업이 가능하기 때문에 보다 경쟁적 시장을 형성한다. 영화 제작사나 방송 프로그램 제작사 또한 경쟁 시장에 가깝다. 소액의 자본으로 제작사 설립이 가능하고 법적으로도 진입장벽이 조성되지 않기 때문에 보다 경쟁적 시장을 형성하게 된다.

이와 같이 미디어의 하위 산업별로 시장의 구조는 차이를 보이지만, 미디어산업 전체적으로 보면 일반 재화 시장에 비해 상대적으로 독점화 정도가 높은 산업으로 분류할 수 있다. 특히 영상산업은 다매체 시대 미디어의 융합에서 발전된 콘텐츠 중심의 산업이기 때문에 산업의 독점화는 점점 더 심화돼가고 있다. 세계적으로 영상 시장의 독점을 선도하는 할리우드를 비롯해서 각 지역 시장과 내수 시장도 소수 기업에 의해 독점되고 있는 것이 현실이다. 영상산업이 발전하면서 독점의 정도는 더욱 높아가고 있다.

미디어 정치경제학에서는 전통적으로 미디어산업의 독점적 구조에 대해 강한 비판을 전개해 왔다. 영화산업은 발생 초기부터 독점으로 시작하였으며, 그 후 매체가 늘어나면서 독점 구조는 더욱 심화돼 왔다. 정치경제학에서는 미디어의 소유 집중 문제에 연구 초점을 두는데, 영상산업이 본격적으로 발전한 1990년대부터 소유 집중은 유래를 찾을 수 없을 만큼 점점 더 소수의 손에 집중되고 있다. 매체가 융합되고 신기술 개발이 반영된 영상산업의 산업적 특성을 반영하듯 독점 시장이 세계적 추세로 자리 잡는 것은 현실이다.

영상 미디어산업의 소유 집중은 수평적, 수직적 통합 양 측면으로 전개된다. 수평적 통합은 동종 매체의 계열화를 통해 전개되는 양상이다. 수평적 통합은 방송사가 다른 방송사를 인수 합병하는 형태나 인터넷 업체가 다른 인터넷 업체를 흡수 통합하는 형태가 이에 해당된다. 수직적 통합은 이종 매체를 계열화하는 방식이다. 방송사가 영화사를 사거나 영화사가 인터넷 업체를 매입하는 형태로 나타난다. 또 영화 제작사가 배급업체와 극장을 계열화하는 것도 전형적인 수직적 계열화에 해당된다.

영상산업은 매체가 융합되고 다매체화 하는 추세에서 발전한 산업이기 때문에 수직적 계열화가 활발하게 전개되고 있다. 세계적으로 영상산업의 소유 집중은 날로 심화되어 소수의 미디어 재벌이 영상산업의 전 분야를 석권하고 있다. 할리우드의 메이저들이 영화산업 전 분야의 수직적 통합하는 데서 더 나아가 네트워크 방송과 케이블 방송 신문 잡지 또 인터넷 업체까지 통합하는 거대한 재벌 기업을 형성하고 있다. 예를 들어, 할리우드의 메이저 중 하나인 타임 워너사는 영화, 방송, 음반, 잡지, 출판을 수직적으로 통합한 세계 최대의 영상산업 복합체를 형성한다. 할리우드 메이저인 워너 브라더스에서 시작하여 영화제작사 뉴라인 시네마, 방송으로는 터너 브로드케스팅, 홈박스 오피스, 타임 워너 케이블, 출판으로는 타임지와 타임워너 출판사, 음반으로 워너 뮤직 그룹, 인터넷으로 AOL을 소유하고 있다. 이와 같이 세계 메이저 영상산업체는 그야말로 문어발식 영상산업 복합체를 형성해가고 있다.

영상 시장의 이와 같은 독점 구조는 소수의 손에 세계 영상 문화를 좌지우지하게 하는 위험성이 제기되어 정치경제학적 시각에서는 많은 비판을 제기하고 있다. 그럼에도 불구하고 영상산업의 독점 구도는 경제적 생산성과 효율성의 증가에 의해 업계에서 포기할 수 없는 이익으로 자리 잡게 되었다. 이와 같은 사회적 가치와 업계의 가치가 충돌하는 상황에서 영상산업의 발전에 힘입어 탈규제 정책으로 정부 개입이 점차 약화되고 있기 때문에 영상산업의 독점 구조는 더욱 가속화되고 있다. 이를 둘러싸고 경제학적 입장과 정치경제학적 입장이 대립하지만, 영상산업의 미래의 가치 때문에 생산성과 효율성에 비중을 두고 사회적으로 받아들여지고 있다.

2 영상 미디어산업과 정부 정책

영상 미디어산업은 다른 부분에 비해 상대적으로 정부의 정책적 개입이 강한 분야이다. 이는 영상 미디어산업의 특성과 재화의 성격에서 기인한다. 우선 정책이란 무엇인가 규명할 필요가 있다. 우리가 정책을 행정학과 혹은 정책학과에서 연구하는 학문으로 인식하는데, 학제적으로 보면 정책은 정치학 영역에 속한다. 정책은 정치를 실제 현상에 적용하여 구체화된 제도적 형태로 나타난 것이라 할 수 있다. 그럼 정치는 무엇인가? 정치학에서 여러 시각에 따라 도나 이데아, 절대 정신 등 다양하게 정의하지만, 근대적 의미의 정치는 사실상 강제를 의미한다. 즉 근대 정치학에서 정치는 강제, 곧 타인이 원하지 않는 것을 강제로 하게 하는 힘을 뜻한다. 이런 의미에서 정치는 권력이고, 폭력적 성격을 내포하고 있어, 국가 권력을 "정당화된 폭력"이라고 정의하기도 한다. 즉 폭력 집단도 국가 기관과 똑같이 폭력을 쓰지만 하나는 불법적, 다른 하나는 합법적으로 정당화된 폭력이 된다. 같은 행위도 전쟁에서 하면 영웅이 되고, 사인 간에 이루어지면 처벌의 대상이 되는 것이다.

그러면 이와 같이 정치현상, 즉 강제가 요구되는 이유는 무엇인가? 어느 인간도 사회 집단도 자유를 선호하지 강제를 원하는 사람은 없을 것이다. 그래도 강제가 정당화되는 이유는 자유만으로 해결이 되지 않는 문제가 있기 때문이다. 공공정책학과 경제학에서는 강제를 기반으로 한 정치 혹은 정책의 발생 원인을 시장의 실패에서 찾고 있다. 시장 혹은 자유가 이상적이기는 하지만, 이상으로만 세상이 운영되지 않고, 인간의 생존도 위협하는 위험천만한 사태가 발생하므로, 국가 정치, 정책적 개입을 통한 강제 수단이 동원되는 것이다.

이와 같은 강제성을 바탕으로 한 정책 도입의 첫째 이유가 바로 공공재이다. 공공재는 비배제성과 비경합성의 특성을 가진다. 비배제성은 재화나 서비스를 사지 않은 사람도 소비가 가능하고 이를 배제할 수 없는 재화를 말하며 공공재의 첫번째 조건이다. 비경합성은 한 소비자의 소비행위가 다른 사람의 소비에 지장을 주지 않는 것을 의미한다. 예를 들어, 국방이나 사회 간접 자본, 환경과 관련된 재화나 서비스가 공공재에 속한다. 국방의 경우 그 혜택은 한 나라 전체에 적용되며, 비용을 지불한 사람만 소비하게 타자를 배제할 수 없다. 국방의 비용을 지불하지 않은, 예를 들어, 복무를 하지도 세금도 내지 않은 사람들만을 뽑아 국방의 안전으로부터 배제시키고 전쟁의 위험에 노출시키게 할 수는 없는 것이다. 이와 같이 소비의 비배제성이 극단적으로 나타나는 것이 국방이나 치안이다.

또 비용을 지불하지 않은 사람이 혜택을 본다고 해도 비용을 지불한 사람들이 혜택을 누리는 데 지장을 주는 것이 아니므로 비경합적인 재화이기도 하다. 공공재를 설명하는 대표적인 모델인 "공유지의 비극"의 경우 비배제적이지만 경합적 재화의 예라 할 수 있다.

공공재는 시장 실패의 대표적인 사례로 시장에 의해 수요와 공급이 균형을 이룰 수 없는 특수한 조건을 이룬다. 경제학이 전제하는 합리적 소비자라면 최소 최대 법칙에 의해 비용을 지불하지 않아도 소비할 수 있는 것에 비용을 지불하지는 않을 것이다. 이것이 무임승차(free rider)의 문제를 발생시키며, 점점 많은 사람들이 무임승차하게 되어 아무도 비용을 지불하지 않아 시장은 소멸하고, 그 결과 사회도 멸망하게 될 것이다. 공유지의 비극은 이러한 시장의 실패를 말해주는 우화이며 공공 개입, 즉 정책적 강제를 도입하게 하는 모델이 된다. 공공재의 경우 시장에 의해 유지될 수가 없고, 강제 수단을 동원할 밖에 없게 된다. 국방을 위해 군 복무 의무를 강제하고, 사회간접자본과 사회 복지를 위해 세금을 징수하는 것은 모두 정책적 강제 수단이며, 시장 원리나 자유의사에 맡겼을 때 유지될 수 없는 사례가 된다.

영상 미디어산업은 대표적으로 공공재적 성격을 띠고 있다. 즉 비배제성과 비경합성을 특징으로 하는 재화이다. 영상 콘텐츠는 한 사람의 소비가 다른 소비를 구속하지 않는다. 즉, 한 사람이 영화를 봤다고 해서 가치가 소멸되는 것은 아니고, 후에 다른 사람이 영화를 보는 데 지장을 주지 않는다. 다른 사람이 이미 봤다고 중고품이 되는 것도 아니고, 낡거나 닳는 것도 아니다. 방송이나 멀티미디어 등의 영상 콘텐츠는 소비가 이후의 서비스의 질을 떨어뜨리지 않는다. 이는 소비의 비경합성을 말하는 것으로 공공재의 성격 때문이다. 또 지상파 전파를 전송했을 때, 영역 내 비용 지불자와 지불하지 않은 사람을 선별해 서비스를 제공할 수 없다. TV 수신료를 TV를 가진 가구 전체에 징수하는 것도 이 때문이다. 바로 소비의 비배제성 때문이다. 많은 비용과 때로는 불법적인 수단까지 동원하여 수신료를 강제 징수하는 이유도 이런 공공재의 성격 때문이다. 영화의 경우도 극장 안에 빔을 쏘면, 몰래 들어와서 보는 사람도 관람을 배제할 수가 없다. 인터넷의 경우도 불법 다운로드 문제가 발생하는 이유가 미디어의 공공재적 성격 때문에 무임승차를 막기가 어려운 시장이기 때문이다.

미디어 중에서 전통적으로 방송은 가장 공공재의 성격이 강한 것으로 인식되었다. 이는 방송 전파의 희소성 때문이다. 한 나라에 전파는 소수 유한자원이기 때문에 전체의 소유이고 사유화할 수 없다는 믿음에서 출발한다. 그러므로 공중파는 사유되는 것이 아니라, 공적 재산의 위임을 받아 운영하는 것이다. 때문에 방송은 인가(licencing)를 받아 운영하고 재인가를 통해 연장 가능하나 영구 소유할 수는 없게 되어 있다. 이러한 방송의 특성 때문에 방송은 공공재이고 이로 인해 시장의 법칙만이 아닌 정책적 개입이 정당화되었다. 그러나 현대 기술에 의해 전파의 희소성이 극복되고 다매체 다채널 시대가 도래하면서 공공재로서의 미디어의 성격에 대한 회의론이 제기되기 시작하였다. 회의론자들은 공공재론이 퇴거되어야 하며 탈규제와 시장의 법칙으로 방송도 운영되어야 한다는 점을 강조한다.

그러나 영상 미디어산업의 공공재로서의 성격은 전파의 희소성 같은 기술적 제약에 한정된 개념이 아니다. 앞서 설명했듯이 공공재는 정의상 소비의 비배제성, 비경합성이라는 재화의 성격에 기인하며 영상 미디어산업은 공공재 성격에 부합한다. 이는 기술의 발전으로 변화할 수 없는 재화 자체의 성격이며, 공공재의 성격을 부정할 수 없다. 더 나아가 영상 미디어산업의 사회적 역할을 고려한다면 공공재로서의 성격은 사라지지 않는다.

둘째, 공공재와 더불어 시장의 실패를 설명하는 것이 외부성(externality)의 개념이다. 외부성은 원래 경제적으로 의도된 활동이외의 결과로 나타나는 효과를 말한다. 외부성으로 가장 많이 알려진 것이 환경 문제이다. 신발 같은 제품을 만들기 위해 상품을 생산하고 교환하는데, 경제활동 이외에 공장에서 나온 환경 오염물 같은 외부성이 발생한다. 유해 환경이나 쓰레기, 독극물의 하천 오염 등 산업 발전에 따른 외부성의 문제가 발생한다. 산업화로 매연 쓰레기 지구 온난화 등 심각한 문제가 발생하고 있는데 이는 모두 외부성의 결과이다. 물론 외부성이 항상 부정적인 것은 아니고 긍정적인 외부성도 있다. 예를 들어, 교육 같은 경우 학생들이 미래를 위한 투자로 교육을 받지만, 원래 의도 이외에 외부 효과로 도덕과 교양을 겸비하여, 사회를 위해 봉사하고 공공질서도 잘 지키는 것은 긍정적인 외부 효과라고 할 수 있다.

이와 같이 외부성은 경제적인 교환 관계로 사적인 계약 관계로 해결하기가 어렵다. 환경오염을 금지하고 그에 대한 비용을 지불하게 하는 것은 강제로만 가능하다. 환경의 경우 이산화탄소 배출 비율을 규제하고 일정 수준 이상에 대해 비용을 지불하고 어길 시에는 벌금이나 사업 폐쇄까지 적용하는 것은 모두 강제 수단이 된다. 이는 시장으로 해결되지 않고 그대로 놔두면 인류 멸망의 길로 가게 되기 때문에 정책적 개입을 통해 강제 수단을 동원하는 것이다.

그럼 영상 미디어산업은 외부성과 어떤 관계가 있을까? 영상 미디어산업이 일으키는 사회 문화적 영향력은 외부성이라 볼 수 있다. 독재 체제나 전체주의에서 흔히 3S 정책, 즉 스포츠, 섹스, 스크린을 말하는데 이는 독재 체제를 강화하기 위한 미디어 정책이다. 이로써 사람들의 눈과 귀를 가리고, 사회비판을 무화시키는 정책은 미디어가 보이는 대표적인 외부성이라 할 수 있다. 물론 개인적으로는 재미를 위해 미디어를 감상하는 것이지만, 그것이 주는 사회적 효과는 외부성이라 할 수 있다. 그와 같은 극단적인 사회가 아니더라도 미디어법에서 퇴폐풍조를 방지하고 사회 문란을 경계하는 법은 미디어의 외부성에 대한 정책적 규제라고 할 수 있다. 그래서 어느 나라나 외부성을 통제하기 위해 미디어 정책을 규정하고 특히 내용에 대한 규제를 법으로 정책적으로 규정하고 있다.

영상 미디어산업의 기술적 발전과 환경적 변화는 미디어의 산업적 가치를 더해가면서 사회적으로 상업화의 요구가 커져가는 것이 사실이다. 이로 인해 정부의 개입보다는 시장의 원칙에 의해 상업적 이익을 최대화하고자 하는 동기가 강하게 작용하는 것이 현실이다. 그렇다고 하여 영상산업의 공공재적 성격이 사라지는 것은 아니고, 이것을 고려하지 않을 때 영상산업의 발전도 기약하기 어렵게 된다.

셋째, 영상 미디어산업의 공공재적 성격과 외부성과 더불어 고려해야 할 것은 문화재로서의 특성이다. 미디어에 실리는 영상물은 경제적 재화이면서 동시에 문화적 재화이기 때문에 경제적 법칙뿐만 아니라 문화적 원리가 작용한다. 생산이나 소비가 문화적 맥락에서 결정되며 취향과 선택이 문화적 분위기와 경험, 사회화에 의해서만 결정된다. 특정 영상물의 가치가 제품의 우수성 같은 경제적 원리에 의해서만 결정되는 것은 아니다. 이와 같은 영상 미디어 산업의 문화재로서의 성격은 공적 개입의 근거가 된다. 영상산업의 경우 어느 나라나 국가 개입이 수반되는데, 이는 경제적 고려뿐 아니라 문화적 고려에서 기인한 것이다.

문화재는 일반 재화와는 생산, 유통 소비의 원리가 다르다. 예를 들어, 할리우드 영화가 세계 영화의 80% 시장 점유율을 유지하는데, 미디어 연구나 문화 연구에서 독점 시장의 비판에서 문화제국주의론까지 엄청난 비판의 대상이 되고 있다. 그러면 할리우드 사업자 입장에서는 이를 부정하고 개인의 선택이라는 점을 강조한다. 할리우드가 독점적 권력을 행사한 적도, 문화 제국주의를 의도한 적도 없다는 반론이다. 두 입장이 각자 일리가 있는 것 같지만, 헐리웃 사업자의 논리는 영상산업의 문화재적 속성을 간과한 논리이다. 문화재는 일반 재화와 달리 개인의 자유 선택이라기보다 길들여지고 고양되는 측면이 많다. 문화재는 어렸을 때부터 학습효과가 작용하여 일반 재화의 시장주의적 자유 선택 원리와는 차이를 보인다. 대학 강의 중에도 할리우드 영화가 아닌 유럽 예술 영화나 아프리카 영화를 예시하면, 학생들이 지루해 하고 어떤 경우는 분노하는 경우까지 있다. 할리우드 영화에 익숙하고 길들여진 측면 때문에 다른 종류의 영화를 낯설어하는 반응이라고 이해된다. 학생들이 영상을 전공하고 다양한 종류의 영상을 접하고 분석 능력도 함양하고 나면 나중에 할리우드 영화를 오히려 지루해하는 경향을 보이는 경우도 있다. 영상물이 가진 문화재로서의 성격을 나타내는 사례가 될 것이다.

물론 모든 재화가 어느 정도는 문화재로서의 성격을 가진다. 한국 사람은 밥을 주식으로 하고 미국 사람은 빵을 주식으로 하여 쌀과 밀의 수요가 차이가 나는 것은 재화의 문화적 맥락이라고 할 수 있다. 그러나 영상 미디어산업의 문화재로서의 성격은 본질적이고 큰 부분을 차지하는 특성이다. 이와 같이 문화재로서의 성격 때문에 시장의 원리로만 해결되지 않고 정책적 개입이 정당화하게 된다. 사회의 건전한 문화 향상과 문화 다양성을 보장하기 위해 정책적 규제나 지원이 수반된다. 세계무역기구(WTO)에서도 자유무역주의 원칙의 예외로 문화산업을 두고 있다. 이는 영상 미디어산업의 문화재로서의 성격을 고려하기 때문이다.

영상 미디어산업에 정책 원리는 크게 두 가지로 시장을 보완하기 위한 시장 원칙과 공공성을 진작하기 위한 복지 원칙으로 대별할 수 있다. 영상산업의 특성상 시장의 원리가 그대로 준수될 수 없기 때문에 시장의 원활화를 위해서는 공적 개입이 수행된다. 대표적인 것으로는 반독점법 혹은 공정거래법 등으로 이는 경쟁시장을 형성시키기 위한 정부의 법적 개입이 있다. 미국의 경우 할리우드는 성장 과정이 반독점법의 소송과 함께 하였다는 말이 나올 정도로 수많은 소송에 휘말리고 실제 패소하여 정부의 규제를 받기도 하였다. 현재도 마이크로소프트가 독점법에 흔히 거론되고 있는 예에서 보다시피 영상 미디어산업의 독과점적 시장 구조 때문에 이를 보완하기 위한 정부 정책의 개입이 여타 산업보다 높다는 것을 알 수 있다.

영상산업의 시장 정책 중 가장 강도가 높은 것은 인허가 정책이다. 이는 완전 경쟁 시장의 이상을 접고 영상산업의 특성을 살려 독점적 시장 구조를 인정하되 독점 시장의 문제를 보완하기 위해 정부가 개입하는 경우이다. 방송의 경우 전통적으로 전파의 희소성과 자본 집중에 의한 진입장벽이 높아 자연스럽게 독과점이 형성될 수밖에 없었다. 현재 다매체 다채널 시대 전파 희소성이 해소되었다고 해도, 시장 구조상 강력한 독점 구조를 형성하게 된다. 이때 정부가 독점 사업자에 대한 인허가권을 갖는 대신 시장의 형평성을 살리기 위한 각종 규제 정책을 펴게 된다.

미디어 영상 정책 중 복지 원칙으로는 사회적 형평성을 보장하기 위한 분배 정책과 외부성(externality)을 통제하는 정책으로 대별된다. 첫째, 분배 정책은 사회적 형평성을 전제로 한다. 영상 정책이 사회적 형평성을 보장하고 평등한 분배를 이루기 위해 정책을 도입하는 것이다. 이는 정치경제학자들이 주장하는 민주적 도구로서의 미디어 탈소외와 평등을 실현하는 영상산업의 역할을 강조한 것이다. 시장을 보완하기 위한 수단이나 효율성을 목적으로 한 것이라기보다는 복지적 차원에서 영상산업의 역할을 강조한 것이다. 또한 외부성에 대한 영상 정책은 공공재로서의 특성에서 비롯된다. 영상산업은 공공재로서의 성격 때문에 사회적 영향력이나 이것이 장기적으로 경제에 미치는 영향이 큰 재화로 외부성으로 인한 정책적 필요성이 높아지게 된다.

영상 미디어산업에 대한 정부 정책의 종류는 규제 정책, 특혜 정책, 지불 정책, 세금 정책으로 대별할 수 있다. 앞서 설명했듯이 영상산업에 대한 규제 정책은 어느 국가나 다 수행하고 있을 만큼 가장 광범위한 정책이 될 수 있다. 각국의 문화 사회적 환경에 따라 규제 정책의 정도는 다를지언정 어디서나 도입되는 정책이다. 규제 정책은 내용 규제를 비롯하여 시장 구조 규제, 기술 규제 등 다양한 규제 정책이 도입된다는 것을 앞서 설명한 바 있다.

영상산업에 대한 규제 정책 이외에 특혜, 지불, 세금 정책은 정부의 지원 정책에 속한다. 영상산업의 지원 정책은 도입한 나라도 있고, 도입하지 않는 나라도 있어 각국의 영상 시장, 산업 기반과 정책적 목적에 따라 뚜렷한 차이를 보인다. 영상산업의 이른바 선진 국가라고 하는 구미 국가 중에도 미국은 지원 정책이 현저히 낮고, 유럽 국가들은 강력한 지원 정책을 운영하고 있다. 한국의 경우도 영상 미디어산업에 대해 규제 정책으로 일관하다가 최근 영상산업의 경제적 가치가 재고되고 국가 산업적 기간산업으로서의 발전이 기대되면서 영상산업에 대한 지원 정책을 다각도로 도입하고 있다.

영상산업에 대한 지원 정책 중 가장 강력한 지원 정책은 현금 지불 정책(subsidy)이다. 정부가 공적 기금으로 영상물 제작과 유통의 일부를 부담하는 것이다. 세계적으로 지불 정책을 가장 강력하게 실행하는 나라는 프랑스이며, 공적 기관을 통해 프랑스 영화 전체에 대한 지불 정책을 펴고 있다. 우리나라의 경우는 선별 방식에 의해 영상물 제작에 현금을 지불하거나 대출해주는 형식으로 지원하고 있다. 예술 영화나 시나리오 개발에 현금을 상환 조건 없이 지불해주는 경우도 있고 상환 조건으로 싼 이자 혹은 무이자로 현금 지불을 해주는 경우도 있다.

영상산업에 대한 현금 지원 정책에 대해서는 평가가 엇갈린다. 가장 강력한 보호 정책이 된다는 데는 이견이 없지만 현금 지원이 영상산업의 자생력을 기르는 데 역효과를 낼 수 있다는 비판도 있다. 현금 지원 같은 직접적 지원의 보호막에 안주하여 경쟁력 있는 작품이 산출되기 어렵다는 주장이 그것이다. 시장에서 치열한 경쟁에 의해 생산된 영상물이 보호막이 없어도 장기적으로 존속할 수 있는 경쟁력 있는 영상산업이 발전하게 된다는 주장이다. 프랑스를 비롯한 유럽의 각국이 강력한 지원 정책을 펼치고 있지만 별다른 지원 정책 없이 시장에 의해 개발된 할리우드에 나날이 점령당하는 현실을 볼 때 현금 지원의 역효과에 대한 비판이 일리가 있는 것도 사실이다.

　그러나 유럽 시각에서 보면 세계가 할리우드의 헤게모니 아래 재패되고 있는 현실에서 할리우드에 대항할 수 있는 자국의 영상산업을 키우는 것이 급선무가 된다. 시장 경쟁은 동일한 조건 하에 있다는 것을 전제로 공정 경쟁이 이루어지는 것이고 불평등한 조건 하에 있을 때 경쟁이란 복속을 의미할 뿐이다. 이에 불리한 자국의 영상산업의 조건을 극복하고 동일한 조건을 회복하기 위해서는 정책적 개입이 불가피하게 된다. 영상산업에 대한 다양한 정책과 전략이 가능하지만 가장 단기적으로 극도의 열악한 조건을 상회하기 위해서는 현금 지원이 가장 효과적이라는 계산에서 유럽 국가들은 이를 수용하고 있는 것이다.

　영상산업에 대한 지원 정책 중 현금 지불보다는 간접적인 지원 방식으로 세금 정책(taxation)과 특혜 정책(advantage)이 있다. 세금 정책은 세금을 감면하거나 면제하는 정책, 혹은 처벌을 위해 벌금을 주는 정책으로 대별할 수 있다. 영상산업의 지원 정책으로는 감면, 면세 정책을 펴고 있는데, 우리나라의 경우 방송 기자재에 대한 수입세 감면 정책을 예로 들 수 있다. 특혜 정책으로는 면세뿐 아니라 정부의 서비스 요율을 할인 혹은 면제 해주는 등의 특정 산업에 특혜를 주는 것이다. 시설 사용료를 감면해주거나, 스타트업을 위해 사무실 임대를 무상으로 해주는 것이 특혜에 해당된다. 세금 정책이나 특혜 정책은 특정 산업에 원가 절감 효과를 내어 간접적 지원 방식이 된다.

　앞서 말한 현금 지원정책과 같은 직접 지원 정책에 회의를 제기하는 사람들 중에는 특혜 정책과 같은 간접적 지원 방식이 기업의 경쟁력을 재고하는 데 보다 효과적이라는 주장을 펴기도 한다. 직접 지원이나 간접 지원 중 어느 방식을 채택하느냐는 영상산업에 대한 정책적 판단에 달려있다. 영상산업이 상대적으로 경쟁국에 비해 열악하고 단기적으로 획기적인 발전을 꾀해야 하는 정책적 필요성이 있다면 직접 지원 방식을 채택하게 될 것이다. 한편, 영상산업이 상대적으로 발전 단계에 있고 장기적인 발전을 추구한다면 간접적 지원 방식을 채택하는 것이 적절할 것이다. 직접 지원에는 간접 지원보다 막대한 재원과 노력이 필요하게 된다. 또한 직접 지원의 단기적 효과만큼 그것의 부작용과 운용상의 문제점도 감안해야 할 것이다. 이와 같이 정책적 개입은 다양한 고려 변수와 정책 결정자의 재량과 사회 문화적 분위기가 반영되는 것이다.

우리나라의 경우는 간접 지원 방식을 일부 채택하고 있지만 최근 입안되고 수행되는 영상산업 지원 정책은 직접 지원 방식을 채택하고 있다. 그만큼 영상산업의 국제 경쟁력에 대한 위기 의식이 크고 단기적이고 획기적인 복안을 정책적으로 추구한다는 뜻이 된다. 영화나 게임 같이 이미 국제적으로 확고한 독점 시장을 구축한 상대국이 내수 시장에서 힘을 발휘하고 있는 상태에서 영상산업에 대한 위기 의식과 발전의 필요성이 절실한 것이 현실이다. 이때 직접 지원의 부작용과 운용상의 문제점을 감수하더라도 직접 지원 정책을 채택하는 것은 이런 정책적 판단에 기인한 것이라고 이해할 수 있다.

영상산업에 대한 정책 개입은 의무적 개입과 선별적 개입으로 나눌 수 있다. 의무적 개입은 대상에 관계없이 정책이 집행되는 것으로 정책 대상이 광범위한 것이다. 선별적 개입은 정책적 재량권을 발휘하여 특정 대상을 선별하여 정책을 수행하는 것이다. 예를 들어, 앞서 프랑스에서 수행하는 현금 지불 정책은 프랑스와 유럽 제작 영화 전체를 대상으로 한다. 프랑스 국내 제작 영화 전체에 대해 일정한 금액의 지원이 정부에 의해 수행된다. 또한 예술 영화나 실험적 영화에 대해서는 별도의 기금에서 정부에서 일정한 절차를 거쳐 특정 작품을 선별하여 지원하는 제도도 채택하고 있다. 이는 정부 정책 중 선별적 개입이 된다.

우리나라의 경우 영상산업에 대한 현금 지불 정책은 모두 선별적 정책 개입으로 이루어지고 있다. 영화나 방송물에 대한 제작비 지원 제도가 채택되고 있는데, 일정한 조건을 가진 작품 응모에 의해 위원회 등을 통해 그 중 일부를 채택하여 지원이 이루어지게 된다. 이 과정에서 여러 특혜 시비와 부패 시비까지 일어나고 있는 것이 현실이다. 시장의 자동 조절 장치와 달리 인위적 개입이 수반되는 정책에서 발생하는 부작용이다. 보다 투명한 정책 개발과 적용으로 부작용을 최소화하여야 할 필요가 있다.

3 4차 산업혁명 미디어 기술과 거버넌스

현재 기술의 발전과 미디어 환경의 변화로 영상산업의 시장과 정책은 대 변환의 양상을 보인다. 4차 산업혁명 핵심 기술은 영상미디어산업에도 적극적으로 도입되고 있는데, 그것이 가져오는 미디어 환경의 변화와 시장의 변화는 획기적으로 일어나고 있다. 여기서 발생하는 가장 큰 문제 중에 하나가 정책이나 규제의 틀이 이러한 기술과 시장의 변화를 따라가지 못한다는 것이다.

우선 4차 산업 시대 정책적 변화는 강제를 기반으로 한 고전적 정책 활동에서 협의와 융합을 기반으로 한 거버넌스의 개념으로 이론적 전환이 이루어지고 있다. 거버넌스는 경영에서 시작한 개념으로 현재는 기업에서 뿐 아니라 정치 활동, 정책 집행에 중심 개념으로 자리잡고 있다. 거버넌스 개념은 정치 영역에서는 "정부에서 거버넌스로" 경제 영역에서도 "시장에서 거버넌스로"라는 구호가 나올 정도로 정치적 사회적 활동을 주도하는 21세기의 새로운 운영의 틀을 말한다(Rhodes 1996; Rosenau 1995). 즉 공공 정책이나 시장 원리가 강제성이나 기계적 균형에 의해 운영되어 왔던 것이 21세기 점점 참여적이고 쌍방향적 상호 소통에 의해 이루어지는 신개념의 운영 양식을 반영하는 것이다.

거버넌스 이론은 과거 정부 활동 같이 위계적 질서에 따른 관료주의 형태에서 공공 영역의 활동의 새로운 변화를 조망한다. 거버넌스는 다양한 행위자 곧 정부 기관에 소속되지 않은 다양한 참여자들이 공공 영역에 개입되는 과정을 다룬다. 로데스(Rhodes 1996)는 현시대 공공 활동이 비집중적, 국가 부재적 사회에 해당한다고 보고 있다. 정부가 일률적인 규정과 절차에 의해 정책을 집행하는 것이 아니고, 거버넌스는 규정과 위계에 앞서 동기와 인센티브를 중시하게 된다. 거버넌스는 일률적(monolithic) 원리가 아닌 다원화된 차원(multi-facets)의 작동 패턴을 보인다는 것이 거버넌스 이론가들의 일관된 주장이다. 거버넌스의 원리에 따른 정책 수립과 정책 집행 과정에는 관료 지위를 가지지 않은 위원회, 협의체, 시민단체, 혹은 일반 시민의 참여가 수반된다. 또 절차에 따른 일사불란한 과정보다는 숙의의 과정이 중요해지고, 설득과 커뮤니케이션이 중요해진다. 이러한 거버넌스 과정에는 다양한 변수가 작용하고 다양한 경우의 수가 정책 수립과 집행 과정에 작동하게 되는 것이다. 리차드와 스미스(Richard & Smith 2001)는 거버넌스의 다차원 작동 원리의 주요 변수를 동기(motivations), 통제(control), 책임(accountability) 3가지로 보고 있다.

현재 공공 영역 활동이 관료주의에서 벗어나 거버넌스 방식으로 운영될 때 가장 자주 제기되는 문제가 책임 소재, 즉 accountability 의 문제이다. 다양한 행위자들이 위계적 질서나 관료적 직책에 소속되지 않고 정책 결정 과정이나 집행 과정에 개입하다 보니, 일정한 규칙대로 움직이는 것이 아니고, 정책 효과에 대해서도 책임 소재가 불분명해진다. 정부 조직에 소속되지 않은 협의체, 단체 혹은 일반 시민들이 다양한 동기로 정책 입안과 집행에 참여하게 되기 때문에, 정책에 문제가 생기거나 효과에 대해서는 책임을 지지 않고 흩어지게 되는 것이다. 이런 문제 때문에 거버넌스 이론가들도 다시 제도주의로 회귀하는 경향을 보이기도 한다. 기든스(Giddens 1972; 1984)의 사회 구성론을 기반으로 가장 광범위한 참여적 상호 소통적 거버넌스를 지향하는 거버넌스 이론가들도 결국 새로운 형태의 제도주의로 귀착하는 경향에 대한 비판이 제기되기도 한다 (Wendt 1992; Pierre 1998; Stoker 2000). 거버넌스 이론이 21세기 새로운 정책 모델을 제시하는 이론으로 주목받았지만, 다시 신제도주의라는 비판에서 자유롭지 못한 것도 이 때문이다.

거버넌스 이론의 한계와 정책 집행 과정에서의 현실적 문제에도 불구하고 4차 산업혁명 시대, 초네트워크 시대, 참여적 미디어가 준직접민주주의 수단을 제공하는 시대에 거부할 수 없는 정책적 방향이 되고 있다. 4차 산업혁명 시대에 과거 위계적이고 배타적인 정책 집행은 더이상 정당성을 인정받기 어렵게 되었기 때문이다. 일률적 규정이나 절차가 적용되기 어렵고 책임 소재를 규명하기도 어려운 문제가 있지만, 현재 시장과 정책의 운영은 과거 방식보다 거버넌스 시각으로 접근하는 것이 타당할 것이다.

4차 산업혁명 기술은 영상 미디어산업에 활발히 도입되면서 생산, 유통, 소비 전반의 변화를 가져온다. 이때 새로운 패턴에 맞는 거버넌스가 필요해진다. 현재 중점적으로 개발되고 있는 4차 산업혁명 관련 기술 중 영상 미디어산업에 활발히 적용되는 기술로는 AI, 5G, VR/AR, 빅데이터를 들 수 있다. 이와 같은 기술은 미디어 전반에 다양한 형태로 응용되어 영상 콘텐츠 제작과 수용의 양태의 변화를 가져오는데, 그것이 가져오는 창의성과 편리함이라는 장점만큼, 사생활 침해, 과도한 상업화, 법적 규제의 사각지대 등 부작용도 내놓고 있다. 미디어 영상의 각 분야에 대한 상세한 분석과 문제점에 대한 논의는 2부에서 진행되겠으나, 여기서는 종합적으로 시장과 정책의 문제를 제기하고자 한다.

현재 영상 미디어산업에 새롭게 도입되는 기술적 발전의 거버넌스 관련 제기되는 문제가 첫째, 미디어 기술의 발전에 비해 법 제도와 정책이 이를 좇아가지 못한다는 점을 들 수 있다. 다매체 다채널 시대를 맞아 영상 콘텐츠는 기하급수적으로 늘어나는데, 이에 대한 내용 규제를 감당할 정책 방안은 마련되지 못하고 있다. 이미 2000년대 초반부터 정규 방송 채널이 200개에 달하고 인터넷과 소셜 미디어의 등장으로 방송의 내용에 대한 규제는 사실상 불가능하다. 과거 4개 방송 채널을 모델로 한 방송 규제 정책은 4차 산업혁명 시대 변화를 따라가지 못하고 있는 것이다. 이에 대해 이제 과거 레거시 미디어의 규제 모델을 버리고 철저한 시장주의 모델로 나가야 한다는 주장도 제기된다. 그러나 영상 미디어산업의 공공재적 문화재적 성격이 잔존하는 한 정책적 개입을 폐지하고 완전한 시장주의 모델로 가는 경우 사회 전체적 파행적 영향은 커지게 된다. 이에 맞는 거버넌스 개발은 우리나라 뿐 아니라 세계 모두의 과제가 되었다.

더 나아가 4차 산업혁명 기술의 미디어 분야 도입과 적용은 미디어 정책의 국가적 경계를 넘어 형성된다는 문제가 제기된다. 5G 시대를 맞아 가상 현실과 증강 현실 같은 새로운 영상 콘텐츠의 실험적 개발이 활발한 가운데, 현재 상태에서 5G 기술이 가장 활발하게 적용되는 분야는 영상산업의 유통 분야이다. 현재 기존 미디어 영역을 넘는 OTT의 석권은 대용량 데이터 전송을 가능하게 한 5G의 유통 덕분이다. 넷플릭스를 위시한 OTT산업의 약진으로 기존 미디어산업 영역을 넘는 미디어 소비의 변화를 보인다. OTT는 영상산업 유통의 글로벌화를 가속시켜, 기존의 국가를 단위로 하는 정책적 경계를 허물게 되었다. 이제 많은 나라에서 국내 영상보다 범 세계적 단위의 영상 소비가 증가하고 있는데 이때 기존의 시장의 원리와 정책의 방안은 한계를 보일 수밖에 없다. 새로운 시대에 맞는 시장 원리와 정책 방안이 모색되어야 하는 이유이다.

둘째, 4차 산업혁명 기술이 미디어에 도입되면서 발생하는 거버넌스의 이슈로 저널리즘의 문제를 들 수 있다. 현재 AI와 빅데이터는 저널리즘에 활발하게 응용되는 4차 산업혁명 관련 기술이다. 현재 방송과 신문 등 매체를 불문하고 AI와 빅데이터 기술을 활용하여 생산되는 뉴스가 많은 부분을 차지하고 있고 그만큼 정확하고 풍부한 사건의 처리가 가능하다. 그러나 한편 이러한 기술은 정당한 뉴스 생산 뿐 아니라 가짜 뉴스 생산에도 활용된다는 문제점이 있다. AI 알고리즘을 활용한 인위적 가짜 뉴스의 생산과 유포는 21세기 들어 가짜 뉴스를 가장 활발한 담론으로 기록될 만큼 어느 나라에나 발생하는 골치 아픈 문제가 되었고, 이에 대한 해결책도 마땅치 못한 상태이다. 또한 다양한 매체와 디지털 미디어의 보급에 의해 다양한 소스의 뉴스가 생산되면서 어느 것이 뉴스이고 어느 것이 뉴스가 아닌지 저널리즘이 경계도 모호해지고, 뉴스와 일반인의 댓글이 서로 상호 관계하고 때로 양자가 동등하게 뉴스의 자리를 차지하면서 더욱 혼란을 가중시키고 있다. 이런 환경에서 가짜 뉴스가 양산되고 있고 정책적으로 이런 내용을 규제할 방법은 물론 날로 발전하는 가짜 뉴스 생산의 알고리즘을 막을 기술적 방법조차 마련하지 못하고 있다.

셋째, 4차 산업혁명 기술의 영상 미디어산업 도입으로 발생하는 거버넌스 문제로 시장 구조의 왜곡에 의한 독점화를 들 수 있다. 디지털 기술과 소셜 미디어의 확산으로 미디어는 겉으로는 더욱 다양해지고 민주주의화 된다고 보여지지만, 기실 산업 구조를 보면 더욱 독점화되고 있는 것이 현실이다. 불특정 다수의 네트워크로 형성되는 소셜 미디어는 산업적 측면에서 보면 독점 사업을 형성할 때 사업성을 가진다는 아이러니가 발생한다. 네트워크를 산업의 기초로 하는 4차 산업혁명 관련 산업은 네트워크의 기반이 되는 단일 허브로 모아지며 자연 독점을 형성하게 되기 때문이다. 4차 산업혁명 선도 업체인 구글, 아마존, 페이스북, 애플이 미국과 유럽에서 자주 반독점금지법에 저촉되어 소송을 당하는 사례는 이를 말해주고 있다. 우리나라의 경우도 신매체 기술이 진보할수록 시장은 독점화하는 경향을 보인다. 세계 최초 5G 기술 도입을 공언하는 한국 미디어 시장에서 기술이 진보할수록 모바일 3사가 미디어 영상 시장을 독점화하는 경향을 보인다. 신기술은 이들 3사가 선점하고, 기존 미디어 사업체들도 M&A를 통해 3사에 통합되고 있는 경향을 보인다. 이와 같이 시장의 독점화는 기술 발전의 필연적인 결과이기도 하지만, 그만큼 사회 전체적으로는 가치를 왜곡하는 요인으로 작용할 수 있다. 이에 대한 새로운 패턴의 거버넌스가 영상시장에도 요구된다.

넷째, 4차 산업혁명 기술의 영상 미디어산업의 도입으로 야기되는 가장 중차대한 문제는 인권과 민주주의에 대한 위협이다. 4차 산업혁명 관련 핵심 기술은 공통적으로 데이터 처리를 기반으로 하고 있다. AI, 5G, 빅데이터 등 데이터 처리를 기반으로 하는 만큼 공통적으로 개인 정보와 사생활 보호의 문제를 발생시킨다. 또한 국가 단위에서는 개인 사생활뿐 아니라 국가 안보, 산업 보안을 위협할 수 있어 새로운 형태의 데이터 전쟁에 접어들고 있다. 현재 중국 5G 기술과 응용 프로그램에 대한 미국과 유럽의 금지는 이런 총성 없는 전쟁의 현실을 보여주고 있다. 우리나라의 경우도 올 초 빅데이터와 ICT산업, AI 등에 적용되는 일명 '데이터 3법'인 '개인정보보호법 일부 개정 법률안'과 '정보통신망 이용촉진 및 정보보호 등에 관한 법률 일부 개정법률안', '신용정보의 이용 및 보호에 관한 법률 일부 개정 법률안' 등을 통과 시켰다. 기술의 발전을 따라가기 위한 목적으로 발의된 법률 개정이지만 날로 발전하는 기술과 미디어 변화를 제대로 규제할 수 있는 법인가에는 많은 의문이 제기되고 있다. 새로운 시대 발전하는 미디어 기술에 적합한 거버넌스를 위해 새로운 시각이 요구되는 이유이다.

Part 02

4차 산업혁명과 달라지는
영상 미디어산업

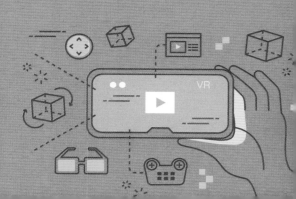

브로드캐스팅에서 퍼스널캐스팅으로

현재 미디어 환경은 급격히 변화되고 있다. 그 중에서도 방송의 변화는 급격한 물결을 선도하고 있다. 방송의 변화는 영상 미디어 산업의 큰 부분을 차지한다는 점에서 의미가 크지만, 그 영향력이 전인구적으로 확장된다는 점에서 변화의 의미는 아무리 강조해도 지나치지 않을 것이다. 4차 산업혁명의 첨단 기술이 방송에 속속 도입되면서 방송은 그 어느 때보다도 예측하기 어려운 변화의 와중에 서있다. 현재 방송산업의 변화는 크게 3가지로 요약해 볼 수 있을 것이다.

첫째, 방송의 디지털화이다. 주지하다시피 아날로그 방송이 20세기 말 이후 디지털 방송으로 전환되기 시작하여, 급기야 2012년에는 아날로그 방송은 종식되고 최종적으로 지상파 방송까지 디지털화하게 되었다. 방송의 디지털화는 기술적 발전과 산업 영역 확대 뿐 아니라, 커뮤니케이션 차원에서도 대중매체의 방향성을 선회시킨다는 점에서 의의가 크다. 이에 방송의 디지털화의 명암과 현 주소를 다음 절에서 논의하고자 한다.

둘째, 4차 산업혁명 시대 방송의 변화로 기존의 브로드캐스팅에서 퍼스널캐스팅으로의 이행이 두드러진다. 이는 대중사회의 커뮤니케이션을 획기적으로 변화시키는 구조라는 점에서 새로운 사회가 구성되고 있다고 해석해도 무리가 아닐 것이다. 더 나아가 달라진 방송 환경은 4차 산업혁명의 기조가 되는 네트워크 산업 효과의 기반이 된다는 점에서 산업적 의미도 크다고 할 수 있다. 현재 유튜브를 위시한 디지털 플랫폼 타입의 방송이 확대되는 현상은 새로운 퍼스널캐스팅의 시대를 여는 교두보가 되고 있다. 유튜버가 미래 장래희망이라는 청소년이 늘어나고 있는 현상에서 보듯이 새로운 플랫폼 기반의 방송이 나날이 부상하고 있다. 하지만 이런 변화에는 그만큼 명암이 엇갈리고, 현실과 꿈의 간극도 크다고 하겠다. 3절에서는 유튜브를 중심으로 산업 구조를 분석하고, 구조적 문제점과 정책적 이슈들을 논의하고자 한다.

셋째, 방송의 변화로 국가 경계를 넘어 점차 국제화되는 현상을 들 수 있다. 4차 산업혁명 기술이 미디어에 도입되면서 유튜브나 OTT 플랫폼의 확산에서 보듯이 방송의 수용은 점차 국제적 단위로 이루어지고 있다. 이에 영상 미디어산업의 국제화 과정을 분석하면서, 한국 방송의 글로벌화를 진단하고자 한다. 한국 미디어는 한류라는 이름으로 점차 글로벌화를 추진하고 있는데, 그의 산업적 측면에 대한 깊이 있는 분석은 아직 부족한 게 현실이다. 여기서 한국 방송 콘텐츠의 수출 전략과 정책적 이슈들을 논의하고자 한다.

1 디지털 방송: 인터랙티비티의 민주적 잠재력과 사회적 구현

각국은 많은 투자를 통해 방송의 디지털화를 추진해왔다. 우리나라도 90년대 말부터 시작한 장기 계획에 의해 방송의 디지털화를 완성하였다. 많은 자금과 기술을 투자하여 방송의 디지털화를 이룬 정책적 목적은 크게 산업적 목적과 커뮤니케이션적 측면이라는 양면에서 볼 수 있다. 첫째, 방송의 디지털화는 다양성을 증진시키기 위한 목적으로 추진되었다. 방송의 디지털화로 다채널 시대가 열리게 되면 산업적 측면이나 문화적 측면에서 다양성이 증진될 수 있다는 정책적 목표에 기반하여 추진되었다. 하지만, 실제 디지털화와 다양성의 상관관계에 대해서는 보는 시각에 따라 이견이 존재한다. 방송이 전파의 희소성으로 소수 채널에 의해 독과점적으로 운영될 때보다 다채널화에 의해, 사회의 다양한 목소리들이 여러 채널들을 통해 표현될 수 있다는 것은 일견 당연하게 들린다. 그러나 이런 주장이 현실적으로 성립되기 위해서는 다채널이 미디어산업의 다양성과 내용의 다양성을 보장해야 한다.

미디어 정치경제학에서는 소유권의 문제를 통해 다양성의 문제를 접근하고 있다(Bagdikian 1992; Compaign 1982; Schiller 1989). 이런 시각에서 보면 디지털화에 의해 전 세계적으로 미디어가 늘어나고 시장 규모도 증가하고 있지만, 미디어 소유 형태를 보면 과거에 비해 점점 더 적은 숫자의 사업자들에 의해 소유되는 현상을 발견하였다. 정치경제학적 입장에서 보면, 방송의 디지털화가 다양성을 보장하는 것이 아니고 오히려 소수의 손에 언로가 집중된다는 주장이 나온다.

한편 미디어 경제학에서는 디지털화에 의해 채널이 늘어나면 내용의 다양성을 가져오는지 여부에 대해 실증적으로 살펴본다(Litman et. al. 1994; Grant 1994). 이들은 미국 텔레비전 프로그램에 대한 실증 분석에서 채널이 다양화되어 경쟁적으로 될수록 프로그램의 다양성을 가져온다는 결론을 내리고 있다. 미디어 경제학의 연구가 미국 텔레비전 시장에 한정하고 다양성의 개념을 매우 협의적으로 정의하고 있어 정치경제학의 연구와 상치되는 결론을 내리게 된 것이다. 이 연구는 다채널화와 다양성의 문제를 본격적으로 다루었다는 데 의의가 있다. 이와 같이 커뮤니케이션 연구에서는 다채널화와 다양성의 상관관계에 대해 다양한 주장과 연구가 계속되고 있다.

둘째, 방송의 디지털화의 목적으로 인터랙티비티(Interactivity)를 들 수 있다. 인터랙티브 매체에 의해 수용자가 단순히 일방적이고 수동적인 소비자가 아니고, 상호작용하는 주체로서 참여적 방송이 가능해진다. 이는 근대화가 진전되면서 야기한 대중문화의 문제, 즉 소외현상과 시민의 수동성, 일방통행식 커뮤니케이션을 불식시킬 수 있는 새로운 희망으로 인터랙티브한 디지털매체 발전을 정책 목표로 삼고 있는 것이다. 디지털화는 다채널화에 의해 수용자의 선택을 늘리고, 인터랙티비티에 의해 참여적 수단을 제공하는 것은 부정할 수 없는 사실이다. 그러나 이것이 궁극적인 방송의 쌍방향적 커뮤니케이션의 실현인지에 대해서는 의견이 엇갈리고 있다.

<표 5.1>은 디지털 매체가 수용자 선택권에 주는 영향을 정리한 것이다. 방송 디지털화로 인한 수용자 선택 확대 중 가장 낮은 기술적 차원에서 달성할 수 있는 것이 시간 이동(time-shift) 기능이다. 시간 이동은 본방송을 시청하지 않아도 다른 시간, 다른 채널을 통해 방송을 시청할 수 있는 것을 말한다. 이는 80년대 비디

표 5.1 · 방송의 디지털화와 수용자 선택권

수용자 선택 확대	수용자 선택 축소
Time shift	기술적 가능성과 문화의 간극
수용권 세분화, 문화 미시화	사회 구조 변화와 미디어 다변화-자본의 이해
전문화 생활양식 다양화	상업주의 콘텐츠 광고 홍보 수단
Interactivity	문화 획일화
public access 수용자 참여	주권 위축, 동원과 여론조작

오 발명으로 이미 시작된 기술로 디지털화에 의해 더욱 확대되고 있고 손쉽게 달성할 수 있는 디지털화의 이점이다. 과거 소수의 공중파 채널만 존재했을 때는 방송사 시간 편성을 놓치면 프로그램을 시청할 수 없었지만, 이제 채널이 다양해지면서 정해진 시간을 놓치더라도 여러 채널에서 다양한 편성에 의해 반복 상영하므로 수용자가 각자 스케줄에 맞춰 프로그램을 선택하여 볼 수 있는 여지가 늘어났다. 최근 IPTV 광고에서 시댁에서 시어머니 때문에 놓친 프로그램을 집에 와서 보는 광고를 하였는데 80년대식 기술 편이가 아직도 최첨단의 IPTV의 기술로 홍보되고 있는 것은 격세지감을 느끼게 한다.

이에 더 나아가, 수용자의 선택권이 확대되는 기술적 효과로는 수용자 선택권 세분화와 대중문화의 미시화를 들 수 있다. 즉 과거같이 3~4개의 공중파를 통해 똑같은 프로그램을 전체 인구가 보는 것이 아니고, 다양한 채널과 매체를 통해 수용자가 각자 나름의 취향을 선택할 수 있는 세분화된 선택권을 말한다. 즉 어떤 사람은 매일 골프 채널만 보고, 패션에 관심 많은 사람은 패션과 뷰티 관런 채널을 하루 종일 시청할 수 있다. 디지털화에 의해 300개 이상 확대된 채널에 더해 모바일 앱, 유튜브 등 다양한 플랫폼의 확대는 수용자의 세부적 요구를 만족시키고, 선택권을 확대시키는 방향으로 나가는 것이 분명해 보인다.

그러나 또 한편에서는 디지털 방송의 기술적 가능성과 현실의 쌍방향 커뮤니케이션은 상반된 방향으로 움직이고 있다는 비판적 시각도 있다. 비판주의 학자들은 늘어나는 채널의 선택이나 임의로 원하는 시간에 방송 프로그램을 볼 수 있는 것은 사실 개인의 선택 확대를 위해 개발된 것이 아니고 사회 구조의 변화에 의한 결과일 뿐이라고 주장한다. 근대화 이후 방송의 수용자는 '대중'이라는 이름으로 획일화 된 수용 단위가 되었다. 이는 19세기 이후 대량 생산을 기반으로 한 산업 사회를 구축하였으며 산업 노동자들의 재생산 영역으로 여가시간을 미디어가 담당하면서 대중문화가 형성된 것이다. 산업 사회에서 대중은 내일의 노동을 위한 재충전을 위해, 최소한의 비용과 에너지를 들여 즐길 수 있는 대중매체에서 생산된 대중문화를 일방적으로 수용하게 된 것이다.

자본주의가 발전하는 과정에서 19세기적 근대화나 산업 사회의 성격도 이제 변화하게 되었다. 20세기 말부터 시작한 탈산업 사회적 양상은 대중의 성격도 달라지게 했으며, 이에 따라 미디어의 수용자도 변화하게 된 것이다. 후기 산업 사회 혹은 탈근대 사회에서 권력은 분권화, 시장은 세분화, 문화는 미시화 하는 양상을 보인다 (Bell 1984; Foucault 1979). 이는 새로운 형태의 생산관계가 필요해진 결과로 나타난 것이라는 시각이 비판주의 입장이다. 이런 사회 구조적 변화 결과, 방송의 변화도 수반된다. 이는 방송의 수용자가 동시에 국민이고, 소비자이고 대중이기 때문이다. 이와 같은 정치경제적, 문화적, 사회적 변화 결과, 방송 수용자의 취향도 세분화되고 문화도 미시화되는 것이다. 방송의 디지털화는 이런 사회변화에 알맞은 수용 패턴을 가능하게 하는 기술적 수단을 제공한다는 것이 비판주의 시각이다.

21세기 자본주의가 구조적 변화를 보이면서 노동 시장은 분화되고 각종 직업은 더욱 전문화되고 있다. 이에 대중문화도 변화를 수반하게 되어, 이전의 대량적 수용에서 보다 세분화된 취향과 수요를 가진 방송 수용자로 변화하게 되고 이들은 전문 채널에 대한 수요를 가지게 된 것이다. 이제 21세기 자본주의 생산은 콘베이어 벨트식 공정으로 일률적으로 작업을 맞추고 정시 출퇴근하는 구조가 아니다. 이에 따라 여가 시간도 콘베이어 벨트식 방송 편성 방식에서 벗어날 필요성이 생긴 것이다. 사회가 다양해지고 직업도 다양해지면서 각자 나름의 시간 스케줄과 취향에 따라 방송을 즐기기 원하게 된 것이다. 3교대로 아침에 퇴근하여 드라마를 보고 싶은 노동자도, 자정에 뉴스를 시청하고 싶은 벤처 기업가도 있을 수 있다. 음악 채널을 집중적으로 보고 싶은 자도, 하루 종일 만화를 보고 싶은 자도 있을 수 있다. 과거와 다른 노동 생산 구조에서 각자의 생업과 라이프스타일과 취향에 따라 전문 채널에 대한 수요를 가지게 된 것이다. 이런 다양한 라이프 스타일이 문화적 다양성을 진작시킨 것이라고 평가 받을 수도 있지만, 사회 구조 변화에 따라 더욱 피폐해지고 여유가 없게 된 삶의 방식을 드러낸다고 볼 수도 있다.

방송의 디지털화로 가능한 인터랙티비티의 가장 적극적 형태는 수용자 참여와 방송을 통해 스스로를 표현할 수 있는 기회를 주는 시청자 주권의 확립을 들 수 있다. 디지털 방송 기술의 발전으로 방송 수용자는 수동적 소비자가 아니라 적극적 생산자가 될 수 있게 되었다. 수용자 주권은 수용자가 방송에 반응하는 수용자 참여 형태와, 직접 제작을 통해 방송 채널에 접근하는 public access 두 개 형태로 나타날 수 있다. 현재 미디어의 디지털화로 수용자들이 직접 반응을 실시간으로 보내는 댓글은 전자이고, 수용자 자신이 콘텐츠를 제작하여 방송하는 유튜브나 팟캐스트 같은 UCC(User Created Contents)는 후자라고 할 수 있다. 이와 같이 방송의 디지털화로 수용자들이 수동적 시청자가 아니고 적극적 참여자, 혹은 제작자가 되는 기술적 가능성이 제공된다고 보는 것이 수용자 선택권 확대를 주장하는 시각의 평가이다. 또 한편 비판적 시각에서는 인터랙티비티가 수용자의 참여와 액세스를 위한 기술이 아니고, 실제 가장 활발하게 적용되는 분야가 광고와 홍보 수단에 한정된다고 주장한다. 또 1인 미디어가 인터랙티비티를 선도하는 참여적이고 민주적 기능에 부합하는 매체 형태이지만 방송의 상업화와 콘텐츠의 질적 저하를 가져오는 요인으로 작용한다는 비판도 드높다. 한편, 수용자의 방송 참여가 직접민주주의의 기회를 제공하지만 또 다른 측면에서는 여론 선동과 전체주의의 통로로 작용하는 것도 부정할 수 없는 사실이다. 이런 의미에서 방송의 디지털화가 수용자의 선택을 확대하고 진정한 인터랙티비티로 커뮤니케이션의 혁명을 일으키고 있는지 혹은 오히려 구조적 문제를 심화시키고 수용자의 자유를 구속하는 결과를 가져 오는지는 여전히 논쟁 중에 있는 문제이다.

2 지상파 방송의 디지털화

디지털 방송이 전 인구를 대상으로 전면적인 개편을 가져온 것으로 지상파방송의 디지털화를 들 수 있다. 이전에도 방송의 디지털화는 진전을 보였지만 지상파의 디지털화는 전체 인구를 대상으로 한 것으로 전체 인구가 아예 아날로그를 시정할 수 없게 되는 대대적인 변화이다. 이런 대대적이고 전인구적인 변화를 가져오는 지상파 디지털 방송은 그 영향력만큼 논쟁도 뜨거울 수밖에 없다. 우리나라의 경우 기술 표준에 대한 논쟁이 가장 뜨거웠다. 전송방식에 대한 논쟁은 약칭 미국식 대 유럽식 디지털 표준에 대한 논쟁으로 요약된다. 양방식의 장단점을 비교해 보면 미국식은 고도의 화질을, 유럽식은 유럽 나름의 미디어 정책에 의해 화질이나 기술 우월성 보다는 다양성을 위시한 기술 표준으로 평가된다. 유럽식은 디지털 전환 시 가용 채널이 더 증가하고 비용면에서도 상대적으로 낮아 다양성을 구가하게 된다. 반면 미국식은 화질과 기술적 우월성이 높고 더불어 세계 시장 규모가 크다는 장점이 있다. 이에 우리나라는 90년대 말 디지털 전환 정책을 입안할 때부터 미국식을 채택하였다. 이후 전 사회가 들썩이는 논쟁이 제기된 것은 15년 정도의 진행 과정에서 기술 발전이 빠르게 진행되어 미국식 기술 우월성에 대한 이견이 제기되면서 부터였다. 특히 DMB 통합 방식에 유럽식이 유리하다는 이유 때문에 논쟁이 제기되었지만 원안대로 2012년 말에 기존에 채택한 기술 표준 방식으로 지상파의 디지털화가 마무리되었다.

기술 표준만큼 논쟁이 표면화되지 않았지만, 지상파 디지털 방송 과정에서 논쟁이 된 이슈가 재원에 대한 문제이다. 방송사 디지털 전환 비용만 3조원에 달할 만큼 막대한 비용이 들고 전 인구가 텔레비전 수상기를 바꿔야 할 만큼 대대적인 전환 비용이 들기 때문에 비용 부담 배분에 대한 논쟁이 제기되었다. 다른 나라에 비해 우리나라는 막대한 비용 부담에 대한 논쟁은 그리 표면화되지 않았는데, 이는 정부 주도로 추진되는 계획이고 공영 방송이 공적 역할을 해야 한다는 인식에서 비롯된 것으로 보인다. 방송사 입장에서는 디지털 방송의 최대 수혜자인 TV 수상기 제조업에서 일정 비용을 부담해야 한다는 논의도 제기되었지만 현실화되지 못했다. 디지털 전환 비용에 대한 방송사 재원 조달은 디지털 방송 전환 이후 현재까지 지속적으로 문제가 되고 있다. 현재 수신료 인상과 지상파 중간광고 논의도 이와 같은 방송사 재정 부담에 따른 결과가 일부 작용하고 있는 것이다.

막대한 전환 비용과 전 인구적인 영향력과 비용을 요구하면서 시행된 지상파 디지털 방송이 인터랙티비티의 기술적 가능성을 충분히 제고하고 있는가에 대해서는 의문이 제기된다. 아날로그 방송에 비해 화질이 좋아지고, 더 큰 모니터로 실감나는 영상을 볼 수 있게 된 것은 장점이다. 그러나, 다양성이나 인터랙티비티 같은 정책적 목표에 대해서는 현재까지 이렇다 할 성과를 내지 못한다는 비판이 제기된다. 이는 영국의 BBC의 경우 지상파 디지털 방송 이후 14개의 채널을 운영하면서, 보다 전문적인 채널을 개발하고 지역과 글로벌 수용자에 소구하는 채널과 프로그램을 운영하여 제2의 전성기를 맞고 있는 것과 대조를 이룬다. 최소한 콘텐츠의 측면에서 BBC는 14개 채널에서 다양한 콘텐츠는 물론 질좋은 프로그램 개발에 박차를 가하고 있다. 물론 다채널 콘텐츠 제작에 많은 투자가 필요한 만큼, BBC 교양 채널인 채널4 같은 경우 반일 방송을 하고, 뉴스 채널도 반복 재생하는 콘텐츠를 보내고 있지만, 새로운 분야를 개척하면서 다양한 프로그램을 제작하고 위상을 높이고 있는 것은 높이 평가 받고 있다. 이에 비해 우리나라 지상파 방송사들은 다양성과 쌍방향성을 진작시키는 프로그램 개발에 소극적이다. 지상파 방송사들은 방송 디지털화에 의해 발생한 채널조차 활용하지 못하고 있다. 예를 들어, 아날로그 주파수인 700MHz를 정부에 반납한 후 대부분 통신 주파수로 매각되었다. 최근 UHD 기술개발로 지상파 방송사가 700MHz 주파수를 재할당 받았지만, 채널 활용은 극히 저조하다. 지상파 3사 모두 UHD 편성 의무비율 15%조차 채우지 못하고 있는 실정으로 주파수만 낭비한다는 비판을 받고 있다. 통신 3사의 영역 확대로 주파수 전쟁이라고 불리울 만큼 주파수에 대한 사회적 수요가 높지만, 지상파 방송들은 디지털 방송의 다양성과 이점을 제대로 살리지 못하고 있는 실정이다. 다채널 시대에 지상파 방송이 디지털 미디어의 선두 자리를 유지하려면 새로운 발상의 전환과 디지털 방송 전략이 개발되어야 할 것이다.

3 방송과 통신의 융합, 디지털 방송

90년대부터 기술의 발전으로 인해 방송 통신의 융합이 일어나면서 방송의 통신화, 통신의 방송화가 일어났다. 1세대 방송과 통신의 융합은 인터넷 방송에서 시작한다. 90년대 말 2000년대 초에는 인터넷 방송이 새로운 비전으로 추앙 받으면서 블루오션이 될 것이라고 너도나도 뛰어드는 현상이 나타났으나 산업적으로 성공

을 이루지 못하고 사그라지게 되었다. 이때 일부 선정적인 방송만
이 유료 회원 확보에 성공하면서 일부 이윤을 챙겼지만, 방송 윤리
문제와 내용 규제에 대한 숙제만을 배태시키고 실패로 기록된 것이
1세대 방송 통신 융합의 결과이다.

2010년대 방송 통신 융합의 2세대는 IPTV로 모아졌다. 현재
IPTV는 혁혁한 산업적인 성과를 보이고 있다. IPTV는 말 그대로
Internet Protocol Television을 말하며, 이름에서부터 방송과 통신
의 융합을 적시하고 있다. 2009년부터 사업을 시작한 IPTV는
2010년부터 가입자가 늘기 시작하여 5년 만에 천만 가입자를 달성
하였다. 2020년 5월 현재 기준 케이블 가입자가 1,350만, IPTV 가
입자가 1,680만으로 50%를 차지하고 있다. 위성 방송 가입자는
10%를 보인다.

표 5.2 • 방송 가입자

	사업자	가입자 (만명)	비율 (%)
케이블	LG 헬로비전	400	12
	티브로드	300	9
	딜라이브	200	6
	CMB	154	4.5
	현대HCN	132	4
	개별 9 SO	165	5
			(소계 40.35%)
위성	스카이라이프	321	9.5%
IPTV	KT	738	21
	SK	509	15
	LG	436	13
			(소계 50.10%)

자료: 방송통신위원회 2020년 5월

현재 케이블TV보다 IPTV가 약간 선회하는 경향을 보이지만 케이블과 IPTV의 산업적 성과는 극과 극을 달린다고 평가할 수 있다. 케이블은 1995년에 정부 정책으로 개시되면서, 황금알을 낳는 거위가 될 것이라는 예측으로 강한 규제와 정책적 개입으로 사업이 탄생하였다. 이때 대기업은 케이블 방송사 진입이 차단되었고 중소 기업 우대 정책으로 시작하였다. 케이블 사업자는 PP(Program Provider), SO(System Operator), NO(Network Operator)으로 나뉘는데, SO의 경우 대기업은 진출할 수 없고, PP의 경우 제작 기반 활성화를 위해 대기업이 참여할 수 있으나 복합 소유는 금지되었다. NO는 당시 KT 한 개 사업자로 기술적으로 자연독점 되었다. 그러나 케이블 TV가 시작되면서 황금알을 낳는 거위가 아니고 패망한 사업의 대명사가 되었다. 케이블 TV 사업의 break-even point로 인식되는 천만 가입자를 확보하는 데 장장 15년이 걸렸다. 그동안 적자 재정을 견딜 수 없었던 사업자 특히 중소 기업은 거의 파산했으며, 이에 정부 정책도 규제 완화 조치로 선회할 수밖에 없었다. 대기업 진출은 모든 사업 분야에 허용되게 되었고, 복합 소유도 가능해지게 되었다. <표 5.2>에서 보듯이 원래 지역 프랜차이즈 1개로 한정된 SO는 현재 9개 정도만 남아 있다. 나머지는 모두 MSO(Multiple System Operator) 형태로 재편되었다. PP도 복합 소유가 가능해져 한 업체가 여러 개 채널을 소유할 수 있게 되었으며, NO도 복수로 늘어나게 되었다.

이제 케이블 TV가 시작된 지 25년만에 산업의 도약기를 맞으려는 시점에 IPTV와 경쟁을 하게 된 것이다. IPTV는 처음부터 케이블과는 전혀 다른 산업구조로 시작하였고, 대기업의 물량공세로 시작되었다. 사업이 개시되자마자 바로 사업을 확장하면서 가입자

수를 늘려 나갔고, 바로 흑자 구조로 재편하게 되었다. IPTV는 사업 개시 후 5년 이내에 천만 가입자를 확보하였고, 현재 전체 가입자의 50%를 상회하고 있다. 더욱이 IPTV 사업자인 통신 3사는 케이블 사업자들을 M&A를 통해 합병해가며, 날로 사업을 확장하고 있다. KT는 올레 TV와 위성 방송 KT 스카이 라이프를 보유하여, 현재 최대 가입자를 보유하고 있다. LG는 IPTV U$^+$와 함께 케이블 TV 헬로비전을 통합하여 현재 830만의 가입자를 확보하고 있다. SK도 BTV와 함께 최대 케이블 사업자 티브로드를 합병하여 800만이 넘는 가입자를 보유하고 있다. 현재 케이블 사업자들은 거의 시장에 나오거나 매각을 준비하고 있는데, 통신 3사가 모두 이들 매각 경쟁에 뛰어들고 있다. 이로서 통신 3사가 모바일, 케이블, IPTV, 위성을 포함하여 지상파를 제외한 전 방송 시장을 독과점화하는 구조로 재편되고 있는 것이다.

그러면, 케이블 방송과 달리 IPTV가 초기부터 사업에 성공하고 신매체를 합병하면서 독과점의 지위를 확보하게 된 이유는 무엇인가? IPTV가 가입자를 단시간 확장한 비결은 콘텐츠의 힘이 아니고, 결합상품(TV 모바일, 인터넷)을 통한 가격 조건을 제시했기 때문이다. 결국 IPTV의 기술의 힘도 콘텐츠의 힘도 아닌 자본의 힘이라고 평가할 수 있다. 방송 통신의 융합으로 디지털 방송의 새로운 세계를 건설하고 쌍방향 커뮤니케이션과 5G의 신세계를 선사한다는 전망은 콘텐츠 측면에서는 요원해 보인다.

IPTV가 사업을 시작한지 10년이 지났는데, 원래 사업 계획대로라면 초기 가입자 확보 등 사업을 안정화 시키고 나서 IPTV의 차별화된 콘텐츠 개발에 매진해야 하는 시점에 와 있다. 그러나 IPTV 콘텐츠 개발은 요원해 보이고 매체 특성에 부합한 콘텐츠 개념조차 정립되지 못한 것으로 보인다. 현재 IPTV만의 차별화된 콘텐츠는 구현되지 않은 상태이므로 광고를 통해 미래 비전을 짐작해 볼 수 있을 것이다. 현재 IPTV 3사의 광고를 보면 차별화된 콘텐츠 개발의 개념과 전망은 찾아보기 어렵다. BTV 광고를 예로 들면, 다시보기 기능을 강조하여 80년대식 시간 이동의 초보적인 기술을 홍보한다. 현재 IPTV광고는 AI 기술을 강조하여 "뉴욕 나오는 영화 틀어줘", 또 광고 모델을 활용하여 "이서진 나오는 드라마 틀어줘" 같은 주문을 하는데 실제 AI 기술을 이용한 새로운 콘텐츠 개발로 보기는 어렵다.

광고에서 선보이는 기술은 음성 인터페이스에 의해 아카이브에서 불러오기 기능을 활용한 기초적인 컴퓨터 기능이라고 할 수 있다. 4차 산업혁명의 AI 기술을 적용한 IPTV의 콘텐츠 개념과는 거리가 멀다. U$^+$ TV 광고에도 5G 기술 선도를 홍보하기 위해 VR

그림 5.1 · BTV 광고[1]

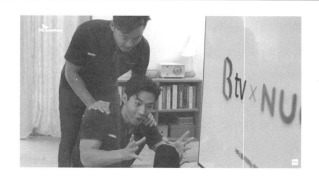

1 https://www.youtube.com/watch?v=gGLCALYgZBw

그림 5.2 • LG U⁺광고[2]

디바이스로 태양의 서커스를 실감나게 보는 영상을 광고에 활용하는데, 사실상 콘텐츠 측면에서 보면 중계 방송의 기능일 뿐이고 새로운 콘텐츠 개발이라고 보기 어렵다.

올해 2020년에 들어서 IPTV 3사 모두 광고에서 기술의 화려한 전망이나 콘텐츠 개발의 야심도 보이지 않아 사실상 기술 비전의 측면에서는 퇴보하는 경향을 보인다. 현재 광고는 어린이 소구의 프로그램 추천 기능을 주 내용으로 하고 있어 더 소박해진 콘텐츠 개발의 의욕을 나타낸다. 이와 같이 방송 통신 융합으로 디지털 방송의 새 세계를 열겠다는 IPTV도 콘텐츠 측면과 커뮤니케이션 측면에서는 획기적인 변화는커녕 미래 전망의 개념조차 잡지 못하고 있다는 것을 문제점으로 지적하지 않을 수 없다.

2 http://www.ad.co.kr/ad/tv/show.cjsp?ukey=1789290

4 디지털 방송과 콘텐츠산업의 구조적 문제

4차 산업혁명의 기술이 미디어에 속속 도입되면서 방송이 디지털화되고 방송과 통신이 융합되면서, 새로운 미디어 세상이 펼쳐질 것으로 기대했지만 아직까지 새로운 매체 기술과 5G, AI 등 첨단 기술의 도입이 커뮤니케이션의 혁명과 합목적적 방송의 발전으로 이어지지 못하고 있다. 근본적인 이유는 하드웨어의 기술적 발전에 비해 콘텐츠의 역량과 새로운 개념의 방송 영상이 따라가지 못하는 데서 원인을 찾을 수 있다. 흔히 콘텐츠의 문제로 교육이나 창의성 개발 등이 해결책으로 제기되지만 현실적인 문제의 원인은 이런 추상적인 차원보다는 산업 구조적인 데서 근본적인 원인을 찾을 수 있다.

앞서 영상산업 시장 문제에서 논의했듯이, 방송 콘텐츠 시장은 전통적으로 방송사가 독점하여 왔다. 방송사에서 방송 콘텐츠를 만드는 것이 일견 당연한 것으로 보이지만, 이는 우리나라의 특이한 경우이고 다른 나라들에서는 방송 콘텐츠를 방송사가 대부분 제작하지 않는다. 미국, 유럽, 일본 등 대다수의 국가들이 방송사가 아니라, 제작사가 중심이 되어 방송 제작이 경쟁적으로 이루어져 왔다. 다양한 콘텐츠 제작 기반이 확립되어 콘텐츠 유통 경로가 다양하게 모색되고, 21세기 새롭게 변화하고 확대되는 콘텐츠 유통시장에도 적응하게 된다. 대조적으로 우리나라의 경우는 방송사 자체 제작이 대부분을 차지하여 영상산업의 확대 재생산이 구조적으로 어려운 현실에 이른 것이다. 방송 콘텐츠산업이 방송사에 독점되어 오다가, 정책적 개입으로 구조조정이 시도되었다.

방송 콘텐츠산업의 기반을 지상파 방송사 중심에서 다양화하기 위한 정책적 개입으로 외주제작 의무비율 정책을 들 수 있다. 1991년부터 실시된 외주제작 의무비율은 지지부진하게 명맥을 이어오다가 1998년 영상산업진흥 정책이 입안되면서 획기적인 전기를 맞게 되었다. 당시 지상파 방송 프로그램 중 독립 제작사 외주 비율이 10%대이던 것을 1998년 20%, 2004년 35%로 점차 증가시키는 정책이 도입되었다. 방송사의 인력 구조나 제작 환경을 고려할 때, 외주의 최소 비율이 30%가 되는 2002년부터는 이전의 방송 제작 시스템을 유지하기 어렵게 되어 방송사에서는 구조조정과 분사 시스템이 도입되게 된다.

이런 방송 콘텐츠산업의 변화가 순조롭게 진행된 것은 아니고, 외주제작 의무비율 정책을 둘러싸고 방송사, 제작사, 정부 삼자 간에 심한 갈등이 발생하였다. 제작사의 입장에서는 외주제작이 부적절하게 집행되고 있다는 지적을 한다. 방송사와 제작사 간의 권력관계에 의해 외주제작 관행대로는 제작사가 장기적으로 발전할 수 있는 여지가 없다는 주장이다. 당시 제작사들은 작품 수주의 하도급 체제, 낮은 제작비 지불, 외주 프로그램의 편향된 편성, 제작사의 저작권 양도 조건, 과도한 재방송 비율 등을 문제로 제기하였다. 실제 2000년대 초반까지 독립제작사의 위상은 극히 저조하여 방송사와 자체 방송사 출신 제작사에게 대부분 외주제작을 의뢰하면서 하도급 체제를 유지했다. 또 프라임 타임대 방송 편성은 한자리 수이고, 대부분 B급 타임대 외주제작 콘텐츠를 편성했다. 독립제작사들의 가장 큰 난관은 제작비 문제인데 직접 제작비를 기준으로 지급되기 때문에 간접비까지 고려할 때, 방송사와 제작사와는 제작비에 있어 40~50% 정도의 차이를 보인다고 주장하였다(방송진흥원 1999: 57).

2000년대 중반 이후 외주제작 의무비율이 자리를 잡으면서 이제는 프라임 타임대 꽃이라 할 수 있는 드라마가 대부분 외주제작에 의해 제작되고, 예능과 다큐멘터리도 외주제작으로 제작되는 경우가 많아졌다. 이때부터 대기업 자본이 제작사에 투자되고 대기업 규모의 제작사가 생겨나기도 하였다. 그럼에도 불구하고 현재까지 제작사들은 만성 적자에 시달리고 있고, 저작권 분쟁과 불공정 거래의 분쟁과 상소가 여전히 진행되고 있다. 방송사와 제작사 간의 구조적 문제는 여전히 진행형이라고 할 수 있다.

한편, 방송사의 입장에서는 외주제작의 확대가 방송의 발전을 가져올 수 없다는 문제를 제기하였다. 방송사측의 주장은 외주제작 의무비율 정책이 방송의 질을 저하시키고, 수용자의 볼 권리를 침탈하는 정책이라고 지적한다. 또한 편성의 독립성이라는 언론 자유의 하위 범주를 침해하는 행위라는 것이다. 산업적인 측면에서도 전 세계 방송사들이 M&A를 단행하여 수직적 결합을 하는데, 우리나라 방송사만 외주 확대로 인한 구조 조정으로 분사를 유도하는 것은 시대착오적이라는 지적도 제기된 바 있다.

이런 주장에 대해 방송 콘텐츠산업의 미래와 합목적적 정책 방향을 진단하기 위해 세계적 추세를 돌아보는 것이 필요할 것이다. 미국을 비롯한 프랑스, 영국, 일본 등 영상산업의 이른바 선진국들은 다양한 정책적, 산업적 노력에 의해 다양한 영상산업의 기반을 확립하고 영역을 확대해 왔다. 오늘날 같은 성과를 보이기 위해 과거 반세기 동안 우리에 비해 훨씬 강한 제작산업 보호 정책을 펴왔다. 미국의 경우 과거 30년 동안 Fin-Syn rule을 통해 네트워크 방송사는 유통을 억제하고, 제작사의 제작 기반 확대와 저작권 활동을 보호하였다. Fin-syn rule은 방송사가 국내 시장에서 프로그램을 판매하지 못하게 하며, 외주제작물에 대해서는 해외 판매를 할수 없게 한 규정이다. 외주제작물의 경우는 방송사가 일체의 저작권을 갖지 못하며 네트워크 방영권만 가질 수 있는 것이다. 또한 프라임 타임대 네트워크 자체 제작이 40%를 초과하면 안 된다고 규정되어 있다. 1995년 Fin-Syn rule은 폐지된다. 이는 과거 30년 동안 제작사에 대한 보호 정책이 결실을 보고 더 이상 필요하지 않은 결과로 폐지된 것이다.

프랑스는 픽션이나 다큐멘터리 작품의 경우는 자체 제작을 허용하지 않는 매우 강력한 제작사 보호 정책을 펴고 있다. 일본의 경우는 특별한 보호 정책이 있지 않지만, 방송 제작물 중 70%가 외주제작으로 충당되고 있다. 영국의 경우 편성 쿼터를 규정하고 있는데, 외주제작의 인정 기준이 우리와 달리 단순 산술적 시간의 합이 아니라 매우 다양한 기준으로 평가되고 있다. 영국의 경우를 보면, 외주 쿼터를 측정하는 데 단순한 편성 시간뿐 아니라, 제작비나 시간대 등 다양한 기준을 세우고 있다. 프랑스 등 유럽의 제국들은 방송사가 영상산업 투자에 기여하도록 정책적 유인을 주고 있다. 프랑스의 경우 방송사의 총매출액의 3% 이상을 영화에 투자하도록 규정하고 있으며, 영상제작에 15% 이상이 투자되어야 한다는 것을 법적으로 규정하고 있다.

선진국에서는 여러 가지 정책적, 산업적 노력으로 제작의 확대와 시장의 다양성을 확립해 왔다. 현재 이들 국가에서 감행되는 여러 형태의 M&A와 미디어 융합의 현상은 이미 확고하게 자리 잡은 제작사들을 대상으로 높은 시너지 효과와 이익 창출을 기대하고 진행되고 있는 것이다. 즉, 과거 각고의 노력으로 쌓아 올린 제작시장의 열매를 보고 기업 투자가 이루어진 결과로 나온 것이다. 우리나라의 경우 거대 방송사는 경쟁 시스템을 바탕으로 이루어진 것이 아니다. 달리 말하면, 선진국 형의 미디어 융합이 이루어지려면, 그에 앞서 영상 제작 산업의 구조적 문제를 해결하고 공고화 된 후에 비로소 의미를 가질 수 있게 된다.

5 4차 산업혁명 시대 퍼스널 미디어의 네트워크 효과와 유튜브

4차 산업혁명 시대 브로드캐스팅에서 퍼스널캐스팅의 시대로의 변화를 이끌고 있는 것으로 단연 유튜브를 꼽을 수 있다. 현재 유튜브는 기존 매체를 빠르게 대체하면서 미디어 수위를 확대하고, 경제, 문화 생활 전반의 변화를 유도하고 있다. 유튜브가 4차 산업혁명 시대 변화를 이끈다는 의미는 앞서 설명한 산업적 특징에서 기인한다. 현재 유튜브가 4차 산업혁명 기술의 시험장이 되고 영상의 제작 기술의 획기적인 진보를 이끄는 견인차가 되고 있는 것은 기술적 차원이 아니다. 하지만 유튜브는 과거와 다른 산업 모델과 네트워크 효과에 의한 산업적 성공을 이끌고 있다는 의미에서 4차 산업혁명 시대 미디어의 새로운 모델로 부상하고 있다.

주지하다시피 유튜브의 시작은 사적 영상 공유에서 시작되었다. 다른 소셜미디어가 그렇듯이 유튜브도 사적 활동에서 출발하여 오늘날과 같은 거대 산업으로 성장하였다. 영화로도 소개되었듯이 유튜브는 사적으로 파티 동영상을 공유하기 위해 도메인을 개발한 것을 계기로 성장하였고 불과 1년 만에 구글에 16억 달러로 매각되기에 이른다. 이때까지만 해도 유튜브에 대한 거품론이 제기되었으며 아무도 오늘날 같이 성장하리라고는 상상하지 못했다. 현재 유튜브의 기업가치는 2,000억 달러까지 평가 받고 있으며, 이는 지난 15년 동안 100배 넘는 성장률을 기록한 셈이 된다.

유튜브가 오늘날과 같이 성장하게 된 것은 당연히 무료 콘텐츠 제공으로 일반 이용자들을 사로잡았기 때문이다. 세계 누구나 다양한 동영상을 비용 지불 없이 볼 수 있다는 것은 큰 장점이 아닐 수 없다. 동영상을 올리는 유튜버 사업자의 입장에서도 진입장벽 없이 동영상을 공유할 수 있다는 장점에 더해, 조건만 맞으면 수익까지 창출할 수 있다는 점에서 그야말로 블루오션으로 여겨지고 있다. 유튜브는 진입장벽 없이 누구나 사업자(크리에이터)가 될 수 있으며, 현재 수익 조건인 구독자 수 1,000명 이상 최근 12개월 내 4,000시간 이상 시청 시간이 확보되면 광고 수익을 창출할 수 있는 조건이어서 누구나 사업자가 될 수 있다. 이러한 장점으로 인해 너도나도 유튜브에 뛰어들고, 요즘 어린이들 사이에 유튜버가 장래희망 1위를 차지할 만큼 기대되는 직업군으로 성장하게 되었다.

그러나 유튜버로 사업에 성공하는 사람은 전체 유튜버의 1%에도 미치지 못하는 것이 현실이다. 너도나도 튀는 동영상으로 사람들의 주목을 받고 조회수를 높이고자 하지만, 실제 이것이 사업적 성공으로 이어지는 경우는 극히 드물다는 말이 된다. 유튜브가 사회적으로 부상하는 만큼 성공 비결에 대한 많은 컨설팅과 학문적 연구도 이어지고 있는데, 실제 보편적인 성공 원리를 발견하기는 어렵다. 성공비결로 누구는 매력과 외적 조건을, 누구는 소통 능력을 강조하지만 이런 추상적인 개념으로 유튜브의 실제 산업적 성공을 예측하기는 사실상 어렵다(이보미 2019; 전범수 2020; 최정영 외 2020).

더 나아가, 이런 특정 요소나 개념으로 유튜브의 성격을 규정하고 성공 원리를 찾으려는 의도 자체가 유튜브의 미디어 성격을 간과한 것이라 볼 수 있다. 유튜브는 기본적으로 공유를 기반으로 하는 소셜 미디어의 성격을 가지므로 특정한 원리로 일관되게 움직이는 미디어가 아니다. 이런 측면 때문에 성공한 유튜버들이 특별할 것 없는 콘텐츠로 주목받고 사업적으로도 성공하는 것으로 여겨져 누구나 성공신화를 이룰 수 있을 것 같은 착각을 불러일으키고 사업에 뛰어들게 한다. 유튜브는 보통 사람들이 크리에이터가 되어 동영상을 공유하는 것이고, 이것이 수익성도 창출하기 때문에 성공이 요행이나 우연성으로 보이기 쉽다. 이에 사람들이 도박처럼 운을 걸어보고, 어린이들도 쉽게 도전하는 것이다. 그러나, 소셜 미디어의 성격상 유튜브가 특정한 원리와 예측하는 대로 움직이지 않는 것은 너무나 당연하고, 요행과 우연으로 보이는 성공신화도 준비하고 예측할 수 있는 일반 직업적 성격보다 더 성공하기 힘들다는 것을 역설적으로 말해 준다.

이런 의미에서 유튜브는 일상성, 보통성이라는 포스트모던 가치가 지배되는 미디어라고 할 수 있다. 지극히 일상적인 의식주의 문제로 인기를 끄는 콘텐츠가 수위를 점유하며, 뷰티, 먹방, 크래프트 같은 콘텐츠가 유튜브 인기 채널 상위에 오르고 있다. 어린이 놀이, 사소한 취미 활동들이 유튜브에서 인기를 끌고 있다.

이런 보통 사람들의 일상 생활이 유튜브의 콘텐츠의 주류를 이루지만 실제 유튜브는 기본적으로 스타 시스템에 기반을 두고 있다. 이는 유튜브가 네트워크를 기반으로 한 소셜미디어이지만 독점 기업이라는 사업의 성격과 맥을 같이 한다. 유튜브 사업 자체가 네트워크의 특성상 많은 이용자를 확보하여야 네트워크 효과가 발휘되기 때문에 쏠림 현상이 나타나고, 하나의 사업자로 자연 독점화되는 경향을 보인다. 유튜브 동영상도 마찬가지로 쏠림 현상을 일으키며, 특정 스타에 몰리면서 유사한 나머지들은 자연 도태하는 현상을 보인다. 현재 유튜브 중 가장 인기 높은 분야는 어린이 콘텐츠이다. 세계와 한국에서는 어린이 콘텐츠에 대한 인기가 가장 높으며, 이에 스타가 배출된다. 장난감을 리뷰하는 8세 어린이 라이언은 한해 300억의 소득을 올릴 정도로 인기가 높아 세계 1위 소득 유튜버로 이름을 올렸다. 우리나라도 보람 튜브 등 상위 10위권의 6개가 어린이 콘텐츠로 구성되어 있다. 어린이 콘텐츠 다음으로 우리나라에서는 "먹방" 콘텐츠의 인기가 높게 나타나고 있다. 게임 실황과 뷰티 등도 상위의 콘텐츠들로 나타나는데, 순위는 유동적이고 항상 변화하는 특징을 보인다.

    <그림 5.3>, <그림 5.4>는 2020년 상반기 유튜브 결산 순위를 나타내주고 있다.[3] 그림에서 보듯이 유튜브 조회 순위 중 최상위는 방송 콘텐츠이다. 이는 기존 TV 프로그램과 유튜브 방송 채널을 포함한다. 소위 "TV 짤방"으로 불리는 기존 TV 채널을 짧게 보여주는 방송이 절대적으로 높은 조회수를 나타내고 있다. 그 다음으로는 어린이 관련 콘텐츠가 상위를 차지하고 있다. <그림 5.4>는 유튜브상 동영상 순위를 보여주는데, 역시 가장 많은 동영상은 TV 프로그램이 차지하고 있다. 기존 미디어의 동영상이 유튜브에 가장 많이 존재하는 현상을 말해준다.

---

3 http://newsroom.bigfoot9.com/2019/05/22/%EC%9C%A0%ED%8A%9C%EB%B8%8C%EC%97%90%EC%84%9C-%ED%82%A4%EC%A6%88-%ED%86%A0%EC%9D%B4
   -%EB%B6%84%EC%95%BC%EA%B0%80-%EC%9D%B8%EA%B8%B0
   -%EB%A7%8E%EC%9D%80-%EC%9D%B4%EC%9C%A0/

그림 5.3 · 유튜브 조회 순위

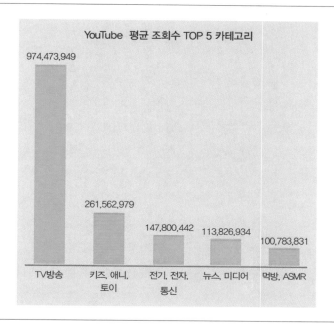

YouTube 평균 조회수 TOP 5 카테고리

보통 사람들의 일상적 공유가 바탕이 되는 유튜브가 수익구조로 연결되는 것은 유튜브가 개발한 특별한 사업 영역이다. 유튜브는 이용자와 사업자가 수익을 공유하는 최초의 모델을 개발하였다. 일반적으로 유튜브는 CMP(cost per thousand impression) 모델에 의거해 수익을 배분한다. 이는 1,000명 조회수 당 광고 수익을 배분하는 구조로 통상 사업자가 45%, 크리에이터가 나머지를 다시 계상된 조건에 따라 가져가게 된다. 일반적으로 크리에이터에게 수익이 적게 배분된다는 불만이 많은데, 조회자의 지역, 조회 시간대, 또 광고가 어느 정도 시청되었느냐에 따라 수익은 차이를 보이기 때문에 보다 복잡한 계산 공식이 적용된다.

그림 5.4 · 유튜브 동영상 순위

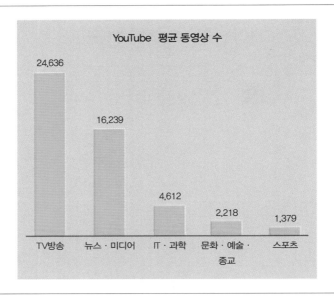

YouTube 평균 동영상 수

유튜버의 수익으로는 광고 이외에 기업 협찬이 있을 수 있고, 또 이용자들의 기부도 받을 수 있다. 최근 뉴스에 오르내리는 소위 "뒷광고" 문제는 유튜버들이 기업 협찬을 숨기고 상품을 홍보하여 발생하는 윤리적 문제이다. 이는 협찬으로 대가를 받고 올린 제품 리뷰를 본인이 산 것으로 꾸미는 경우를 말한다. 최근 뉴스에서 구독자 470만 명의 '먹방' 유튜버 문복희는 "광고임에도 광고임을 밝히지 않았던 적이 있다"며 사과했고 구독자 268만 명을 보유한 '먹방' 유튜버 쯔양은 '뒷광고' 논란으로 은퇴한다고 밝힌바 있다.[4] 더 극단적인 경우는 아예 사기와 기만으로 상품을 홍보하거나 판매하

4 https://www.yna.co.kr/view/AKR20200811153200002?input=1195m

는 경우도 유튜브에 자주 발생하게 된다. 최근 불거진 자동차 유튜버 카걸 사건은 유튜버의 유명세로 TV에까지 출연하면서 피해를 확산시켰던 사기 사건으로 사회 전체의 공분을 불러일으켰다.[5]

이러한 유튜브의 윤리적 문제와 법적 문제는 어느 정도 예정된 것이라 할 수 있다. 유튜버가 소셜 미디어로 일상을 공유하고 일반 이용자들의 네트워크를 기반으로 한 새로운 매체임에는 분명하지만, 매체로서 공공재와 문화재로서의 성격을 띠는 것은 변함없는 사실이다. 앞서 4장에서 설명했듯이, 비배제성과 비경합성을 특징으로 한 공공재의 성격은 유튜브에도 적용되는 성격이며, 이는 시장의 원리로만 운영될 수 없는 시장의 실패를 가져오는 재화라는 점에는 변함이 없다. 공적 미디어와 마찬가지로 유튜브 같은 퍼스널 미디어도 공공재의 성격은 여전히 공유하는 것이다. 그러나 방송, 영화와 같은 공적 미디어와 달리 정책적 강제 수단이 동원되기 어렵고, 퍼스널 미디어는 시장원리에 의해서 운영되는 경향이 있다. 1분에 500시간 분량의 동영상이 업로드되고 전파되는 유튜브에 대해 내용을 심의하고 공적 규제를 강구할 수단은 사실상 마련하기 어렵다.

또한 미디어의 문화재로서의 성격으로 인해 유튜브가 가지는 사회적 영향력은 여느 공적 미디어 못지않게 크다. 유튜브가 광범위한 이용을 무기로 하여 정의와 민주주의 정신의 왜곡 현상을 불러일으키고 특히 청소년들에 대해 악영향을 끼치는 일은 어제 오늘의 일이 아니다. 이에 대해 사실상 유튜브를 규제할 수단은 마땅치 않

---

5 https://news.naver.com/main/ranking/read.nhn?mid=etc&sid1=111&rankingType=popular
_day&oid=023&aid=0003553702&date=20200813&type=1&rankingSeq=1&rankingSectionId=105

다. 영미주의에서 사상의 시장(marketplace of ideas)이라고 불리는 개념이 있는데, 일반 재화 못지 않게 사람들의 사상과 의견 차이도 시장의 수요 공급의 조절로 최선의 상태를 이루어 간다는 개념이다. 유튜브 같은 퍼스널 미디어는 시장의 보이지 않는 손과 같이 자동 조절을 통해 유튜브 내에 불공정과 부조리를 조정하는 자정 기능을 기대해 볼 수밖에 없을지 모른다. 그러나 설사 사상의 시장이 기능을 한다 해도 이런 역할은 장기적일 수밖에 없어, 현재 눈앞에 벌어지고 있는 문제점들을 해결하기는 역부족이라는 한계가 있다.

유튜브 사업자도 나름의 방법을 강구하여 부작용을 관리하고자 노력을 보이고 있다. 특히 어린이 콘텐츠에 대한 관리 프로그램으로 유튜브 키즈를 운영하여, 이를 설정하면 유해 프로그램을 차단할 수 있다. 최근 유튜브가 개발하고 있는 개인 추천 알고리즘도 이와 같은 부작용에 대한 관리에 어느 정도 기여하고 있다. 그러나 유튜브가 사업자의 입장에서 개인 추천 알고리즘도 내용에 대한 규제나 관리보다 사업적 이익의 확대 우선시 한다는 점에서 새로운 기술발전은 규제보다는 시장 가치에 치중되고 있다.

한편, 유튜브의 장점이면서 동시에 문제점이기도 한 영상의 질적 가치에 대한 문제를 개선하기 위해 유튜브 측에서는 나름의 해결책을 모색하고 있다. 유튜브가 일반인들의 일상 공유 콘텐츠로 오늘날 같은 성장을 이루었지만 그만큼 영상의 질에 대한 비판이 제기되어 왔다. 더불어 저작권 침해의 문제도 고질적인 문제로 상존해왔다. 이에 대해 유튜브 사업자 주도로 2012년 이후 유튜브 오리지널 동영상 채널을 운영하게 되면서 질 높은 동영상 제작에 힘쓰고 있다. 유튜브 레드에서 유튜브 프라임으로 이어지는 새로운 사업 영역은 광고 없는 콘텐츠 제공과 함께 유튜브 오리지널 채널 보급을 대상으로 하고 있다.

이와 같은 유튜브의 사업의 변화와 기술 개발에도 불구하고 유튜브의 문제점은 여전하고 하루가 다르게 심화되고 있다. 최근 테러와 차별, 혐오의 동영상이 난무하는 유튜브에 대해 사회적 비판이 높아지자 많은 이용자들이 유튜브에서 등을 돌리기에 이르렀다. 이에 편승하여 광고의 큰손들이 광고 철회 운동을 벌이고 있는데 이는 유튜브가 직면한 아이러니를 노정해 주고 있다. 유튜브의 공유와 표현의 자유 기조가 테러의 위협과 혐오주의에 무방비로 노출된 것이다. 2020년 미국에서 촉발된 인종 혐오주의 저항 시위 BLM(Black lives matter) 운동을 계기로 AT&T, 버라이즌, 맥도날드, 폭스바겐, 존슨앤존슨, 펩시, 월마트, 스타벅스 등 다수의 기업들이 유튜브에서 광고를 철회하기로 하였다.[6] 이에 대해 유튜브 사업주는 자체 프로그램 개발로 최대한 유해 동영상을 차단하겠다고 공언했지만, 보편적 접근성과 표현의 자유를 기반으로 하는 소셜미디어의 성격상 이를 막기는 사실상 불가능하다고 하겠다. 오늘날 유튜브의 성공과 도전은 브로드캐스팅에서 퍼스널캐스팅으로 전이되는 21세기 미디어 역할의 새로운 숙제를 던져주고 있다.

6 방송의 국제적 개방과 콘텐츠 유통 시장

4차 산업혁명 시대 미디어 기술의 발전과 퍼스널캐스팅의 확대

---

6 https://www.yna.co.kr/view/AKR20170325052500009

는 방송 미디어 수용의 새로운 추세를 노정하는데, 이는 바로 미디어의 국제화이다. 전통적으로 미디어는 국내 수용에 의거해왔지만, 특히 방송은 내수시장에 의존하여 왔다. 전통 미디어 중 영화와 비교해도 할리우드 영화가 전 세계를 석권할 정도로 국제 시장이 중요한 데 비해 어느 나라나 방송 수용자들은 국내 프로그램을 선호하는 경향을 보여왔다. 그러나 현재 새로운 미디어 기술 도입과 환경의 변화에 의해 방송에도 국제적 수용이 획기적으로 늘고 있다. 우리나라 영상산업도 과거 안정적 내수시장에 의존하여 발전하였지만, 이제 디지털화와 개방화의 시대를 맞아 더 이상 폐쇄적 시장 구조를 유지할 수 없는 상황에 이르렀다.

영상 미디어산업의 국제화는 크게 세 가지 방향으로 진행되는데, 시장개방, 외국 자본 및 채널 유입, 해외 수출로 요약해 볼 수 있다. 미디어 기술과 환경 변화의 시대에 즈음하여, 우리 영상산업도 국제 개방의 물고를 타고 수출·입이 활발해지고 외국 미디어 재벌들의 한국 시장 유입도 가시화되고 있다. 시장 개방은 영상 유통의 국제적 확대와 더불어 정책적으로는 국제적 개방 정책과 탈규제를 들 수 있다. 우리나라의 대표적인 미디어의 국제적 개방 정책으로는 1998년부터 2004년까지 4차에 걸쳐 실시된 일본 대중문화 개방 정책을 들 수 있다. 지금은 격세지감을 느끼게 하지만, 1998년까지 일본 대중문화 수입은 금지되었으며, 만화와 음악 등을 실제 많은 사람들이 수용하고 있었지만 정식 수입이 아니고 음지에서 암시장을 통해 보급된 것이었다. 일본 만화로부터 시작하여 영화 방송으로 확대되면서 2004년 일본 대중문화에 대한 전면적인 개방이 이루어졌다.

또 미디어 국제화관련 탈규제 정책으로는 국내 영상물 쿼터 정책을 들 수 있는데 우리나라 영화 정책으로 스크린 쿼터제가 이에 해당된다. 국내 스크린의 국내 영화 의무 상영일이 146일이 72일이 줄어들었는데 이는 탈규제 정책에 해당된다. 방송의 경우도 국내 콘텐츠를 보호하기 위한 쿼터 정책이 실시되고 있는데, 방송의 경우는 국내 영상물을 선호하기 때문에 굳이 규제 정책의 실효는 없지만 정책적으로 실시되고 있다.

방송 콘텐츠의 국제화와 관련하여 가장 주목 받는 부분은 해외 수출이다. 한국 방송 콘텐츠의 해외 수출은 한류라는 새로운 담론을 만들었으며, 이제 한류가 다양화되고 있는 시점에 와있지만 한류를 이끄는 원조는 역시 방송 콘텐츠의 해외 수출이라고 할 수 있다. 한류가 이제는 당연한 추세로 보이지만 실제 방송 수출이 시작된 것은 그리 오래된 일이 아니다. 방송 콘텐츠가 본격적으로 시작된 것은 90년대 말이며, 그 이전에는 수출 실적은 거의 없다고 해도 과언이 아니다. 방송 개국 70년, 텔레비전 방송 개국 40여 년간의 역사 속에서 방송 시장은 안정적 구도를 확립해왔다. 이것이 90년대 말 IMF라는 사회 전반의 경제 위기를 맞으면서, 방송사들도 위기의식 속에서 사활을 건 전략을 세워야 했다. 방송사들은 광고 수입 외에 부가적인 수입원과 투자 소스를 찾게 되었는데, 이때 활로를 찾은 것이 방송 프로그램의 해외 수출과 외국 투자의 유치를 통한 여러 가지 방식의 공동 제작이다. 이런 과정에서 우리의 영상 시장도 개방화와 본격적인 경쟁 체제 속에 들어가게 된 것이다.

90년대 말까지 우리나라 방송 프로그램의 해외 진출은 주로 재외 교포를 대상으로 한 소규모 시장을 중심으로 이루어졌다. 그 중에서도 공중파 방송사들의 경우 한국 교포 대상의 수출 사업을 중심적으로 벌여 왔기 때문에, 본격적인 의미로 해외 방송 프로그램 수출의 판로 개척과 실적은 미진한 상태였다. 그러다 90년대 말 IMF 위기에서 광고수익이 절반으로 감소하면서 새로운 활로를 모색하기 위해 열악한 상황에서 시작한 방송 프로그램을 수출하기 시작했고 아시아에서 예기치 않은 성공을 맞게 된 것이다. 한류라는 말 자체도 우리가 만든 말이 아니라, 대만에서 처음 나온 용어로 중국 언론에서 한국 드라마의 인기를 보도하면서 쓰인 용어이다. 이것이 우리나라에 역수출되어 2000년대 중반 이후 한류가 한국의 자긍심과 한국문화의 국제화를 지칭하는 담론으로 확산되게 된 것이다.

현재 한류의 담론이 확산되어 세계가 한국 대중문화에 열광하는 듯한 환상을 불러일으키는데, 실제 담론과 현실은 차이가 있다. 한류의 실질적 성과를 가늠하기 위해서는 산업적 성과를 따져봐야 한다. 정부에서는 영상 미디어산업에 대한 통계를 매년 제공하고 있다. 문화체육관광부와 문화콘텐츠진흥원은 영상 미디어산업 통계를 수집하여 제공하는데, 이중 수출·입 관련 현황은 <표 5.3>과 같다.

2019년 말에 발표된 최근 통계에 의하면 콘텐츠 수출 실적은 꾸준히 증가하고 있다는 것을 알 수 있다. 흥미로운 것은 한류의 원조인 방송이나 케이팝의 수출 실적은 전체에 비해 미미한 실적을 보이고 실제 수출 실적이 가장 높은 콘텐츠는 게임이다. 우리가 게임에 대해 부정적인 사회 인식도 있고, 법 정책적으로도 여러 가지 규제 정책 위주로 펴고 있지만, 전체 콘텐츠 중 수출의 66%는 게임이 차지하고 있다. 이에 비해 방송과 음악은 각각 5% 수준에 머물고 있다. 특히 <기생충> 등 한류 문화의 자랑으로 여겨지는 영화의 수출은 전체 콘텐츠 중 0.4%에 불과하여 산업적 효과는 실로 미미하다고 아니 할 수 없다.

표 5.3 • 콘텐츠산업 수출액 현황 (단위: 천 달러)

구분	2014년	2015년	2016년	2017년	2018년	비중	전년 대비	연평균 증감률 (%)
출판	247,268	222,736	187,388	220,951	248,991	2.6	12.7	0.2
만화	25,562	29,354	32,482	35,262	40,501	0.4	14.9	12.2
음악	335,650	381,023	442,566	512,580	564,236	5.9	10.1	13.9
게임	2,973,834	3,214,627	3,277,346	5,922,998	6,411,491	66.7	8.2	21.2
영화	26,380	29,374	43,894	40,726	41,607	0.4	2.2	12.1
애니메이션	115,652	126,570	135,622	144,870	174,517	1.8	20.5	10.8
방송	336,019	320,434	411,212	362,403	478,447	5.0	32.0	9.2
광고	76,407	94,508	109,804	93,230	61,293	0.6	△34.3	△5.4
캐릭터	489,234	551,456	612,842	663,853	745,142	7.7	12.2	11.1
지식정보	479,653	515,703	566,412	616,061	633,878	6.6	2.9	7.2
콘텐츠솔루션	167,860	175,583	188,495	201,508	214,933	2.2	6.7	6.4
합계	5,273,519	5,661,368	6,008,063	8,814,442	9,615,036	100.0	9.1	16.2

자료: 한국콘텐츠진흥원 2019

　한편 콘텐츠에 대한 수입 현황은 <표 5.4>와 같다. 전체적으로 볼 때 수입보다는 수출이 커서 영상 콘텐츠산업은 무역 흑자를 기록하고 있다. 부문별로 보면 수입에 가장 큰 부문을 차지하는 것도 역시 게임이며, 그 뒤를 광고, 출판이 차지하고 있다. 캐릭터산업도 13.7%로 큰 비중을 보이고 있고 전통 미디어인 방송과 영화는 각각 8.7%, 3%를 기록하고 있다.

표 5.4 · 콘텐츠산업 수입액 현황 (단위: 천 달러)

구분	2014년	2015년	2016년	2017년	2018년	비중	전년대비	연평균증감률(%)
출판	319,219	277,329	256,006	264,110	268,114	22.0	1.5	△4.3
만화	6,825	6,715	6,554	6,570	6,588	0.5	0.3	△0.9
음악	12,896	13,397	13,668	13,831	13,878	1.1	0.3	1.9
게임	165,558	177,492	147,362	262,911	305,781	25.1	16.3	16.6
영화	50,157	61,542	44,838	43,162	36,274	3.0	△16.0	△7.8
애니메이션	6,825	7,011	7,324	7,604	7,878	0.6	3.6	3.7
방송	64,508	146,297	129,111	110,196	106,004	8.7	△3.8	13.2
광고	501,815	323,604	379,220	322,178	285,229	23.4	△11.5	△13.2
캐릭터	165,269	168,237	170,445	172,489	167,631	13.7	△2.8	0.4
지식정보	626	652	694	736	8,852	0.7	1,102.7	93.9
콘텐츠솔루션	536	544	551	569	13,540	1.1	2,279.6	124.2
합계	1,294,234	1,182,820	1,155,773	1,204,356	1,219,769	100.0	1.3	△1.5

자료: 한국콘텐츠진흥원 2019

여기서 본 장의 주제가 되는 방송의 수출·입 현황은 <표 5.5>와 같다. 방송의 수출·입은 무역 흑자를 기록하고 있으며 수출이 5억불을 바라보고 있고, 수입액은 1억불 정도를 기록하고 있다. 보다 구체적으로 우리나라 방송 콘텐츠 수출의 지역별 현황을 보면 <표 5.6>과 같다. <표 5.6>에 나타나듯이 방송 수출 관련 최대 상대국은 일본으로, 이는 전체의 34.6%로 다른 국가와 확연한 차이를 나타낸다. 이에 반해 중국은 2.7%의 기록에 그치는데 2016년까지

표 5.5 · 방송산업 수출 및 수입액 현황 (단위: 천 달러)

구분	2016년	2017년	2018년	전년대비증감률(%)	연평균증감률(%)
수출액	411,212	362,403	478,447	32.0	7.9
수입액	129,111	110,196	106,004	△3.8	△9.4

표 5.6 • 방송산업 방송 프로그램 지역별 수출액 현황   (단위: 천 달러)

구분	2016년	2017년	2018년	비중	전년대비	연평균(%)
일본	79,902	81,952	95,783	34.6	16.9	9.5
대만	22,742	33,532	28,964	10.5	△13.6	12.9
홍콩	15,776	21,348	24,102	8.7	12.9	23.6
싱가포르	5,467	15,353	7,676	2.8	△50.0	18.5
중국	78,179	13,555	7,474	2.7	△44.9	△69.1
베트남	9,485	7,362	2,721	1.0	△63.0	△46.4
태국	7,399	6,000	3,521	1.3	△41.3	△31.0
필리핀	3,410	5,750	4,240	1.5	△26.3	11.5
말레이시아	2,588	4,015	2,178	0.8	△45.8	△8.3
미얀마	1,276	1,712	2,025	0.7	18.3	26.0
인도네시아	1,127	1,206	2,255	0.8	87.0	41.5
캄보디아	1,300	678	99	0.0	△85.4	△72.4
몽골	434	606	699	0.3	15.3	26.9
중동	731	325	466	0.2	43.4	△20.2
기타 아시아	5,591	147	353	0.1	140.1	△74.9
미국	14,519	16,906	56,653	20.4	235.1	97.5
중남미·기타 남미	266	156	122	0.0	△21.8	△32.3
캐나다	139	74	263	0.1	255.4	37.6
영국	630	534	1,054	0.4	97.4	29.3
프랑스	211	335	176	0.1	△47.5	△8.7
루마니아	–	208	59	0.0	△71.6	–
러시아	122	106	91	0.0	△14.2	△13.6
이탈리아	494	47	67	0.0	42.6	△63.2
독일	11	19	3	0.0	△84.2	△47.8
기타 유럽	578	66	118	0.0	78.8	△54.8
오세아니아	17	32	85	0.0	165.6	123.6
아프리카	54	126	11	0.0	△91.3	△54.9
기타	2,168	18,510	35,889	12.9	93.9	306.9
합계	254,613	230,656	277,146	100.0	20.2	4.3

일본과 거의 비슷한 기록을 보이다가 2017년 이후 급감하여 한자
리수로 떨어졌다. 이는 소위 한한령의 반영이라고 볼 수 있다. 한
한령은 미군이 경북 성주에 사드를 배치하면서 중국이 반발하여 한
국의 콘텐츠 수입을 금지하고 한국과의 교류를 금지한 조치를 일컫
는다. 한국과 중국의 정치 외교적 문제로 인해 콘텐츠 수출의 급감
을 가져온 현실을 반영한 것이다. 한편 미국에 대한 수출이 미미한

수준에서 2018년 급격히 20%로 늘어났는데, 이는 이례적인 경우이다. 우리가 미국 콘텐츠에 대한 의존이 높은 반면, 수출은 한자리 수였는데, 2018년만 예외적으로 늘어났다. 이는 미디어 환경의 변화가 반영된 것이라고 할 수 있다. 실제 미국 정규 방송에서 한국 프로그램을 방영하는 경우는 드물고, 넷플릭스 같은 새로운 매체의 등장으로 우리 방송의 수출 활로가 개발되고 있다는 것으로 유추해 볼 수 있는 부분이다.

2018년 예외적으로 늘어난 미국 수출을 제외하면 우리나라 방송 프로그램은 주로 아시아를 중심으로 수출되고 있다. 이는 문화적 할인율로 설명할 수 있는데, 문화 상품이 국가 간 경계를 넘을 때 차이가 많을수록 문화적 할인율이 높아 수출이 어렵고, 차이가 적을수록 문화적 할인율이 낮아 수출이 용이하게 된다는 개념이다. 일반 재화의 경우도 수출·입에 문화적 할인율이 작용하지만, 문화 상품 특히 영상 콘텐츠의 경우는 문화적 할인율이 중요하게 작용한다. 공통된 문화 배경을 가진 지역은 상대적으로 문화적 할인율이 낮고 그 반대는 높게 마련이다. 그 외에 영상산업의 문화재로서 특성 때문에 익숙한 문화 상품의 경우 생활 환경에서 문화 차이가 있더라도 쉽게 다가갈 수 있는데, 할리우드 영화나 영상물이 세계 시장을 석권할 수 있는 것은 이런 점에서 비롯된다. 우리나라의 경우 수출의 80% 이상이 아시아에서 발생하고 있는 반면, 방송 콘텐츠 수입의 경우는 80% 이상 미국에서 가져오고 있다. 매년 변함없이 일어나는 현상으로 할리우드 문화 할인율의 반영이라고 할 수 있다. 한편 우리나라 한류의 원조인 드라마 같은 경우 아시아 지역에서 인기가 높은데, 공동의 문화 배경으로 문화적 할인율이 낮기 때문이라는 의견이 많다.

아시아 위주의 수출 구조에 대해 불리한 조건은 수출 단가가 낮다는 데 있다. 일반 재화와 달리 영상 콘텐츠의 수출·입 가격은 당사자 간의 협상에 의해 결정되며, 나라별, 지역별 가격의 차이가 매우 크다. 예를 들어, 같은 콘텐츠도 미국에 수출하는 가격과 인도네시아에 수출하는 가격은 몇십배 차이가 난다. 아시아의 경우 일본을 제외하고는 전반적으로 수출 단가가 낮다. 물론 아시아 인구가 많고 성장하는 경제라는 측면에서 앞으로 수출 단가가 높아질 가능성이 있지만 아시아에 편중된 수출 구도가 산업 효과 면에서는 불리할 수 있다.

한편, 아시아는 기술발전에 따라 다채널 다매체화가 진전됨으로써 이 지역 영상 시장의 수요가 급속도로 확대되는 추세에 있다. 현재 규모면으로 봐서 일본을 제외하고는 아시아 시장이 세계 영상 시장에서 차지하는 비율이 10% 이하로 결코 크다고 볼 수 없지만, 성장률의 측면에서는 급속히 성장하는 시장이다. 케이블과 위성 방송이 아시아에 도입되고 통신과 모바일이 급격히 보급되면서 아시아는 크게 성장하고 있다. 아시아의 영상 시장이 큰 성장 잠재력을 가진 것은 불포화 시장이라는 특성에서 발견할 수 있다. 세계 영상 시장에서 큰 부분을 차지하는 북미나 유럽 등은 현재 규모는 크지만 이미 영상의 하드웨어와 소프트웨어 보급이 골고루 확산된 상대적 의미에서 포화 시장을 형성한다. 포화 시장은 안정적이며 성장률은 정체성을 보이게 된다. 이에 비해 아시아와 같은 불포화 시장은 현재 규모가 상대적으로 작다고 해도 성장 가능성은 크게 나타난다. 불포화 시장의 경우, 안정성은 떨어져 침투 가능성은 높으나 그만큼 위험 부담도 크다. 제반 여건의 변화에 의해 영상 시장도 불안정하게 움직일 수 있기 때문이다. 불포화 시장을 형성하는 아시아 시장은 높은 성장률과 함께 불안정에서 오는 위험부담을 동시에 안고 있다.

우리나라 방송 콘텐츠 수출은 지역뿐 아니라 장르로서도 편향성을 보인다. <표 5.7>은 방송 수출을 장르별로 보여주는 수치이다. <표 5.7>에서 방송의 해외 수출을 보면 대부분 드라마 중심으로 전체의 87.3%를 차지하고 있다. 드라마 수출 실적은 현재 우리가 자축하게 하는 '한류' 현상을 빚어내기도 했지만, 수출의 장르적 불균형은 장기적으로 문제가 될 수 있다. 방송 수출이 본격화되기 시작한 1990년대 말에 비해서도 불균형은 더욱 심화되고 있다. 90년대 말 드라마 수출 비중은 50~60% 대인데 반해 본격적인 한류 현상을 일으킨 2004년대 중반부터 이제까지 드라마 수출 비중은 90%대를 기록하고 있다. 2004년대 중반은 한류의 원조 <겨울연가>가 해외에서 인기를 끌기 시작한 해이며 한류의 최대 수출

표 5.7 • 방송산업 방송 프로그램 장르별 수출액 현황   (단위: 천 달러)

구분	2016년	2017년	2018년	비중	전년대비 연평균	증감률(%)
드라마	201,816	202,979	241,895	87.3	19.2	9.5
다큐멘터리	1,733	1,279	1,037	0.4	△18.9	△22.6
애니메이션	1,215	1,159	595	0.2	△48.7	△30.0
오락	46,719	17,966	24,878	9.0	38.5	△27.0
음악	264	13	266	0.1	1,946.2	0.4
교양	1,546	1,168	4,733	1.7	305.2	75.0
보도	807	203	132	0.0	△35.0	△59.6
기타	505	5,885	3,163	1.1	△46.3	150.3
합계	254,613	230,656	277,146	100.0	20.2	4.3

기록을 세운 <대장금>이 방영된 해이기도 하다.

드라마의 선전이 오늘날 한류의 성과를 이룬 것은 부정할 수 없는 사실이나, 영상 콘텐츠의 수출 전략적 차원에서 보면 몇가지 문제점을 지적할 수 있다. 첫째, 드라마는 장르적으로 문화적 할인율이 높다. 드라마가 아시아에서 인기가 높은 반면, 구미에서 그렇지 못한 것은 이와 같은 문화적 할인율이 반영된 것이다. 우리나라 수출 실적이 아시아, 드라마의 편향성을 보이는 것도 이와 같은 문화적 할인율이 동반적으로 작용한 결과이다.

둘째, 수출 단가를 비교해 볼 때, 드라마는 불리한 측면이 있다. 평균 수출 단가를 비교해보면 애니메이션이 평균적으로 가장 수출가가 높게 나타나고, 다큐멘터리도 수출 단가가 높다. 이들 프로그램은 제작비와 제작 기간이 많이 들기 때문에 수출 단가가 높게 나타난다. 이에 비해 드라마는 제작비가 높은 장르이기는 하지만 수출 단가는 높지 않다. 수출 장르 중 2위를 차지하고 있는 오락 프로그램의 경우 수출 단가는 낮다. 이들 장르가 편수가 많다는 측면에서 이점이 있기는 하지만 단가면에서는 불리한 장르라고 할 수 있다.

셋째, 드라마의 경우 영상산업의 경제적 후방효과가 상대적으로 낮은 장르 중 하나이다. 영상산업의 후방 효과가 큰 것은 단연 애니메이션으로 하나의 콘텐츠가 인기를 끌면, 캐릭터, 팬시 등 연관 산업의 이익이 원 소스를 훨씬 상회하게 된다. <뽀로로>가 애니메이션에서 벌어들이는 수익에 비해 장난감이나 문구에 활용되는 캐릭터 사업이 더 큰 것이 그것을 말해준다. 미키마우스나 헬로 키티 같은 예에서 보듯이 애니메이션의 후방 효과는 실로 막대하다. 이에 비해 드라마는 상대적으로 후방 효과가 낮다. 드라마가 성공하면, 스타를 배출시켜 여러 광고 효과를 내지만 이는 실제 영상물의 직접 효과로 볼 수는 없고 간접적이고 복합적인 요인으로 작용할 수는 있다. 드라마의 경제적 후방 효과로는 OST매출 정도를 들 수 있을 것이다.

한국 영상산업의 경쟁력을 재고하고, 변화하는 방송 제작 환경에 적응하기 위해서는 수출 증진이 중요하다는 데는 업계나 학계, 정부가 모두 합의하고 있다. 세계 영상 시장은 다른 어떤 시장에 비교해서도 진입의 장벽이 두꺼운 보수적인 시장의 성격을 갖고 있다. 세계 영상 시장은 20세기 초부터 세계 영상 시장을 선점해온 할리우드의 헤게모니가 작용하고 있으며, 이 뒤를 애니메이션을 통해 틈새 시장을 개발한 일본이 뒤따르고 있다. 이에 유럽의 영상산업은 공동의 블록을 형성하여 할리우드에 대항하는 적극적 전략으로 영상 시장을 개척하고 있다. 이렇게 영상산업의 국제 시장은 전장이라고 해도 과언이 아닐 것이다. 여기에 한국이 세계 영상 시장의 새로운 진입자로 진출하기 위해서는 면밀한 전략과 전술을 통해 접근해야 한다.

우리의 영상산업은 현 상황에서 기술적으로나 내용적으로 세계 영상시장의 헤게모니를 잡고 있는 영상대국에 전면전으로 경쟁하는 것이 불리할 수 있다. 이때 유효한 전략으로 면밀하게 세계 영상 시장에 진입하기 위해 현실적인 전략이 필요하다. 첫째, 전략으로는 문화적 할인율을 낮추는 노력이 필요하다. 문화적 할인율을 낮추는 가장 자연스러운 접근은 지역성에 있다. 동아시아는 옛부터 많은 문화 교류와 유교 문화권의 공통점으로 인해 우리 영상물을 접할 때 문화적 거리감이 적다. 인종적으로나 문화적으로 거리가 있는 유럽이나 미주에서 우리의 영상물을 접하게 되면, 문화적 거리감으로 감정 이입이 어렵게 된다. 한편, 미국의 영상물이 인종적·문화적으로 상이한 세계 시장을 석권하는 것은 세계 어디서나 보편적으로 어필할 수 있는 할리우드 특유의 보편 문화를 창조했기 때문이다. 여기다 수세대 동안 계속 보아왔던 할리우드 형식의 영상물에 세계의 수용자들이 익숙해져, 영상물의 전형으로 미국식의 영화나 텔레비전 프로그램을 수용하기 때문이다. 이는 비자연적인 방식으로 인위적으로 문화적 할인율을 낮추는 것으로, 보편 문화를 창조하면서 가능한 결과이다. 우리나라의 경우는 지금 당장 세계 시장을 대상으로 우리 식의 보편 문화를 창출하기도 어렵고, 기존의 할리우드식 영상물과도 경쟁하기 어려운 입장이다. 이에 상대적으로 문화적 할인율이 낮은 지역을 공약하고, 지리적 요인 외에 틈새 시장을 개척하는 면밀한 전략이 필요하다.

한류가 명실공히 한국 영상물의 국제 경쟁력의 우월성으로 자리 잡기 위해서는 동아시아의 지리적 영역을 넘어 내용적으로도 세계 수용자들에게 어필하는 영상물이 되어야 한다. 현재 동아시아를 중심으로 한 한류는 드라마를 중심으로 이루고 있는데, 아시아를 넘어 전 세계를 대상으로 할 때 드라마 중심은 한계가 있다. 내용적 차원에서 문화적 할인율이 낮은 장르의 영상물은 세계 보편적 캐릭터인 애니메이션과 자연 다큐멘터리를 대표적으로 들 수 있다. 애니메이션은 가상의 캐릭터를 창출하기 때문에 인종적·문화적 차이가 일반 수용자에게 가시적으로 드러나지 않으며, 자연 다큐멘터리 역시 자연 생태계의 문화적 차이가 두드러지지 않게 된다. 물론 모든 영상물이 인지되든 아니든 사회적·문화적 맥락 속에서 구성되는 것은 사실이지만, 상대적으로 비교해 보면 문화적 할인율이 낮은 장르를 상정해 볼 수 있는 것이다. 일본이 애니메이션으로 세계 영상 시장에 성공적으로 진출할 수 있게 된 것도 문화적 할인율이 낮은 장르를 전략적으로 채택했기 때문이다. 특히 애니메이션이나 게임 같은 경우는 기술 발전에 의해 새로운 영역을 개척할 수 있는 분야이다. 현재 우리나라 게임의 수출이 압도적 1위를 차지하는 것도 우연이 아니다.

둘째, 4차 산업혁명 기술의 적극적 도입과 이의 수출 전략 개발은 한국 미디어의 세계화와 영상콘텐츠산업의 가치 고양에 필요 불가결한 일이다. 그동안 1%대를 유지하다가 2018년 미국에 대한 수출이 급격히 증가한 것도 새로운 매체 기술과 변화된 미디어 환경에 힘입은 것이다. 앞으로 이것을 하나의 추세로 변화시킬 것인가 한번의 이벤트로 끝낼 것인가는 정책적 선택과 산업적 노력에 달려있다. 기존 매체를 통한 아시아의 시장에 대한 수출도 새로운 매체 시대에 맞게 변화되어야 기존의 선점권을 유지할 수 있다.

또한 급변하는 영상산업에서 위험 요소를 관리하는 전략도 필요하다. 예를 들어, 아시아의 경제 위기는 아시아 영상 시장의 성장 가능성과 전망을 흐리게 하는 요소로 작용하였다. 2017년부터 답보하고 있는 중국 수출도 사드라는 정치적 외교적 문제로 야기되었는데, 편중된 나라, 지역에 대한 의존도는 이와 같은 위험 부담을 야기시킨다.

셋째, 보다 직접적으로는 영상 콘텐츠의 국제 유통을 활발히 하기 위한 시장 개척과 지원이 필요하다. 콘텐츠 국제 유통에서 중요한 것이 견본시이다. 세계적 견본시에는 각국의 영상 유통 담당자들이 정기적으로 모이며, 여기서 수출 협상이 이루어지고 본격 수출 계약과 차후 장기적 교류로 이어진다.

견본시 중에 가장 규모가 크고 유서가 깊은 것은 MIPTV(Marche

International Programmes de TV)이다. 세계 거의 모든 나라 방송 유통 관계자와 영화산업계에서 참여하여 최대 규모의 국제 유통이 이루어지는 곳이다. 이외 아시아에서도 다수의 견본시가 열려 활발한 유통이 이루어진다. 우리나라도 한류의 성공에 힘입어 아시아 콘텐츠 유통의 허브가 되고자 하는 포부를 안고 두개의 견본시를 열어 개최하고 있다. 이에 대한 평가는 엇갈리고 있지만 아직까지 세계적인 유통 시장의 역할은 하지 못하고 있다는 것이 현실적인 평가일 것이다.

우리나라 영상 콘텐츠 국제 유통에 있어 부족한 부문으로 인적 자원을 들 수 있다. 국제 유통과 마케팅 전문가, 영상물의 해외 거래에 필요한 법률 전문가 등 인적 자원에 대한 육성과 지원이 필요한 실정이다. 앞서 설명했듯이 콘텐츠 시장은 특수한 시장이고 국제 유통에는 일관된 원칙이 따로 존재하지 않고, 각 경우 협상에 의해 결정된다. 이때 유통 전문가의 역할은 절대적이고 해외 시장에서의 인적 네트워크와 해외 업계에 대한 지식이 중요하게 작용한다. 구미 국가에 비해 우리나라 콘텐츠 유통의 역사가 짧고 전문가

표 5.8 · 영상 콘텐츠 주요 견본시

지역	견본시
구미	MIPTV(깐느) NATPE(뉴올리언즈) MIPCOM(깐느)
아시아	STVF(상하이) CITV(베이징) TIFFCOM(도쿄) ATF(싱가폴) TTFF(대만)
한국	BCWW(Broadcasting World Wide) BCM(Busan Contents Market)

도 부족하여 사실상 열위에 있는 것이 사실이다. 전문 지식과 마케터에 대한 시장의 수요는 그만큼 크다. 콘텐츠 해외 유통 전문가는 새로운 영역으로 이를 위한 정책적 지원과 전문가 교육이 병행된다면, 영상산업 중 또 하나의 블루오션이 될 수 있다.

CHAPTER 06

영화관에서 OTT로:
영화산업의 다변화와 소비문화

영화는 단연 영상 콘텐츠산업의 선두주자로 꼽힌다. 20세기 초반 산업의 기틀을 닦기 시작한 미국의 영화산업은 할리우드로 이주하면서 대형화하고 이후 70년간 세계 영화 시장을 재패해 왔다. 긴 세월 동안 여러 도전과 응전의 역사를 겪으면서 할리우드는 위기를 기회로 삼아 점점 더 부흥하고 세력을 확산해 왔다. 세계대전과 대공황에도 영화산업은 굳건히 건재를 과시했고, 전후 텔레비전의 보급으로 영화산업은 사멸할 것이라는 전망이 우세할 때도, 영화는 빠르게 시대 변화에 적응하면서 더욱 세력을 키웠다. 20세기 말 할리우드 영화는 또 한번 도전을 받지만 뉴할리우드 시네마라는 형태로 변모하면서 더욱 글로벌한 성공을 거두었다.

<표 6.1>에서 보듯이 할리우드 메이저는 1910년대 1920년대 기업을 일구어낸 이후 현재까지 세계를 석권하면서 철옹성을 지켜내고 있다. 이에 더 나아가 20세기 말부터는 합병과 선점으로 영화뿐 아니라 미디어 전 분야를 석권하면서 더욱 독점적 위치를 공고히 해왔다. 표에서 보듯이 우리에게 익숙한 유니버설, 파라마운드,

표 6.1 • 할리우드 메이저

모기업	영화사	창립년도	아트, 인디제작사	산하기업		미국내 점유율
NBC U niversal (Comcast)	Universal Pictures	1912	• Focus Features • Hulu Documentary Films (33%)	• Amblin Partners (minority stake) • Carnival Films • Makeready (JV) • NBC Universal Japan	• OTL Releasing • United International Pictures (JV) • Universal 1440 Entertainment • WT^2 Productions	11.5%
Viacom CBS (National Amusements)	Paramount Pictures	1912	• Miramax (49%)	• Awesomeness Films • Melange Pictures • United International Pictures (JV)	• Viacom 18 Motion Pictures (49%) • Viacom Digital Studios	5%
Warner Media (AT&T)	Warner Bros. New Line Cinema	1923 1967	• CNN Films • HBO Documentary Films	• Alloy Entertainment • Castle Rock Entertainment • Cinemax • Films Fullscreen • HBO Films	• Hello Sunshine • Spyglass Media Group(minority stake) • Turner Entertainment	13.9%
Walt Disney Studios (The Walt Disney Company)	Walt Disney Pictures 20th Century Studios	1923 1935	• A&E IndieFilms (50%) • Hulu Documentary Films (67%) • Searchlight Pictures	• A&E Films • Fox Family • Fox Star Studios • 20th Digital Studio • Disney Pictures India • UTV Motion Pictures	• Walt Disney Studios Motion Pictures • Walt Disney Studios Sony Pictures Releasing (JV)	33.5%
Sony Pictures (Sony)	Columbia Pictures TriStar Pictures	1924 1982	• Sony Pictures Classics	• Destination Films • Left Bank Pictures • Sony Pictures Japan • Sony Pictures Releasing • Sony Pictures Family Entertainment • 3000 Pictures	• Sony Pictures Worldwide Acquisitions • Sony Wonder • TriStar Productions • Walt Disney Studios Sony Pictures Releasing (JV)	12.1%

워너 등 영화사는 이미 1910년대 20년대 창립되어 100년 동안 세계 영상 시장을 재패해 오고 있다. 특히 1980년대 이후 방송 뉴미디어 등 영상산업의 전 분야를 합병하면서 더욱 독점화하는 경향을 보여 산하기업을 두고 있다. 날로 새로운 기술이 개발되고 새로운 산업 형태로 변화가 급속히 일어나는 시기에 이들 할리우드 메이저는 빠르게 적응하면서 영상산업의 큰손으로 사업 확장을

지속해왔다.

21세기 들어 4차 산업혁명의 새로운 기술과 매체 환경의 변화 속에서 영화산업은 새로운 도전에 직면해 있다. 이번에도 변화에 적응하면서 새롭게 환골탈태하여 살아남을지 더욱 적극적 전략으로 영상산업의 세를 키워나갈지 지켜봐야 할 시기이다.

현재 영화산업의 도전은 영화 유통의 다변화이다. 넷플릭스로 대변되는 OTT(Over The Top)산업의 부상은 기존 영화산업에 큰 경쟁자로 등장하고 있다. 영화관 배급을 기반으로 하는 영화산업에 이제 OTT 전용 개봉 영화가 늘어나고 있고, 보수적인 영화계에서도 OTT와 인터넷 개봉 영화를 정식 영화로 점점 인정하는 분위기가 퍼지고 있다. 세계 유수 영화제는 물론 아카데미 시상식까지도 이에 부응하여 OTT 개봉 영화를 포함하는 방향으로 선회하고 있다. 특히 2020년 코로나 팬데믹의 위기 속에서 영화산업은 급속도로 위축되는 반면 현재 OTT 시장은 반사 이익을 누리고 있다. 이와 같은 영화산업의 다변화와 새로운 도전은 21세기 영화산업의 변화를 예고하고 있다.

1 영화 유통 시장의 다변화와 OTT산업

넷플릭스는 21세기 영상 콘텐츠 시장의 새로운 지평을 연 거대한 물결로 주목을 받고 있다. 미국의 DVD 대여 업체로 시작한 넷플릭스는 기존 대여 사업에 새로운 기술을 접목하면서 오늘날 같은 혁신 기업으로 성장하였다. 90년대 말 넷플릭스는 DVD 대여 사업을 운영하면서 이용자들의 데이터를 모으고 요구를 파악하여 DVD

를 추천하는 서비스를 제공하면서 성장하기 시작하였다. 이런 사업 운영 방식은 오늘날까지 이어지는 넷플릭스의 서비스 기반이 되고 있다. 넷플릭스는 2007년부터 DVD 대여사업에서 스트리밍 서비스로 전환하게 되는데 새로운 기술 발전에 적응하고 이를 사업에 적극적으로 적용한 결과 오늘날과 같은 선두 기업으로 우뚝 서게 되었다. 흔히 미국 최대 DVD 대여업체 블록버스터비디오가 새로운 시대적 요구와 기술에 적응하지 못하고 패망한 것과 넷플릭스가 흔히 비교되곤 한다. 2010년대부터 넷플릭스는 글로벌 공략을 본격화하고, 현재 북한과 중국 같은 특수한 나라만 빼고는 전 세계 유통망을 가지고 사업을 확대해 나가고 있다.

넷플릭스가 2020년 발표한 2019년 실적에 따르면, 2018년 대비 분기 매출은 30.6% 증가한 55억 달러(6조4200억 원), 유료 구독자는 21% 증가한 1억 6700만 명을 기록했다. 넷플릭스가 2002년 나스닥 상장 직후 2003년 회원 수 100만 명을 돌파한 이후 16년 만에 유료 회원수 2억명을 목전에 두고 있는 셈이다. 세계적인 투자증권사 크레디트 스위스는 넷플릭스의 기업가치가 가입자수로 결정된다고 보고 2028년까지 향후 10년간 넷플릭스의 가입자수는 3억 3천 500만 명에 이를 것이라 예상하기도 했다. 이제 코로나 팬데믹으로 넷플릭스의 성장은 더욱 가속화 될 것이라는 전망이 높다.

넷플릭스의 성공 비결은 전 세계적 규모의 네트워크와 콘텐츠의 힘에서 찾을 수 있다. 첫째, 네트워크 측면에서 현재 넷플릭스는 전 세계 190국에 서비스를 제공하고 있으며 미국을 제외하고도 1억명의 전 세계 가입자를 확보하고 있다. 지역별로 보면 북미 6,766만 명, 유럽·중동·아프리카 5,178만 명, 중남미 3,142만 명 아시아 1,623만 명의 가입자를 보유하고 있다. 전년도 한해 증가율도 유럽·중동·

아프리카 지역에서는 442만 명, 중남미 204만 명, 아시아 175만 명으로 가파른 증가세를 보이고 있다. 넷플릭스는 세계 전역에서 일일 시청시간이 1.25억 시간에 달하고 있다. 이를 뒷받침하기 위한 대용량 동영상 트래픽으로 오픈 커넥트(Open Connect) 방식을 채택하여 넷플릭스의 광범위한 동영상 트래픽을 처리한다. 넷플릭스의 트래픽 중 약 90%는 오픈 커넥트와 넷플릭스 회원들이 인터넷 접속에 사용하는 ISP 사이의 직접 연결을 통해 전달된다. 최고 트래픽이 초당 수십 테라 바이트에 달하며, 세계에서 가장 많은 트래픽 양을 처리하는 네트워크이다.

둘째, 넷플릭스의 가입자가 늘고 있는 또 다른 원인은 콘텐츠의 힘에 있다. 넷플릭스는 플랫폼 사업자로서 다량의 콘텐츠를 보유함은 물론 오리지널 콘텐츠를 제작하여 최근 고객 확보 전략으로 삼고 있다. OTT 플랫폼 중에 자체 오리지널 콘텐츠를 제작하는 기업으로는 단연 넷플릭스가 독보적이다. 또한 넷플릭스는 글로벌하게 세력을 넓히면서 각국에서 로컬리제이션 전략을 통해 오리지널 콘텐츠를 제작하고 있다. 넷플릭스가 자제 제작한 '기묘한 이야기'는 넷플릭스 자체 시리즈 드라마 중 가장 많은 구독자를 보유하고 있다. '기묘한 이야기'는 2020년 7월 기준 6,400만 명, 영화 '버드박스'는 8,000만 명이 시청했다고 보고되고 있다. 또한 한국 시장에 진출하면서 로컬리제이션을 통해 제작한 <옥자>, <킹덤>, <좋아하면 울리는> 등은 넷플릭스 제작 오리지널 콘텐츠로 국내 가입자를 늘려갔다.

넷플릭스 글로벌 네트워크 중에서 아시아는 가장 늦게 합류하였고, 실적 또한 다른 지역에 비해 낮은 것으로 평가된다. 넷플릭스가 처음 아시아에 진출한 곳은 일본이며 2015년 9월 사업을 시작하였다. 2011년부터 일본 진출을 기획하고 콘텐츠를 모으기 시작하였고, 소프트뱅크와 전략적 제휴로 앱을 자동 탑재하면서 일본에서 사업을 시작하였다. 후지 TV와 전략적 제휴를 통해 콘텐츠를 확보하고 다른 통신사와도 제휴를 확대하면서 사업을 확장했지만, 전반적으로 일본에서 실적은 그리 성공적이지 못한 것으로 평가된다. 진출 당시부터 이미 훌루가 일본 OTT시장을 선점하고 있었고, 넷플릭스가 기치로 건 오리지널 콘텐츠도 일본에서는 크게 성공하지 못하였다. 이에 넷플릭스는 2017년부터는 일본 애니메이션에 특화하여 제작 투자와 라이센싱 확보를 넓히면서 가입자를 점차 늘려가고 있지만 다른 지역에 비해 실적은 저조한 편이다.

한국의 경우 넷플릭스는 2016년 8월에 진출했지만, 한국에 넷플릭스를 알린 것은 봉준호 감독 영화 <옥자>에 넷플릭스가 투자하면서부터이다. 이미 2015년부터 <옥자>에 투자를 시작하여 2017년 개봉하게 된다. 애초 스트리밍 개봉을 전제로 한 <옥자>는 한국 영화관에서 제한 상영(limited release)을 하였다. 영화 <옥자>는 우리나라에서 영화관 이외의 영화 개봉 방식에 대한 많은 논쟁을 불러일으켰고, 영화관들이 상영을 거부하는 사태에까지 이르기도 하였다. 이러한 우여곡절에도 불구하고 <옥자>가 일으킨 홍보 효과로 한국에서 넷플릭스 가입자는 두 배 이상 가파르게 증가하였다. 현재(2020년 5월 기준) 월간 640만 이용자를 확보하고 있다. 이는 국내 OTT 선두 주자인 지상파 3사 협의체인 웨이브를 두 배 정도 앞지른 숫자이며 넷플릭스가 국내 시장의 대세가 되었다.[1]

---

1 조선일보 2020. 06. 17 "넷플릭스에 두달만에 무릎 꿇었다, 토종 연합군 '웨이브'"

한국에서 넷플릭스는 제작비 투자, 라이센싱, 지분 투자, 제휴 방식으로 콘텐츠를 확보하고 있다. 넷플릭스는 2016년 한국에 진출하면서 케이블 업체 LG헬로비전(400만 명)과 딜라이브(200만 명)와 전략적 제휴를 맺었고 2018년에는 LG유플러스(가입자 436만 명)와 독점 계약을 맺었다. 마침내 2020년에 KT 올레TV(가입자 738만 명)와 제휴를 맺게 되면서 이제 케이블과 IPTV 가입자의 70%가 넷플릭스의 이용 대상이 되었다. 제작 투자로 넷플릭스는 '사랑의 불시착'(tvN), '이태원 클라쓰'(JTBC), '더킹-영원한 군주'(SBS), '슬기로운 의사생활'(tvN), '하이에나'(SBS), '미스터 선샤인'(tvN), '동백꽃 필 무렵'(KBS) 등에 투자했다. 지분 투자로는 CJ E&M의 스튜디오 드래곤 지분 4.99%를 인수하기도 했다. 또한, 2019년 11월 넷플릭스와 CJ E&M, JTBC는 3년간 20여 편의 콘텐츠 제휴를 맺었다.

이와 같이 넷플릭스가 다양한 방식으로 한국에 사업 전략을 쏟아붓고 있는 것은 한국을 아시아 진출의 교두보로 삼고자 하기 때문이다. 앞서 설명했듯이 아시아 시장은 다른 지역에 비해 사업 성과가 낮고 다른 OTT 업체와의 경쟁도 치열한 지역이다. 그럼에도 불구하고 넷플릭스가 한국에 선제적인 투자를 하고 오리지널 콘텐츠 제작에 적극적인 이유는 한류에 힘입은 아시아 시장의 교두보로 판단한 데서 기인한다. 넷플릭스가 원래 아시아의 거대 시장 중국에 관심이 컸지만 주지하다시피 중국은 해외 플랫폼 사용을 금지하고 있기 때문에 직접 진출이 불가능하다. 이에 넷플릭스는 한국을 대안으로 보고 아시아에 영향력을 확대시키기 위한 전략으로 삼고 있다.

<표 6.2>는 아시아 여러 나라에서 넷플릭스 시청 순위를 나타

표 6.2 • 아시아 넷플릭스 순위(2020년 3월)

	싱가포르	대만	태국	홍콩	말레이시아	필리핀
1	사랑의 불시착	이태원 클라쓰	이태원 클라쓰	이태원 클라쓰	Fifty Shades Freed	사랑의 불시착
2	이태원클라쓰	킹덤	킹덤	사랑의 불시착	사랑의 불시착	킹덤
3	킹덤	사랑의 불시착	사랑의 불시착	킹덤	이태원 클라쓰	이태원 클라쓰
4	Fifty Shades Freed	하이바이, 마마	Fifty Shades Freed	하이바이, 마마	킹덤	Fifty Shades Freed
5	하이바이, 마마	슬기로운 의사생활	투씨와 가짜 슈퍼스타	100인, 인간을 말하다	하이바이, 마마	하이바이, 마마
6	검은돈	얼터드카본: 리슬리브	하이바이, 마마	Fifty Shades Freed	Pitch Perfect3	판데믹: 인플루엔자와의 전쟁
7	Pitch Perfect3	Fifty Shades Freed	Dew	얼터드카본: 리슬리브	스페셜 컨피덴셜	종이의 집
8	슬기로운 의사생활	하이에나	스페셜 컨피덴셜	슬기로운 의사생활	93데이즈	Pitch Perfect3
9	보스베이비, 돌아온 보스	낭만닥터 김사부	슬기로운 의사생활	원스어폰어타임 할리우드	검은돈	93데이즈
10	퍼시픽림, 업라이징	원스어폰어타임 할리우드	더 플랫폼	연애실험: 블라인드 러브	판데믹: 인플루엔자와의 전쟁	스페셜 컨피덴셜

자료: 넷플릭스

내는데, 각국에서 상위 순위 중 최소 5개는 공히 한국 드라마가 차지하고 있다. 한국에서 인기를 끈 드라마는 중화권과 일본, 동남아에서 여지없이 높은 순위를 보이고 있어 넷플릭스는 한국에 대한 투자를 확대해 가고 있는 것이다. 위 표의 모든 국가 상위 순위에 포함되는 <킹덤>은 넷플릭스 오리지널 콘텐츠로 200억 원을 투자하여 자체 배급하는 콘텐츠이다. 2020년 시즌 2까지 제작되어 각국에서 뜨거운 호응을 일으키고 있다. 회당 15억 원 제작비 투자로 소위 K-좀비라는 새로운 장르를 개척하였으며 조선시대를 배경으로 좀비를 등장시킨 독특한 아이디어로 해외에서도 호평을 받고 있다.

이와 같이 넷플릭스는 제작비를 꾸준히 늘려가고 있다. <그림 6.1>은 넷플릭스의 투자 추이를 보여주고 있다. 현재 미디어 환경이 변하고, 기존 매체들의 산업적 성과가 떨어지면서 너도나도 넷플릭스와 전략적 제휴를 맺어 콘텐츠 유통의 새로운 활로를 찾으려고 하고 있다. 이에 대해 기대반 우려반이 상존하는 것이 현실이다.

넷플릭스가 전 세계를 무대로 세력을 확대하고 있지만, 넷플릭스 또한 도전에 직면해 있다. 넷플릭스가 오늘날과 같은 OTT산업의 선두주자로 설 수 있게 된 원인은 4차 산업혁명 연관 기술을 적극적으로 도입하면서 미디어의 변화의 시대적 요청에 빠르게 적응했다는 점에 있다. 넷플릭스가 일개 DVD 체인에서 오늘날 같은 OTT의 선두주자로 자리 매김한 것은 신기술을 과감한 도입하고 변화에 적응했기 때문으로 평가 받는다. 4차 산업혁명 산업의 특성을 살리고 연관 기술을 미디어에 적용함으로써 오늘날 같은 성장을

그림 6.1 • 넷플릭스 제작 투자 추이 (단위: 억달러)

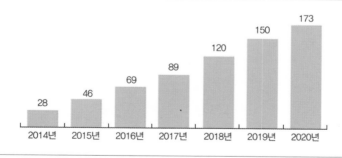

자료: 넷플릭스 IR, 머니투데이 2020. 08. 04.

이룬 것이다. 넷플릭스는 영상 콘텐츠 유통과 제작을 선도하면서도 내부 업무 담당자들을 감독이나 프로듀서라는 용어 대신 테크니션이라는 용어를 즐겨 쓸 정도로 기술에 의존하고 있다.

넷플릭스가 활용하는 최대 기술은 빅데이터이다. 넷플릭스는 DVD 체인 시절부터 소비자 니즈에 부합한 서비스 제공을 모토로 하고 있고, 이를 위한 데이터 관리는 절대적 역할을 해왔다. 이제 넷플릭스의 사업 영역이 넓어지면서 더욱 소비자 니즈에 다가가기 위한 전략을 개발하는데 micro tracking 기술이 이에 해당한다. 이는 소비자를 더욱 작은 단위로 쪼개고 추적하여 니즈를 예측하는 기술을 말한다. 여기에 빅데이터 기술은 절대적 역할을 한다. 넷플릭스에서는 양자 역학 기술로 소비자들의 니즈를 파악하여 추천 알고리즘을 개발하고 있다. 이중 가입자를 관리하는 시네매치 알고리즘은 80%의 적중률을 보인다고 자랑하고 있다.

또한 넷플릭스는 멀티호밍(Multihoming) 기술을 개발하여 기존 셋업 박스 기반의 OTT를 다양한 미디어 환경 기반으로 확대 적용하고 있다. 2008년부터 게임 콘솔인 Xbox360, 플레이스테이션 3, 블루레이 플레이어, TV 셋톱 박스와 연동 기술을 개발하여 스트리밍 서비스를 제공하면서 가입자를 확대하는 데 성공하였다(송민정 2016). 또한, API(Application Programing Interface)를 통해 외부 플랫폼에 탑재가 가능하게 하여, 모바일과 IPTV, 컴퓨터 기반의 거의 모든 미디어를 통해 넷플릭스 이용이 가능하게 하였다. 멀티호밍 기술은 날로 글로벌화되는 넷플릭스 사업 확장에 최대 이점 중 하나로 역할하고 있다.

이와 같은 넷플릭스의 데이터 기반의 사업 운용은 소비자 관리에 그치지 않는다. 넷플릭스는 콘텐츠를 제작할 때도 빅데이터를 이용하여 데이터 기반의 콘텐츠 기획을 주도한다. 넷플릭스가 사업을 확장하게 되면서 2011년 오리지널 콘텐츠 제작을 시작할 때도 빅데이터를 통해 가입자들의 선호도를 분석하여 제작을 기획하게 된다. 2011년 빅데이터 분석 결과 최고 선호 배우가 케빈 스페이시, 최고 선호 감독은 데이비드 핀처 감독으로 분석되어 이들을 기용하여 최초 오리지널 콘텐츠 <하우스 오브 카드(House of Cards)>를 제작하게 된다. 두 개 시즌 제작에 1억 달러를 투자한 결과 성공을 거두었다. 이에 자신감을 얻은 넷플릭스는 제작비를 지속적으로 늘려가면서 오늘날과 같이 오리지널 콘텐츠 제작에 매진하게 된 것이다.

현재 한국에서 넷플릭스 가입자가 확대되는 이유로 한달 무료 이용이 꼽히기도 하는데, 이는 단순히 홍보 수단에 그치지 않는다. 넷플릭스 입장에서는 한달 무료 시청의 혜택을 제공함으로써 소비자의 선호와 추이를 파악할 수 있기 때문에 홍보 가치보다 데이터 가치를 더 높게 평가하여 무료 이용 서비스를 제공하는 것이다. 넷플릭스는 광범위한 한국 미디어 수용자들의 선호도와 취향을 파악하여 소비자 관리와 제작을 위한 빅데이터 자료로 활용하기 위해 한달 무료체험을 제공하는 사업 전략을 사용하고 있는 것이다. 이것이 데이터 가치와 더불어 가입자 확대의 홍보 수단으로도 역할을 하고 있으니 사업자로서는 일석이조의 효과를 보는 것이라 말할 수 있다.

이와 같이 4차 산업혁명 기반의 새로운 기술을 미디어에 활발하게 도입하는 넷플릭스의 사업 방식이 성공의 견인차가 되어왔지만 또 약점으로 작용할 수도 있다. 넷플릭스의 지나친 기술 의존도는 예측치를 비껴가는 상황에 직면하면 적응을 어렵게 만든다. 특히 넷플릭스가 글로벌하게 확대되면서 로컬리제이션 전략을 구사하고 있는데 여전히 데이터 기술에 의존하기 때문에 실패하는 경우가 자주 발생하게 된다. 아시아 최초로 진출한 일본의 경우가 대표적인 사례인데, 일본에 2015년 진출하면서 역시 빅데이터 기술에 의존하여 사업을 관리하고 오리지널 콘텐츠를 기획·제작하였지만 성공을 거두지 못하였다. 아시아권의 다른 나라에서도 사업을 확대하고 있지만 다른 지역에 비해서 아시아에서 사업성이 낮은 이유도 이런 지나친 기술 의존성에 기인한다는 분석이 가능하다.

넷플릭스가 기술에 의존하면서 간과하고 있는 것은 영상 콘텐츠의 문화재로서의 성격이다. 기술은 보편적 원리를 따르기 때문에 문화적 맥락을 파악하는 데 한계가 있다. 영상 콘텐츠산업은 보편적인 원리로 작용하지 않고, 문화적 배경과 문화적 배양(cultivation)이라고 하는 측면이 크게 작용한다. 앞서 예시했듯이 할리우드 영화는 보편적 원리로 세계 영상 시장을 재패한 문화재의 승자로 기록되는데, 넷플릭스는 영화관을 중심으로 한 할리우드 영화와는 다른 미디어 환경이라는 점을 상기할 필요가 있다. 영화관이 특수한 공간으로 관객을 이끌어 2시간여 동안 환상의 세계로 이끄는 것에 비해 넷플릭스는 일상 공간에서 수용되는 플랫폼 형태이므로 문화적 환경이 보다 크게 작용하게 된다.

일본에서 넷플릭스가 성공하지 못한 것도 일본 미디어 수용 문화 환경에서 넷플릭스 기술이 제대로 작동하지 못한 결과라 할 수 있다. 넷플릭스가 처음 글로벌화에 나선 캐나다에서 큰 성공을 거두고 유럽으로 확장하면서 거둔 성공은 사실 문화적 공통점이 작용한 결과이다. 이후 중동을 거쳐 아시아에 진출하면서 넷플릭스의 표준화된 사업 방식과 로컬리제이션 전략이 제대로 작동하지 않게 된다. 2015년 일본에 진출할 때 2011년부터 데이터를 수집하면서 표준화된 방식으로 사업을 준비하였다. 그러나 넷플릭스의 빅데이터 예측대로 일본 수용자들은 움직여 주지 않았다. 일본의 생활양식에 넷플릭스 사업 양식이 잘 맞아 떨어지지 않았으며 기존 미디어에 대한 충성도가 높은 일본 수용자들에게 넷플릭스 오리지널 콘텐츠는 외면을 받게 된 것이다. 똑같이 빅데이터를 통해 소비자 니즈를 파악하고 콘텐츠를 제작하였으나, 일본의 문화 환경과 거리가 있는 보편적 원리가 작용하지 않아 서구와는 다른 결과가 나타난 것이다. 기술에 의존한 넷플릭스의 사업 방식이 아시아에서 난관에 부딪히는 것은 어찌 보면 당연하다고 할 수 있다.

현재 한국에서 넷플릭스는 미디어의 지평을 바꾸어 놓은 새로운 도전으로 인식되고 있지만 넷플릭스 자체의 평가는 유보적이다. 2016년 한국에 진출할 때도 빅데이터 분석에 의해 사업을 준비하고 데이터 결과에 따라 봉준호 감독의 <옥자>에 579억을 2015년부터 투자하기 시작하였다. 한국에 진출한 이후 넷플릭스는 케이블, IPTV와 제휴를 맺어 멀티호밍으로 영역을 넓히고, 한국 방송사, 제작사와 제휴를 통해 라이센싱과 제작 투자를 넓혀가고 있다. 한국의 오리지널 콘텐츠 <킹덤>은 한국 뿐 아니라 아시아 및 세계에서 큰 반향을 일으키면서 넷플릭스의 영향력 확대에 기여했다. 이런 성과에 대해 한국 영상산업 관계자들은 많은 우려를 표명하고 있지만 정작 넷플릭스는 유보적인 반응을 보인다. 넷플릭스가 개별 콘텐츠에 대한 수익이 아니라 가입자 수를 통해 수익을 상정하므로 아직 한국의 가입자 수, 또 아시아 가입자 수를 합산하더라도 다른 지역에 비해 저조한 편이라는 이유에서다. 넷플릭스 입장에서는 앞으로 성장 가능성을 위해 아시아와 한국에 투자를 계속하겠지만 미래 전망이 낙관적인 것만은 아니라는 입장이다.

현재 넷플릭스가 부딪히고 있는 가장 큰 위협은 경쟁에 있다. OTT 분야의 선두주자로 개척기 동안 기하급수적으로 사업 확장을 이루어 왔지만, 이제 OTT 시장은 레드오션이라고 할 만큼 경쟁이 치열한 분야가 되었다. 우선 최대 콘텐츠 아카이브를 자랑하는 아마존 비디오는 온라인 유통의 최강자라는 장점을 살려 아마존 프라임 비디오 서비스를 제공하고 있다. 이에 더해 영상의 세계적 패권을 자랑하는 할리우드가 가만히 보고만 있을 리 없다. NBC Universal, News corporation, Disney가 합자한 훌루(HULU)가 2007년 OTT 사업을 시작하게 된다. 이후 2019년 21세기 폭스가 디즈니에 합병되면서 이제 디즈니가 디즈니 플러스라는 OTT 사업을 개시하여 2강 체제로 자리매김 하고 있다. 디즈니의 최대 장점은 콘텐츠의 힘이며, 자체 보유 콘텐츠로 넷플릭스의 입지를 위협하고 사업을 글로벌하게 확대하고 있다. 애플 플러스도 2019년 말 후발주자로 OTT 시장에 뛰어들었다.

더불어 각 국가의 자체 OTT산업도 활발히 전개되고 있다. 우리나라의 경우 국내 최대 OTT 사업자는 웨이브로 지상파 3사 연합 플랫폼 푹(POOQ)과 SK텔레콤의 옥수수(oksusu)를 결합하면서 2019년 9월 출범했다. 그외 CJ와 JTBC 합자 회사인 티빙이 있다. 웨이브는 넷플릭스를 견제할 포부로 출발했지만 2020년 5월 월간 활성이용자(MAU)는 346만 4,579명으로, 지난해 11월의 402만 3,722명보다 13.9% 감소했다.[2] 2019년 10월 넷플릭스보다 월간 이용자가 379만 명대로 342만 명을 기록한 넷플릭스보다 37만 명

---

2 조선일보. 2020. 06. 17 "넷플릭스에 두달만에 무릎 꿇었다, 토종 연합군 '웨이브'"

더 많았지만 1년 사이 넷플릭스의 절반 수준(54%)으로 감소한 것이다. 티빙 가입자가 같은 기간 2배 증가한 것과도 대조를 이룬다.

OTT 시장은 제작에 많은 투자를 쏟아 붓지 않아도 영상 콘텐츠에 대한 부가적인 유통망이 되어 새로운 이윤을 창출하는 고부가가치산업으로 날로 늘어날 수밖에 없고 경쟁도 치열할 수밖에 없는 분야라고 할 수 있다. 또 그 만큼 새로운 아이디어와 운영 체제가 도입되지 않는 한 네트워크를 기반으로 한 플랫폼 사업 성격상 독점화 경향을 보이기 때문에 도태되고 실패하기도 쉬운 분야이기도 하다. 웨이브의 경우는 지상파 텔레비전의 기존 사업 방식에서 벗어나지 못하고 단순 방영 방식을 고수하고 있기 때문에 대량의 국내 콘텐츠를 보유하고 있는 장점이 있지만 새로운 기술 도입이나 사업 방식을 개발하지 않는 한 경쟁력을 갖기 어렵다. 글로벌한 콘텐츠의 확보와 추천 알고리즘의 개발 등 미디어 환경에 따라 변화하는 기술 도입과 새로운 거버넌스를 도입해야 하는 과제가 국내 OTT산업에 요구되고 있다.

2 한국 영화산업의 변화와 도전

한국 영화산업은 세계에서 유래를 찾아 볼 수 없는 성공적 사례로 각국의 부러움을 사왔다. 세계가 할리우드 영상 문화에 재패 당하는 상황에서 한국은 유독 자국 영화 점유율이 높은 시장이다. 할리우드에 맞서 가장 강력한 보호 정책을 실시한다는 유럽의 국가들도 자국 영화 시장 점유율이 프랑스가 30% 그 외 국가는 10%대에 그치고 있다. 남미, 캐나다, 아시아, 아프리카, 오세아니아 6대주를 통틀어 자국의 영화 시장 점유율이 절반을 넘는 곳은 인도 같은 특수한 경우를 제외하고는 한국이 거의 유일한 경우이다. 한국 국내 영화 점유율은 50%를 넘으며 시기에 따라 70%를 이루기도 하고 있다.

　한국 영화가 이와 같이 신기록을 세우게 된 원인으로 영화계는 스크린 쿼터 정책을 꼽고 있다. 스크린 쿼터는 모든 영화 스크린에서 1년에 146일 이상 국산 영화를 상영해야 한다는 규정이다. 성수기에는 가산점을 주기 때문에, 이를 감안하면 1년에 106일 이상은 한국 영화를 방영해야 한다는 것이다. 즉, 1년 중 3분의 1은 한국 영화를 상영해야 하는 것으로 국산 영화에 대한 매우 강력하고 직접적인 보호 정책이 된다. 스크린 쿼터 정책이 한국 사회에서 사회운동으로 번진 것은 한미 FTA 협정을 시작하면서 스크린 쿼터에 대한 축소 요구가 시작되었기 때문이다. 미국영화협회(MPAA) 회장인 잭 발렌티가 미 상무장관과 스크린 쿼터 폐지를 요구하기 위해 한국을 방문하여 김대중 대통령과 면담을 나눈 다음에 1999년 6월 광화문 한복판에서는 영화인들이 모여 격렬한 시위와 함께, 100여 명의 영화인들이 삭발을 감행하는 의식을 치렀다. 미국영화협회는 한국 영화 시장 개방을 위해 정부에 끊임없는 로비를 벌여왔다. 미국측에서는 스크린 쿼터를 90일 정도로 줄이고 연차적으로 줄여나가 궁극적으로 폐지해야 한다는 주장을 벌였다.[3] 미국의 주장에 대해 한국 영화인들은 하루도 양보할 수 없다는 입장으로, 할

---

3 조선일보, 2003. 1. 21, "스크린 쿼터제, 한미 투자협정 새변수," 동아일보, 1998. 8. 31, "스크린 쿼터 일수 축소 검토,"

리우드가 세계 영화 시장을 재패하고 있는 현실에서 자국 보호 정책이 없는 한 할리우드와 경쟁할 수 없는 불공정 경쟁의 구조 때문에 스크린 쿼터는 불가피하다는 주장이다.

양측의 입장이 팽팽한 가운데, 한국의 경제 관료들은 한미투자협정의 성사를 위해서 스크린 쿼터를 양보하는 게 국익에 부합하다는 주장을 내놓았다. 경제계는 한국 영화가 이미 50% 점유율을 넘는 자생력을 가진 것으로 보고, 스크린 쿼터가 없어도 관객의 선택에 의해 한국 영화는 성장할 것이라고 전망했다. 또한 스크린 쿼터라는 걸림돌을 제거하여 한미투자협정을 체결하면, 3조 달러의 경제적 파생 효과가 생기기 때문에 스크린 쿼터는 축소되어야 한다는 주장을 펼치기도 했다. 한편 영화계는 스크린 쿼터를 하루라도 양보하기 시작하면, 한국 영화는 사멸할 것이라는 입장으로 맞섰다. 영화 배급은 단순히 경제적 법칙에 의해 이루어지지 않고, 힘의 원리가 작용하므로, 관객이 아무리 한국 영화를 원한다고 해도 보호장치가 없는 한 배급의 기회조차 박탈당하여 한국 영화는 사멸할 수밖에 없다는 주장이다.

두 개의 상이한 입장이 절충점을 찾지 못하면서, 영화계는 강력한 정치적 저항을 감행하였다. 삭발과 시위, 스크린 쿼터 사수를 위한 문화 연대를 동원하여, 스크린 쿼터 문제를 미국의 제국주의 정책으로 규정하고 할리우드에 대항하기 위해 국제적 협력을 촉구하였다. 1999년 WTO 시애틀 회의에서도 각종 세미나와 시위를 조직하여 자유 무역의 '문화적 예외 조항'을 영화에 반영하는 것에 유럽과 연대를 촉구했다. 2000년에는 프랑스 의회의 초청으로 한국 영화계 인사들이 스크린 쿼터의 정당성에 대해 연설을 하기도 하였다(스크린 쿼터문화연대, 2000). 부산국제영화제에서는 해마다

200여 개 국가의 영화 인사들과 함께 스크린 쿼터 사수와 지지의 집회를 가졌으며, 2003년에도 프랑스 영화제 때 프랑스 영화계 인사들은 기자 회견을 열어 한국의 스크린 쿼터에 지지를 보내왔다. 이와 같이 국내, 국제적으로 다양하고 조직적인 문화 운동에도 불구하고, 결국 한미 FTA 협정이 체결되면서 스크린 쿼터는 반으로 줄어 2006년부터 73일로 축소하게 되었다.

한국 영화의 최대 보호 정책인 스크린 쿼터 정책이 유명무실할 정도로 축소되었음에도 불구하고 그 후 15년간 한국 영화의 국내 점유율은 줄어들지 않았고 50% 이상의 점유율을 유지하고 있다. 경제계가 주장하는 스크린 쿼터 정책의 무용론을 확인시켜주는 것 같지만, 한국 영화산업의 구조조정에서 그 이유를 찾을 수 있다. 한국 영화는 새로운 체질 개선으로 영화산업의 위기를 극복하고자 하였는데, 그 돌파구가 된 것이 소위 한국형 블록버스터의 제작이다. 한국형 블록버스터는 말 그대로 할리우드의 블록버스터를 모방한 개념으로 할리우드 시스템을 영화산업에 도입하는 것이다. 한국 영화산업이 스크린 쿼터 정책을 수호하면서 할리우드에 저항하였는데, 실제 한국 영화산업의 변화는 할리우드 시스템의 도입으로 변화한 것이다. 한국형 블록버스터는 현재까지 한국 영화산업의 기반으로 이어져 오고 있는데, 스크린 쿼터 정책의 퇴보에도 불구하고 국내 영화 시장 점유율 확대라는 성과를 가져오기도 하였지만 동시에 독과점과 다양성 쇠퇴의 많은 논쟁점을 불러 일으켰다.

블록버스터는 통상 막대한 자본 투자와 화려한 시각 효과를 자랑하는 영화를 지칭한다. 배급의 측면에서도 이들은 광역 개봉(wide release) 방식으로 전국 스크린을 독식하면서 동시 개봉하는 물량적 우월성을 확보한다. 한국형 블록버스터는 1997년 영화 <자귀모>가

"한국형 블록버스터"라는 용어를 표방하면서 시작되었지만, <쉬리>에서 시작되었다고 해도 무방하다. <쉬리>는 당시 배급 시스템에서는 놀랄만한 관객 동원을 기록하여 71개 극장에서 동시 개봉하여 600만 명의 관객을 동원하였다. 이후 멀티플렉스 시대를 맞으면서 소위 천만 관객 시대를 열었다. 최초로 <실미도>가 300개 스크린에 개봉되면서 천만 관객의 역사를 쓰게 되었고, 이후 <태극기 휘날리며>가 전국 400개 스크린에 동시 개봉되면서 천만 관객을 동원하였다. 이제는 광역 개봉의 규모가 달라져 <신과 함께>가 1,800개 이상 스크린을 독식하다시피 하면서 1,400만 이상의 관객 몰이를 하였다.

한국형 블록버스터 영화는 한국 영화산업의 구도를 변화시켰다. 영화의 제작, 배급, 상영의 영화산업 3차원의 전반적인 변화를 가져왔는데 가장 큰 변화는 배급 구조의 변화이다. 과거 한국의 영화산업은 전국에 산발한 군소 극장들이 영화 배급을 좌지우지하였기 때문에, 할리우드 방식의 배급사의 영향력은 상대적으로 적었다. 우리 영화계는 배급사의 영세성과 산발성으로 한국 영화산업의 발전을 저해했다는 비판이 있지만 또 한편으로는 이것이 오히려 한국 영화 시장에서 할리우드의 독점적 영향력을 막는 데 일익을 담당했던 점도 있다. 할리우드의 시장 전략이라는 것이 산발적 영화사들의 군소성, 비효율성으로 성과를 내기 힘들었고, 그것이 미국 측의 불만을 사기도 하였다. 미국 직배 제도의 도입 시기에 뱀을 풀어 놓는 영화사들의 무지막지한 반발에 부딪치면서 감행했지만, 1987년 직배 제도 도입 후에도 미국 측은 그들이 원하는 만큼의 소기의 성과를 보지 못하였는데, 이와 같은 한국 영화 배급 시스템의 특수성 때문이었다.

2000년대 들어 한국 영화 시장의 배급 시스템의 변화는 급격하게 이루어졌다. 대기업이 영화산업에 뛰어들었고, 기존 영화사가 전국 극장과 손을 잡고 전국 배급망을 장악하게 되면서, 한국의 영화 시장의 배급 시스템도 할리우드와 유사한 소위 메이저 시스템으로 재편하게 된 것이다. 한국 영화 배급은 과거 15년 동안 CJ가 부동의 1위로 배급의 독점적 위치를 확보하기에 이른다. 메이저 배급사 3사가 한국 영화계를 독식하다시피 하는 구조를 보인다. 최근에는 할리우드 영화의 인기로 외국 배급사가 급속히 우위를 차지하는 변화를 보인다.

<표 6.3>에서 보듯이 CJ는 한국 개봉 영화의 20% 배급을 담당하면서 2위와 큰 격차를 벌여왔다. 과거 15년 동안 부동의 1위를 차지했던 CJ는 2018년 롯데에 역전 당하고 마침내 2019년에는 해외 직배사 디즈니에 1위 자리를 내주게 된다.

2000년대 들어 한국 영화 배급의 독점적 위치를 확보한 대재벌 계열 기업인 CJ 엔터테인먼트는 한국 영화 시장을 할리우드와 비

표 6.3 · 한국 영화 배급 점유율(2015~2019)

순위	2015년			2016년			2017년			2018년			2019년		
	배급사	상영편수	관객점유율(%)	배급사	상영편수	관객점유율(%)	배급사	상영편수	관객점유율(%)	배급사	상영편수	관객점유율(%)	배급사	상영편수	관객점유율(%)
1	CJ	26	22.9	CJ	24	17.4	CJ	25	15.1	롯데	16	17.1	디즈니	16	27.3
2	쇼박스	11	17.1	쇼박스	10	13.6	롯데	18.5	11.4	디즈니	12	13.9	CJ	14.5	22.7
3	디즈니	9	11.6	디즈니	10	12.3	쇼박스	7	10.7	CJ	17	13.3	롯데	23.5	7.9
4	폭스	16	9.4	워너	13	10.3	디즈니	13	9.1	NEW	22	9.7	NEW	20.5	5.8
5	UPI	32	8.6	폭스	14	9.6	UPI	22	9.0	워너	15	8.7	워너	18	5.6
기타		1,181.0	30.4		1,594	36.8		1,762.5	44.7		1,878	37.3		2,916.5	30.6
합계		1,275	100.0		1,665	100.0		1,848	100.0		1,960	100.0		3,009	100.0

자료: 영화진흥위원회 2019

숫한 시스템으로 변화시키게 된다. 이는 자본 규모뿐 아니라, 기업 활동도 할리우드와 유사하게 수직적 계열화를 통한 독점 사업 구도를 형성하게 된다. 할리우드의 영화산업은 1920년대부터 구축된 메이저 중심의 독점 사업 체제를 유지 확장하고, 이 와중에서 수많은 법적 소송과 제제를 동시에 받아온 불공정한 기업 활동의 역사를 기록하고 있다. 1946년 소송에서 수직적 계열화가 독점방지법에 저촉된 것으로 대법원에서 판결되어, 배급과 상영을 분리시켜야 한다는 법적 제재를 받아 할리우드 영화산업에 타격이 가해지기도 하였다(Balio 1985: 449~62). 이와 같이 할리우드의 모델은 공정한시장 경쟁을 통한 사업이 아니라, 사실상 시장주의와 거리가 있는 구조적 문제를 지니고 있는 것이다. 현재 한국의 영화산업은 할리우드를 모델로 하여 재편되고 있다. 이와 같은 구조적 문제도 동시에 유입되고 있는 문제가 있다. 배급 체제의 변화는 할리우드적 효율성과 더불어 독점의 문제가 함께 구조화되는 결과를 낳게 되었다.

둘째, 영화산업의 변화는 상영 시스템에서도 찾을 수 있다. 한국 영화산업의 지각 변동은 멀티플렉스에 의한 상영 시스템의 변화에 기인한다. 1990년대 초반 강남 씨네하우스가 6개 스크린을 열어 복합 상영관의 시대를 열었지만, 본격적인 멀티플렉스의 시작은 1998년 CGV 11관의 개막에서 시작된다. CGV는 CJ가 호주의 빌리지 로드쇼와 홍콩의 골든하베스트사와 합자하여 CJ 골든빌리지사를 설립하여 300억 원을 투자하여 설립하였다. 이어 메가박스가 서울에 16개관을 연 데 이어 지방 도시까지 멀티플렉스의 시대가 열리게 되었다. 멀티플렉스의 3두 주자인 CGV, 롯데, 메가박스가 전국 극장 상영관을 보유하게 되면서 독과점 시대를 열게 된다. 이

에 CJ, 오리온, 롯데가 상영업을 독점하는데, 이들은 영화산업의
진출 이력이 모두 다르지만 수직적 계열화를 통해 제작, 배급, 상
영의 전 과정에 영향력을 확대하고 있다. CJ의 경우는 초기부터 제
작, 배급, 상영의 수직적 계열화로 영화산업에 뛰어든 경우이고, 오
리온과 롯데는 극장업으로부터 출발하였다. 멀티플렉스의 수직적
계열화는 기업의 입장에서는 위험 분산을 위한 전략으로 이점이 있
지만 사회 전체적으로는 영화산업의 독점 시장 구조의 공고화를 초
래하게 된 것이다.

<표 6.4>에서 보듯이 3사가 전체 영화 상영의 97%를 차지하는
독과점적 위치를 차지한다. 그 외 상영관이나 예술관은 전체의 3%
에도 미치지 못하는 것이다. 이중 CGV는 한국 전체 상영관의 50%
가까이를 점유하여 명실상부 독점적 지위를 유지하고 있다.

멀티플렉스는 관객을 극장으로 불러 모아 한국 영화산업의 파이
를 키우는 데 일등 공신으로 공헌한 측면이 있다. 멀티플렉스는 수
익 증가 외에도 한국 영화산업의 구조를 변화시키고 있다. 우선 가
장 눈에 띄는 변화는 할리우드와 같은 광역 개봉 방식의 보급이다.
영화 한편이 전국 1/5개 이상 스크린에 동시에 걸리는 광역 개봉
방식은 블록버스터 영화에 적합한 방식이다. 광역 개봉 방식에 의

표 6.4 · 영화 상영시장 집중도

	2015년	2016년	2017년	2018년	2019년
CJ CGV	50.6%	49.7%	48.7%	49.3%	49.5%
롯데시네마	29.9%	30.1%	30.0%	28.9%	29.1%
메가박스	16.6%	17.3%	18.3%	18.7%	18.6%
합계	97.1%	97.1%	97.0%	96.9%	97.2%

자료: 영화진흥위원회 2019

해 멀티플렉스에서는 2~3개의 소수의 영화가 스크린 대부분을 차지할 정도로 집중적으로 걸리고 인기가 적은 영화는 외면을 당하는 것이 현실이 되었다.

우리사회에 스크린 독과점 논쟁을 불러 일으켰던 영화 <괴물>이 전국 스크린의 40%를 차지했다는 비판에서 출발했는데, 이제는 <신과 함께>의 경우에서 보다시피 전국 2,900개 스크린에서 1,800~1,900개 스크린을 점유하면서 65%로 기록하여 독점 시장의 비판을 받게 되었다. 이제는 할리우드 대작이나 한국 블록버스터 영화가 개봉될 때마다 전국 스크린의 80%까지 싹쓸이 하게 되면서 스크린 독점론은 더 확대되고 있다. 과거 단일관 시절보다 멀티플렉스 시대 영화에 대한 선택권이 더 감소된다는 우려가 현실이 된 셈이다(김소영 2001: 7~13, 2003: 50~2; 허문영 2003: 36~9).

광역 개봉방식에 따른 부작용으로 소위 다양성 영화들은 개봉후 2~3일만에 간판을 내리거나 혹은 아예 극장을 잡지 못하여 몇년씩 기다리는 경우가 속출하고 있다. 다양성 영화를 살리기 위한 문화 운동이 전개되고 사회적 이슈가 되어 예술 영화 전용관이 설립되었다. 하지만 예술 영화 전용관을 통한 개봉은 관객 동원률을 저조하게 하여 예술 영화의 게토화를 초래한다는 비판에서 자유롭지 못하다. 한국 영화의 배급과 상영 시스템의 변화가 영화의 내용에도 영향을 미치는 구도가 형성되고 있는 것이다. 멀티플렉스를 중심으로 한 광역 개봉 방식에 힘입어 소수의 대형 영화가 시장 전체를 잠식하는 반면 다양성은 점차 쇠퇴하고 있다. 이런 구도에서 영화는 점점 더 대량 관객을 대상으로 한 할리우드 방식의 블록버스터 영화가 제작되게 된다. 한꺼번에 대량의 관객을 동원하기 위해 보편적 주제와 스타 시스템의 차용, 대자본 투입에 의한 물량 공세 거대 스케일, 볼거리를 제공하는 특수 효과와 과잉 사운드가 블록버스터의 내용을 점철하게 된다. 성공의 실례를 모방한 블록버스터형 장르 영화가 아니면 투자자들로부터 외면당하고 제작이 좌절되는 현실에서 누구도 위험부담을 지고 새로운 영화, 다양성을 구가하는 영화를 만들려고 선뜻 나서지 못하게 된 것이다.

블록버스터 영화가 항상 흥행에 성공하는 것은 아니다. 광역 개봉 방식으로 멀티플렉스에서 상영되는 영화 중 절반 이상은 흥행에 참패한다. 그럼에도 불구하고, 블록버스터 영화의 강력한 산업적 영향력은 한국 영화계의 제작, 배급, 상영의 3차원 전체를 획기적으로 변화시키는 힘을 발휘해왔다. 블록버스터 영화의 개별 흥행 기록의 저조함과 내용의 문제점에도 불구하고 영화 제작사나 투자자들은 이제 일정한 방식으로 구도화된 블록버스터 시스템을 추종하게 된 것이다. 블록버스터 영화가 배급과 상영의 변화에 힘입어 안정적인 수익을 가져다 주는 현실에서 한국 영화의 장기적 발전의 근거가 되는 다양성과 정체성의 문제는 제 방향을 잡지 못하고 있는 것이다.

셋째, 한국형 블록버스터 영화의 발전으로 제작 시스템에도 변화가 일었다. 일단 가장 큰 변화는 영화 제작 비용의 상승이다. 1998년 전에는 영화의 제작비 수준이 10억 원 규모이었던 것이 이제 100억이 되었다. 2019년 상업영화 평균 제작비는 102억 원을 기록하였다(영화진흥위원회 2019). 대작의 경우는 200억 원을 훌쩍 넘기도 한다. 영화 제작비의 이같은 상승에도 불구하고 영화 제작 시스템은 아직도 주먹구구식이고 착취적이라는 비판이 높다. 제작비가 높아졌지만 일부 주연 배우와 감독에게 돌아가는 것이고 일반 스태프들이나 단역 배우들은 생계비 이하의 착취적 구조로 영화가 만들어진다는 것이다. 한국 영화의 오늘날과 같은 발전을 이룬 것은 스크린 쿼터 같은 보호 정책보다는 인력에 대한 착취에서 비롯된 것이라는 자조 섞인 비판도 나온다. 최근 사회적 이슈가 되는 영화 제작 인력에 대한 표준 계약서 도입 문제도 이런 문제점을 해결하기 위한 방안이다.

한국 영화 제작의 전통적인 방식은 도제 시스템에 의거해왔다. 영화 제작 현장에서 하위 직급의 경우 생계비에 훨씬 못 미치는 임금으로 도제식 시스템에서 경력을 쌓기 위해 희생하는 방식이라 영화인 협회의 조사에 따르면 연출부의 경우 4~5명의 연출부가 작품당 받게 되는 평균 임금은 2,000만 원 정도라는 보고가 있다. 한 작품이 나오는 데 프리 프로덕션에서 최종 개봉까지 1년에서 길게는 2~3년이 걸리는데, 연출부원 1인당 받는 임금은 연봉 300만 원에 그치게 된다는 말이 된다. 이마저도 프리 프로덕션 단계에서 접는 영화의 경우는 경제적인 대가를 전혀 받지 못하게 된다. 촬영부의 경우는 2000년 기준 촬영 조수의 임금이 2,000~2,500만 원을 기록하고 있다. 촬영팀당 연평균 제작량이 1회이므로 팀당 연봉이 2,000만 원선으로 촬영팀의 1st는 1,000만 원선 나머지는 직급에 따라 300~500만 원을 연봉으로 받게 되는 셈이다. 조명부는 팀에 따라 다작을 하는 경우도 있어 팀당 연평균 1.5회 영화 제작에 참여하게 되고, 조명 감독을 제외하고 팀당 보수는 2,000~2,500만 원선이므로 1st는 1,500만 원, 하도급인 경우 500만 원선의 연봉을 유지하게 된다는 분석도 있다(이현승 외 2002: 88~101). 이와 같이 한국 영화 제작 현장의 도제식 시스템은 유능한 인력을 배출하기 어려운 구조적 한계를 보이게 된다.

표준계약 방식은 도제식 영화 제작 시스템을 해체하고 할리우드식의 계약 방식을 표방한다. 현재 영화 현장에서 대부분의 경우 주요 스태프 팀별로 계약을 맺고 있다. 표준계약 방식은 팀 계약을 지양하고, 제작 참여자 전원에 대해 개별 계약을 체결하는 방식이다. 조명팀, 음향팀 등 팀별로 계약을 맺는 간접 고용 방식은 감독이나 팀장이 임의적으로 제작진을 관리하여 그 안에서 불공정한 고용관계가 만연할 수 있다는 문제에서 비롯된다. 이에 비해 표준 계약 방식은 개개인을 제작사가 고용하므로 투명하게 관리되고 4대 보험 등 법적 고용 기준을 따라야 하는 방식이 된다. 최근 아카데미 4관왕에 빛나는 <기생충>에 찬사를 보내면서 빠짐없이 언급되는 찬사가 표준계약에 의한 제작 방식이라는 점도 우리 영화계의 현실을 역설적으로 말해주고 있다.

한편, 할리우드 방식의 고용 시스템이 제작 환경의 선진화를 가져오지만, 또 강력한 프로듀서 중심의 제작 방식과 영화 인력의 전문화 시스템으로 인해 부작용도 발생할 수 있다는 우려도 제기된다. 한국 영화계가 할리우드 시스템 도입에 적극적으로 된 것은 한국 영화가 유사 할리우드화 되면서 제작 방식도 이에 걸맞은 할리우드 방식으로 전환하는 것이 합리적이라고 인식되었기 때문이다. 할리우드와 교류를 경험한 인력과 할리우드 방식의 제작과 내용 구성이 할리우드 시스템이 합리화하는 토대가 된 것이다. 할리우드 시스템을 모방하여 프로듀서 중심의 제작이 정착되고 계약 절차가 "합리화"되면 한국 영화의 제작 시스템뿐 아니라, 영화의 내용도 지금보다 더욱 할리우드와 유사하게 될 것이라는 우려도 나온다. 한국 영화의 미래를 위해 유사 할리우드 제작 시스템화 하는 것이 장기적으로 성공의 지름길이 될지는 고민을 해봐야 할 문제이다.

현재 한국 영화산업의 최대 도전은 환경과 기술의 변화에 얼마나 잘 적응하고 선제적인 토대를 마련해가는가에 달려있다. 90년대 시작된 한국의 뉴시네마 운동의 성과로 2000년대 한국 영화는 크게 성장하였고 한국 예술 영화의 가치는 국제적으로 인정받기에 이른다. 한국 영화의 선전은 이와 같은 문화운동의 일환으로 또 애국주의적 관객들의 호응에 힘입어 발전한 것이라 볼 수 있다. 그러나 오늘날 같이 날로 글로벌화되는 미디어 환경에서 더 이상 문화운동이나 애국주의 이념에 기대어 영화산업을 이끌기는 역부족인 시기에 와있다는 것을 기억할 필요가 있다. 최근 할리우드 상업영화가 국내 시장에서 유례없는 성공을 기록하는 것은 이를 말해주고 있고, 당장 디즈니가 한국 영화시장의 최강자로 우뚝 서고 있는 것은 그 현실을 실감하게 한다. 이렇게 한국 영화시장의 파이가 커지면서 할리우드 영화 개봉 시 스타가 방문하고, 한국에서 선 개봉하는 타겟시장으로까지 성장하게 되었다. 한국이 스크린 쿼터 정책에 힘입어 국내 영화 시장 점유율을 절반으로 끌어올린 것이 불과 20년의 역사이고 그전에는 10%대 이하에 머물렀다는 점을 상기할 필요가 있다. 한국 영화가 새로운 환경 변화에 적응하지 못한다면 시장의 변화는 우려보다 더 빨리 찾아올 수 있다.

또한 세계 영화산업이 도전에 직면한 것과 똑같이 영화관을 중심으로 한 영화산업에 큰 지각변동이 일어나고 있고, 할리우드의 메이저들은 이에 적극적 응전을 하고 있다. 반면 한국 영화산업의 경우는 새로운 도전에 저항하는 것 외에는 별반 적극적 전략을 세우지 않고 있다. 넷플릭스 영화 <옥자> 개봉 시 극장들은 상영을 거부할 만큼 OTT 영화에 거세게 저항했지만, 그 이외에 적극적 적응이나 새로운 전략을 내지는 못하고 있다. 보수적인 할리우드가 마침내 아카데미 시상식에서 온라인 개봉 영화도 포함시키는 변화를 보이고 자체 OTT를 만들어 사업을 개시하는 등 전방위적 노력을 펼치는 것에 비해 우리나라 영화산업의 괄목할만한 전략은 찾아보기 어렵다. 새로운 변화가 올 때마다 영화산업은 쇠망할 것이라고 예측됐지만 영화산업은 100년 동안 긴 성장을 계속해왔다. 이는 변화에 발 빠르게 적응하고 산업 전략을 성공으로 이끌었기 때문에 가능한 일이었다. 현재의 미디어 환경과 기술의 발전이 영화산업에 어떤 변화를 가져올지는 아무도 예측하기 어렵다. 할리우드를 위시한 영화산업이 100년 동안 영상산업의 난공불락의 철옹성을 지켜온 것은 그만큼 변화에 적응하고 새로운 전략을 펴왔다는 것의 반증이기도 하다. 한국 영화도 영화산업 전반을 재구조화하고 변화의 시대에 적응하는 새로운 전략으로 맞서야 할 때가 왔다.

모방에서 가상으로:
3D에서 VR, AI로 애니메이션의 실험

    애니메이션은 영상 미디어산업 중 가장 새로운 개념의 산업적 특징을 가진 부문이라고 할 수 있다. 애니메이션은 주 콘텐츠 판매 시장 이외에 광범위한 간접 시장을 형성하고, 산업적 연관 효과를 내는 산업이다. 하나의 애니메이션이 영화나 방송으로 상영되면, 캐릭터, 팬시, 공연, 테마 파크 등 수많은 간접 시장을 창출하고 산업적 연관 효과를 내게 된다. 예를 들어, 공전의 히트를 한 <겨울왕국>은 극장 수입과 기타 미디어 유통망을 통한 방영 수입 이외에 완구, 문구, 어린이 패션을 온통 물들일 만큼 연관 산업 효과를 내며, 또 OST 판매, 뮤지컬 공연, 놀이공원의 주인공으로 장기적으로 소비된다. 애니메이션의 산업적 연관효과는 90년 동안 미키마우스를 현재까지 캐릭터 산업의 제왕으로 만들고, 세계 각국의 테마파크를 건설하는 동인으로 만드는 데서 비근한 예를 찾아 볼 수 있다.

    애니메이션의 이와 같은 광범위한 산업적 효과로 인해, 새로운 기술들이 도입되고 끊임없이 새로운 도전과 실험의 영역이 되고 있다.

2000년대 애니메이션산업이 3D 기술의 각축전이라 한다면, 이제 4차 산업혁명 연관 기술들이 애니메이션에 속속 도입되는 수순을 밟고 있다. 디즈니가 1995년에 처음 3D 기술을 애니메이션에 도입한 이후 과거 10년 동안은 3D 기술의 시행착오와 새로운 실험으로 몸살을 앓는 기간이었다. 마침내 <겨울 왕국>의 성공 이후 3D의 완성을 입증하며 이제 새로운 기술 도입에 속속 나서고 있다.

애니메이션산업이 3D 기술에 그토록 매달리게 된 것은 실감을 창조하기 위한 목적에서 였다. 인간의 눈으로 보는 세계와 같은 3D 입체 세계를 화면에 구현하는 것은 단순한 기술적 측면 외에 눈에 보이는 현실을 그대로 모방하고 실현시키고 싶어 하는 욕망에 근거한다. 이제 VR, AR의 새로운 기술을 애니메이션에 도입하여 현실 모방을 넘는 실감을 구현하려고 한다. 인간의 체험을 그대로 화면에 구현하는 가상 현실의 창조는 애니메이션산업이 현재 사람들의 욕망을 만족시키기 위한 전략이기도 하다.

새로운 기술이 실험되고 산업적 확대를 지속해가는 애니메이션산업분야에서 우리나라는 과거보다 오히려 퇴보하는 문제점을 드러내고 있다. 한때 애니메이션 세계 매출 기준 3, 4위를 다투던 우리나라였지만, 영상 미디어산업 중 최대 수출 부분이었던 애니메이션산업이 이제는 크게 위축되었다. 그 이유는 한국 애니메이션산업의 구조적 문제와 더불어 문화적 인식의 한계 때문이라고 진단할 수 있다. 이에 세계 애니메이션산업의 진화와 한국 애니메이션산업의 구조적 문제를 되짚어 보고자 한다.

1 디즈니 애니메이션의 기술적 진화: 토이스토리에서 라이온킹까지

<증기선 윌리>라는 작품으로 세상에 처음으로 애니메이션을 소개한 디즈니는 100년 가까운 시간 동안 최초라는 역사를 써내려가며 애니메이션의 세계 재패의 역사를 이어왔다. 최초의 장편 애니메이션 <백설공주>를 1937년 개봉하였고 또 세계 최초로 3D 애니메이션 <토이스토리>를 1995년에 개봉하였다. 디즈니의 이와 같은 세계 최초의 타이틀은 비단 역사 기록으로만 중요한 것이 아니고 100년 가까운 기간 동안 그 전통을 변함없이 이어오고 있다는 점에서도 놀라움을 감출 수 없게 한다. 1928년 발표된 <증기선 윌리>의 주인공 미키마우스는 지금도 테마파크의 최고 캐릭터로 92세의 나이가 무색하게 귀여움을 독차지하고 있다. 또 1937년 개봉된 <백설공주>는 이후 신데렐라, 인어공주, 미녀와 야수를 거쳐 오늘날 <겨울 왕국>의 계보를 잇는 디즈니의 드라마적 측면과 주제적 측면에서 면면히 계승되고 있다.

이와 같이 디즈니의 전통과 새로움의 조화를 동시에 찾아볼 수 있는 부분이 디즈니 애니메이션의 기술적 진화라고 할 수 있다. 디즈니는 1995년 세계 최초의 3D 애니메이션 <토이스토리>로 또 한번 새 역사를 썼으며, 24년 동안 <토이스토리 4>에 이르는 시리즈를 완성시키며 인기를 유지해 왔다. <겨울 왕국 1, 2>의 공전의 히트를 비롯해 21세기에도 디즈니의 위용은 날로 확장되고 있을 뿐 아니라, 새로운 영상 기술 분야에서도 선두 주자임을 입증하고 있다. 3D를 통해 디즈니적인 드라마를 완성한 <겨울 왕국>은 물론 <인사이드 아웃>이나 <주토피아> 같이 인간의 심리적이고 사회

풍자적인 새로운 주제를 애니메이션으로 표현하고 또 상업적으로 성공시킨 디즈니는 새로운 기술 측면에서도 승기를 이미 잡은 것으로 보인다.

이제 3D를 넘어 디즈니는 새로운 기술 진화에 앞장 서고 있다. 현재 VR, AR과 AI를 동원한 새로운 기술의 실험을 선도하고 있다. 2019년 개봉한 <라이언킹>은 디즈니의 새로운 역사를 쓸 것이라는 기대 뿐 아니라, 영화 기술을 한 차원 높이는 새로운 시대를 열 것이라는 기대 속에 개봉되었다. <라이언킹>은 완전 VR로 촬영된 만화 영화이다. 가상현실과 컴퓨터 기술을 활용한 시뮬레이션으로 영화가 만들어졌다. 영화의 무대인 '프라이드 록'과 주술사의 나무, 코끼리 무덤 등 영화의 로케이션은 실존하는 장소가 아니고 360도 시점 가상현실로 제작되었다. 이 영화의 기술은 스튜디오 MPC가 담당했으며 비디오게임 기술을 응용하여 애니메이션을 완성하였다. 영화 감독이나 스태프들은 'HTC 바이브(Vive)' 헤드셋을 쓰고 영화를 제작하였으며, 가상현실 게임과 같은 방식으로 영화 제작이 이루어졌다.

<라이언킹>의 감독 파브로(Jon Favreau)는 <정글북>부터 기술 실험을 시작하여 6년간 <라이언킹>을 위한 기술을 진화시키고 준비해 왔다고 밝히고 있다. 언론과의 인터뷰에서 감독은 VR 기술 진보가 이전 영화와 가장 큰 차이를 보이는 것이 <라이언킹>의 특징이라고 밝히고 있다. "정글북에서는 영화 아바타에서부터 사용한 안면 인식 기술(facial-capture technology)을 사용했으나, 정글북 제작 말기에 게임 기술과 VR 기술을 활용할 기술이 개발되었다."[1]

---

1 https://www.cbr.com/jon-favreau-disney 2019 tech/

고 밝히고 있다. 새로 개발된 기술로 현장을 디자인하고, 출연진의 음성을 녹음하는 작업이 이루어졌다. 모든 스태프들이 VR 공간에 들어가서 촬영을 세팅하고 제작을 진행했다. 감독은 VR 환경에서도 될 수 있으면 실제 촬영 환경과 근접한 기법을 사용하여 최대한 자연스러운 연출을 유도하고자 했다고 밝히고 있다. 보다 실감나는 영상을 위해 실사 영화 작업과 유사한 카메라 움직임과 기법들을 구사하며 제작이 이루어졌다. 또 영상을 최대한 부드럽게 보이기 위해 인공지능(AI) 기술을 활용하여 딥러닝 방식을 애니메이션 제작에 접목했다고 한다.

디즈니 애니메이션 중에서도 최대 관객 몰이를 했던 1994년 원본 <라이언킹>의 인기와 더불어 새로운 기술 도입으로 <라이언킹 2019>도 상업적인 성공을 이루었다. 전 세계 17억 달러의 수익을 기록하였고, 첫 개봉 주말에 이미 5억 달러의 수익을 올렸다. 미국과 현재 경쟁 내지 적대 관계를 보이고 있는 중국에서도 1억 달러 이상을 기록하고 전 세계에서 미국을 제외하고 2위의 관객 동원을 하였다. 우리나라에서도 2주간 관객 1위를 기록하면서 세계 관객 몰이에 동참하였다.

그러나 상업적이고 기술적인 성공에도 불구하고, <라이언킹>에 대한 관객의 반응은 엇갈린다. 또 원본만 못하다는 비판도 끊이지 않았다. 비판의 요지는 아이러니하게도 기술적 측면에 집중되며 <라이언킹>에서 실감나게 구사하는 동물들이 오히려 부담을 느끼게 한다는 의견이 많았다. 2D <라이언킹>에서 가졌던 감동과 공감이 실제 살아 숨 쉬는 동물의 등장으로 오히려 공감을 방해하고 "징그럽다"는 반응까지 나왔다. 인간 사회의 우화를 표현했던 원전 애니메이션이 실사 영화에서는 동물의 왕국같이 변하여 감정적 동화를 일으키기 어려웠다는 의견이 많았다.

그림 7.1 • 라이언킹 1994, 2019 비교

<라이언킹>에 대한 비판은 관객들 간의 많은 대안이나 아이디어 제시로 이어지기도 하였는데, 실사 <라이언킹>의 문제가 기술적 보완으로 해결될 수 있다는 제안도 나왔다. 그중에 소셜 미디어를 통해 인기를 끈 것으로 <그림 7.2> 같은 딥페이크 기술로 캐릭터를 보완한 것과 같은 예가 있다.

<그림 7.2> 왼쪽에 원본을 딥페이크로 보정한 것이 오른쪽 이미지인데, 더 친근하고 귀엽다는 반응이 많다. 이는 실사 이미지를 보다 가상적 애니메이션의 이미지로, 오히려 보정한 것에 대한 호

그림 7.2 • 라이언킹 딥페이크

감을 나타낸 것이다.

이와 같이 현재 애니메이션 기술 진보의 최고 수준을 자랑하는 <라이언킹>은 오히려 기술적 측면 때문에 관객들의 부정적 반응을 일으키는 아이러한 현상을 빚어내고 있다. 이는 애니메이션의 역사를 다시 쓴 디즈니의 <토이스토리> 개봉 당시에도 제기된 유사한 반응의 연장선이다. 세계 최초 3D 애니메이션이라는 역사적 기록을 세우고 이후 2, 3, 4에 이르는 시리즈물을 제작하면서 상업적 흥행을 견인했던 <토이스토리>도 처음에 많은 비판을 받았다. 비판의 많은 부분은 아이러니하게도 또 기술적인 문제로 귀착되었다. <토이스토리>의 주인공은 당연히 장난감이므로 상세한 인물 묘사나 동작이 부자연스러운 부분은 거부감 없이 받아들일 수 있었는데, 작품 끝부분에 사람이 등장하고 개가 등장하면서 감동은 원성으로 변하게 되었다. <토이스토리>의 개는 털이 없는 개이고 사람은 뭉툭한 형체로 묘사되고 디테일이 없는 인간 모형 같은 모습으로 등장하였다. 이에 실망한 관객들의 비판이 이어지고 이런 기술적 한계를 극복하는 데 디즈니는 20년 가까이 소요하게 된다.

<토이스토리> 이후 3D 애니메이션으로 대세가 넘어갈 마지막까지 2D 애니메이션을 고집한 것이 아이러니하게도 또 디즈니이다. <벅스 라이프> 같은 작품을 발표하면서도 <노트르담의 꼽추>, <뮬란> 등 디즈니의 주요 장편 영화는 이후에도 2D로 이어 갔다. 이에 2001년 <애틀란티스>, <보물섬>이 흥행에 참패하면서 새로운 전략을 펼치게 된다. 한세기 동안 애니메이션산업 독점의 철옹성을 지켜왔던 디즈니로서는 새로운 후발 주자로 디즈니를 비틀면서 전대미문의 성공을 이끌어 낸 드림웍스의 <슈렉>에 선두자리를 빼앗기면서 뼈아픈 교훈을 감내해야 했다. 이에 2003년 <카우 삼

총사>를 끝으로 디즈니는 2D 애니메이션의 마지막을 선언하기에 이른다.

2000년대 디즈니 애니메이션은 기술적 한계와 후발 주자의 추격으로 원래 디즈니의 전형적 이미지를 벗고, 새로운 시도를 이어간 시기로 기록된다. <백설공주>로부터 이어온 주제적, 드라마적 전통을 버리고 몬스터와 로봇, 작은 동물들이 그 자리를 차지하게 되었다. 휴머니즘을 모토로 한 디즈니의 서사는 3D 애니메이션으로 전개시키기 어렵게 되었고 유희와 우화, 과장된 액션으로 애니메이션을 끌고 갈 수밖에 없게 된 것이다. 털이나 인체의 디테일을 3D로 표현하기 어려워 털이 없는 곤충이나 괴짜들을 주인공으로 할 수 밖에 없었던 것이다. 최초의 인간이 주인공으로 나온 픽사 애니메이션은 <인크레더블>이며, 이때도 인간은 마스크를 쓰고 디테일은 가린채 괴인의 모습으로 극을 이끌어 가야 했다.

3D 애니메이션을 세상에 소개한 디즈니의 20년간의 고투 끝에 디즈니가 가장 잘하는 드라마와 휴머니즘을 꿈과 환상으로 표현하는 데 성공한 작품이 바로 <겨울 왕국>이다. 3D 기술을 이용하여 털, 머리카락은 물론 인간의 표정과 부드러운 행동을 표현하게 되었다. 물과 얼음 같은 3D로 표현하기 어려운 비주얼도 완성이 가능하게 된 것이었다. <겨울 왕국>의 성공은 단순히 감동의 서사와 음악의 성공에 그치지 않고 디즈니가 20년간의 기술 진화의 축적을 통해 디즈니의 정통성을 지킬 수 있게 해줬다는 의미에서 디즈니의 새역사를 쓴 교두보적 작품으로 기록될 만하다.

이제 진화한 3D 기술과 AI 기술 덕분에 디즈니는 애니메이션의 영광을 실사 영화로 제작하며 <미녀와 야수>, <라이언킹> 제작으로 이어갔고 상업적 성공도 누리게 되었다. 그러나 애니메이션 기술 진화의 최정점에 선 <라이언킹>의 VR 기술은 아직 실험 단계에서 있다는 것을 드러내 주고 있다. 현재 관객들이 <라이언 킹>에서 느끼는 실감에서 오히려 어색함을 느끼게 되는데 이를 기술적으로 극복되는 데 시간이 필요할 것이다. <토이스토리> 이후 3D 기술이 드라마로 완성되는 데 20년이 걸렸다면, VR은 그보다는 훨씬 짧은 기간 내에 기술적 적응을 이루어 낼 것이라 예측해 볼 수 있다.

소비문화 차원에서 현재 전개되고 있는 애니메이션의 기술 진화는 근본적으로 실감에 대한 집착으로 점철한 것이라 해석할 수 있다. 3D, VR은 인간의 눈으로 보는 것과 같은 세계를 영상에서 구현하고자 하는 욕망의 반영이다. 근대가 열리는 르네상스 시대부터 영상은 인간의 눈으로 보이는 세상을 구현해내려는 실감의 영상에 주력해 왔다. 다빈치 같은 르네상스 화가들이 이루어낸 예술 기법이 원근법이며, 이는 인간의 눈으로 보는 것과 똑같은 영상을 평면의 화폭에 구현해 내고자 하는 기법이다. 원근법은 근대 이전의 회화와 확연히 구별되는 3차원의 세계를 영상의 세계에 도입한 것으로 과거 신 중심에서 인간중심주의로 전환되는 사상을 영상적으로 구현해 낸 기법이기도 하다.

이제 예술적 기법을 넘어 기술적으로 현실을 그대로 영상에 옮겨 놓기 위해 영상의 기술은 끊임없이 진화해 왔는데, 3D 기술은 그림으로 그려진 애니메이션을 인간의 눈으로 보이는 입체적 세계로 구현하는 기술이다. 이는 우리 인간이 현실에서 경험하는 실감나는 현실을 애니메이션의 세계로 옮겨 놓고자 하는 욕망을 표현한 것이다. 그렇다고 소비자들이 있는 그대로의 현실을 보고자 하는 것은 아니고 애니메이션이 보이는 꿈과 환상의 세계를 보다 현실적으로 실감하고자 원하는 것이다.

그러면 애니메이션이 꿈과 환상의 세계를 그리면서 왜 굳이 실감나는 현실을 구현시키고자 하는 것인가? 애니메이션은 문화적 기호로서 현대 사회의 문화 현상을 극적으로 재현한다. 보들리야르가 포스트모던 사회의 문화를 시뮬라시옹으로 표현했듯이 애니메이션은 시뮬라시옹의 기호로 가득하다(Baudrillard 1983). 보들리야르는 포스트모던 사회에 본질은 없으며, 의미 없는 기표만이 유사 현실을 구성하는 시뮬라시옹의 세계를 묘사하고 있다. 애니메이션의 기표는 시뮬라시옹의 물리적 재현으로 어떠한 현실성이나 본질을 본떠 만들어 진 것은 없다. 즉, 기표에 근간이 된 기의는 없으며, 인위적으로 합성된 시뮬라시옹의 코드 혹은 탈코드만이 애니메이션의 캐릭터에게 생명을 불어넣어 주는 것이다. 애니메이션이 가진 탈문화화는 사실 실체 없는 기호의 합성에 의한 캐릭터와 내러티브의 창조에 의한 것이다. 그렇다고 애니메이션의 기호가 문화성과 사회성과 무관한 것은 아니다. 애니메이션의 영상 기호는 인위적이지만, 문화적이고, 비실체적이지만 사회적인 코드로 구성되어 있는 것이다(Denzin 1991).

영상 이미지의 강력한 영향력은 실재보다 더 실재적인 파생실재를 구성하는 시뮬라시옹의 힘에서 찾아 볼 수 있으며, 애니메이션의 문화적 권력이 이를 가늠해 볼 수 있는 실례를 제공한다. 결국 실감 영상의 집착은 있는 그대로의 모습이 아니라, 환상으로 재생산된 애니메이션의 세계에서의 실감을 의미하는 것이다. 즉 현재 기술의 최고점에서 제작된 <라이언킹>의 가상 현실은 동물의 왕국 같은 다큐멘터리의 현실적 재현이 아니라, 인간이 욕망하고 권력적으로 지배하는 재생산된 가상 현실에서의 실감을 원하는 것이다. 실사 <라이언킹>은 가상 현실의 기술적 실험을 성공적으로 이루었지만, 가상 현실의 사회적·심리적 욕망을 만족시키기에 아직 부족함을 드러내고 있다고 평가될 수 있다. 있는 그대로의 현실을 재현하는 3차원 기술과 가상 현실의 기술이 아니라 소비자들은 현실보다 더 현실 같은 시뮬라시옹으로서의 애니메이션의 가상 현실을 욕망한다고 할 수 있다.

2 한국 애니메이션산업의 구조적 문제와 변화

2000년대 초반까지 한국은 미국과 일본 다음으로 세계에서 애니메이션의 세 번째 최대 생산국으로 기록되었다. 그러나 이때 한국이 제작하는 애니메이션의 90% 이상은 할리우드와 일본의 하청 생산을 바탕으로 한 것이다. 매출 규모는 크지만 자체 창작산업 기반은 취약한 구조였다. 하청 생산은 OEM(Order Equipment Manufacturing)이라 불리는데, 한국은 1960년대 후반 이후 세계 애니메이션산업의 하청 생산에 동원되어 왔다. 1960년대 후반은 미국이 값싼 노동력을 찾아 해외로 눈을 돌렸던 시기이고, 1970년대 들어와서는 일본도 '재페니메이션'의 창조에 기치를 올리면서 한국의 노동력을 이용하기 시작하였다.

한세대 동안 매출 면에서 애니메이션 강국으로 손꼽혔던 한국은 2000년대 이후 쇠퇴하게 되었는데 OEM에 의한 수출에 의존했기 때문에 나온 결과이다. 애니메이션 종주국들이 값싼 노동력을 찾아 제3세계로 눈을 돌리면서 하향세로 기울어진 것이다. 이에 애니메이션의 산업 기반을 유지 발전시킬 방책은 창작 애니메이션의 부흥에서 찾아야 한다는 정책적 필요성이 높아졌다.

2000년대까지 애니메이션 수출은 전체 영상산업의 대다수를 차지할 만큼 컸고, 수출 역군으로 표창을 받기도 했다. 당시 방송의 수출이 3,000만 불 영화 수출은 1,000만 불도 되지 않은 가운데, 애니메이션이 전체 영상 수출의 50% 이상을 차지하였다. 대부분 수출국은 미국, 일본 유럽으로 하청 생산에 의한 것임을 말해준다.

<표 7.1>은 2000년대 초반 수출 실적을 표시하고 있는데, 미국에 1억 달러 이상 수출한 데 비해 아시아에는 800만 달러, 유럽에는 3,000만 달러 정도의 수출액을 기록하고 있다. 디즈니의 TV 만화 영화의 주문량이 애니메이션 수출에서 차지하는 비율이 높기 때문에 미국에 대한 수출이 높은 것이다. 표에서 보듯이 미국의 수출이 가장 높지만 해가 갈수록 떨어졌다는 것을 알 수 있다.

현재 애니메이션산업은 과거 수출 역군의 영광을 뒤로 하고 <표 5.3>에서 보듯이 총 영상 수출의 2%대 점유율에 그치고 있다. 세계 애니메이션에서 한국이 차지하는 시장 가치도 일찍이 10위권 밖으로 물러났다. 현재 애니메이션은 웹툰과 온라인 매체의 활성화로 다시 증가하는 추세에 있다. 한국콘텐츠진흥원 최근 통계에 의하면 2018년 기준 애니메이션매출액은 6,293억 원이며 수출액은 1억 7452만 달러 수입액은 788만 달러로 발표되었다. 애니메이션

표 7.1 · 애니메이션의 국가별 수출 현황   (단위: 원(달러))

구분	2000 원(달러)	2001 원(달러)	2002 원(달러)
미국	15,356,560(12,797)	7,149,070(5,957)	4,802,921(4,002)
유럽	1,812,775(1,511)	4,645,206(3,871)	1,633,350(1,361)
일본	1,466,849(1,222)	1,456,729(1,214)	1,450,291(1,209)
기타	1,373,481(1,145)	1,312,321(1,094)	275,937(230)
계	20,009,665(16,675)	14,563,326(12,136)	8,162,499(6,802)

수출은 2014년 1억 1,565만 달러에서 2018년 1억 7,452만 달러로 연평균 10.8% 증가, 수입은 2014년 683만 달러에서 2018년 788만 달러로 연평균 3.7%로 성장하고 있다. 수출액 기준으로 보면 20년 전 애니메이션 수출액 수준을 기록하고 있으며 20년간의 물가 상승과 화폐 가치를 고려하면 훨씬 퇴보했다는 결론을 내릴 수 있다. 그러나 희망적인 것은 최근 성장률로 보면 애니메이션 수출액은 전년 대비 20.5% 성장하면서, 2014년 이후 연평균 성장률 10.8%의 2배에 가까운 높은 성장률을 보이고 있다는 점이다.

수출 지역별로 보면 <표 7.3>에서 보듯이 52.6%가 북미 시장에

표 7.2 · 애니메이션 수출·입 현황   (단위: 천 달러)

구분	2016년	2017년	2018년	전년대비증감률	연평균증감률
수출액	135,622	144,870	174,517	20.5	13.4
수입액	7,324	7,604	7,878	3.6	3.7
수출·입 차액	128,298	137,266	166,639	21.4	14.0

표 7.3 · 지역별 애니메이션 수출

지역 \ 연도	2016년	2017년	2018년	비중(%)	전년대비 증감률(%)	연평균 증감률(%)
중화권	1,825	2,188	7,629	4.4	248.7	104.5
일본	26,254	26,461	32,681	18.7	23.5	11.6
동남아	635	810	3,650	2.1	350.6	139.8
북미	69,654	75,286	91,784	52.6	21.9	14.8
유럽	28,842	31,132	33,031	18.9	6.1	7.0
기타	8,412	8,993	5,743	3.3	△36.1	△17.4
합계	135,622	144,870	174,517	100.0	20.5	13.4

자료: 한국콘텐츠진흥원 2019

수출되고, 일본, 유럽에 각 18%대 비중으로 수출된 것으로 나타나고 있다. 수출 기준으로 볼 때 아직 북미에 대한 하청 수출이 큰 부분을 차지한다는 것을 알 수 있다. 물론 뽀로로 같은 한국 창작 애니메이션이 전 세계에 수출되고 있는 것은 큰 성과라 할 수 있다.

<표 7.4>를 보면, 한국 애니메이션 업체 중 창작과 하청 애니메이션의 종사자 수가 각각 2,000명 대로 크게 차이가 없다는 것을 알 수 있다. 물론 매출 기준으로 보면 창작 업체의 매출이 2배 정도 높은 것으로 나타나고 있다. 이는 하청산업이 아직도 노동 집약적인 제작에 한정되어 생산 가치가 낮다는 것을 나타내는 통계라 할 수 있다.

이와 같이 애니메이션산업의 하청 구조가 야기하는 문제는 노동 문제이다. 후기 자본주의 시대 마르크스가 본질적 가치라고 말한 본 노동 가치는 격하되어 예나 지금이나 생계 수준을 넘지 못하고 있다. 하청 노동력은 임금 노동자의 일반 조건보다 더욱 폄하된 상

표 7.4 · 애니메이션 업체 현황

중분류	소분류	사업체 수 (개)	종사자 수 (명)	매출액 (백만 원)	업체당 평균 매출액 (백만 원)	1인당 평균 매출액 (백만 원)
애니메이션 제작업	창작 제작업	241	2,920	316,130	1,312	108
	하청 제작업	166	2,090	134,612	811	64
	온라인 제작	28	57	12,927	462	227
	소계	435	5,067	463,670	1,066	92
애니메이션 유통 배급업	유통, 배급 및 홍보업	53	156	25,254	476	162
온라인 애니메이션 유통업	온라인 서비스업	21	157	16,284	775	104
전체		509	5,380	505,207	993	94

자료: 한국콘텐츠진흥원 2019

태에서 불안정한 계약 관계와 더불어 단체 행동의 가능성이 제거된 상태에서 가치가 전이되는 것이다. 이와 같은 노동 구조에 의해 하청 생산은 한국의 자체 내 창작 기반이 생성 단계에서 싹이 잘리는 상황이 되게 된다. 예를 들어, 한국의 애니메이터들이 과거 수십 년간 디즈니 생산 과정에 참여하여 왔지만, 이들은 선하나 점하나에 이르기까지 디즈니 본사에서 기획한 면밀한 주문을 따라 생산한다. 그 결과 수십 년의 제작 경험에도 불구하고 한국 애니메이터들 스스로가 자체 제작을 할 수 있는 창조력은 축적하지 못하고 있다. 이는 미디어산업이 21세기형 지식산업임에도 불구하고 한국의 애니메이터들이 지식 생산 과정에서 철저하게 배제되어 왔다는 것을 말해 준다. 애니메이션 하청 생산 과정에서 디즈니 본사는 스토리와 캐릭터를 창조하고 한국의 OEM 업체는 레이아웃에서, 원화, 동화, 채색, 선화, 촬영을 전담하는 것이 대부분의 경우이다. 이들은 모두 계약직으로 구성되어 직업 안정성이 매우 낮아 노동 문제로 지적된다.

하청 업체에서 제작 노동은 동화 같은 OEM 공정 과정에 대한 인원이 많은데 반해, 기획의 인원은 적게 나타난다. <표 7.5>에서 보듯이 동화 채색은 장당 500원 정도 받고 노동 집약적으로 일하는 과정이 된다. 한국의 애니메이션 하청산업은 노동 집약적인 산업이며, 노동력의 투입 대비 저임금 구조인 것을 알 수 있다. 이와 같은 하청산업의 문제점으로 인해, 전문 교육을 받은 신진 애니메이터들은 산업에 진입하는 길이 막히게 된다. 한국 애니메이션 하청산업의 종주국 업체들은 값싼 노동 가치의 전이에 의해 높은 수익률을 기록하지만, 여러 가지 생산 관리 시스템을 도입하여 최소 비용으로 최대의 이윤을 내기 위해 애쓴다. 그 결과 한국의 임금

표 7.5 • 애니메이션 제작 인원 및 임금 수준

직제	한호흥업	애니비젼코리아	선우애니메이션	선우의 임금 수준
레이아웃	10	15	17	300만 원/편
연출	18	7	― ―	― ―
원화	40	57	42	800만 원/편
동화	192	83	40	400 − 600원/장
배경	38	― ―	― ―	― ―
체크	8	4	8	― ―
카메라	12	14	8	200만 원/편
채색	60	63	48	450원/장
기타	49	13	57	― ―
총계	526	256	220	

출처: 자체 조사

수준이 과거에 비해 높아지자, 곧 중국, 필리핀, 베트남 등으로 더 값싼 노동 가치를 찾아 사업을 이전하게 되었다.

한국 애니메이션 제작자들은 산업의 체질개선으로 자생력을 길러야 한다는 데 의견을 같이한다. 또한 국제 시장에서 경쟁력을 유지하기 위해서는 고품질, 테크놀로지 개발로 새로운 제작 기술을 발전시켜야 한다는 데 공감하고 있다. 한국의 애니메이션이 하청 구조를 개선하고 창작 기반을 확대해야 한다는 데는 업계나 학계가 합의하고 있지만, 그 방법론에 대해서는 의견이 분분하다. 애니메이션 창작 기반의 교두보가 되는 교육과 지원 정책이 강조되어 왔지만, 아직까지 한국 애니메이션이 국내나 국제적으로 경쟁력을 확보하지 못하는 것은 과거 하청 구조에서부터 발생한 구조적 문제가 여전히 영향을 미치기 때문이라 할 수 있을 것이다.

우선 교육 제도를 보면, 2000년대 초반부터 마스터 고등학교부터 전문대학, 정규대학에 이르기까지 정부의 지원을 받으며 많은 애니메이션 전공, 학과가 우후죽순으로 만들어져 한해 2,000명이 넘는 졸업생이 쏟아져 나왔다. 하지만, 교육 내용은 제대로 정착하지 못하였는데, 첫째 이유가 전문성의 문제점 때문이다. 애니메이션이 신진 학문이고, 많은 젊은이들이 애니메이션에 관심을 갖는 데 비해, 교육 인력은 양적으로나 질적으로 부족한 실정이다. 많은 경우 미술대학을 시대 요구에 맞춘다고 애니메이션 학과로 개정하여 교육을 하다 보니 실제 전문적인 교육자도 커리큘럼도 부족한 현실이다.

또한 교육 시설 설비 특히 첨단 기술이나 실험적 애니메이션 교육에 부족함을 드러낸다. 많은 대학에서 디지털 애니메이션을 교과목으로 포함하지만, 장비가 제대로 구비된 학교가 소수에 그친다. 특히 포스트프로덕션 설비를 갖추고 있는 학교가 드물어 애니메이션 교육의 허점을 드러내고 있다. 국내 애니메이션산업이 하청 생산에 의해 기획과 포스트프로덕션이 약한데, 신진 애니메이터들도 이런 훈련을 받지 못한다는 것은 창작 기반 확대에 장애가 되고 있다.

세계 유수의 교육 기관은 전문성과 예술성의 측면에서 단단한 교육 체계를 형성하고 있다. 예를 들어, 미국의 CalArts는 실험 애니메이션과 캐릭터 애니메이션으로 특화하여 체계적인 교육을 실시하고 있다. <표 7.6>에서 보듯이 해외의 유수 애니메이션 교육 기관의 특징은 전문화된 교육 기능을 맡고 있다는 것이다. 전문성을 바탕으로 애니메이션의 실험성, 기술개발, 예술성이 한층 증진될 수 있는 것이다. 가까운 일본의 경우에도 전국에 8개 캠퍼스를 가진 요요기학원의 경우 매우 세분화된 전공에 의해 전문적 애니메이션이 기술자를 배출할 수 있는 것이다.

　해외 유수 기관은 교과 과정이나 시설 설비를 위해 막대한 투자를 아끼지 않는다는 점이 우리나라 교육 기관과 차별적이다. 칼아츠나 세리던 등에서는 애니메이션의 일선 전문가를 강사로 초빙하여 잘 갖추어진 시설 설비를 기반으로 현장교육을 실시하고 있다. 요요기학원의 경우 교수진이 동경교만 130여 명의 수준이니, 교육 수준의 질을 짐작할 수 있다. 세계 유수 교육 기관에서는 개인의 창의성과 관심을 집중적으로 교육하는 일 대 일 교육 시스템을 채택하고 있다. 이들 학교에서는 교과 과정에서 이미 작품을 완성하

표 7.6 · 주요 해외 애니메이션 교육 기관

학교명	지역	학위과정	기간	교육내용	주요시설
CalArts	미국	실험AM	학사4년, 석사3년, 비학위 4+3년	실험AM워크샵, 스토리보드, 테크닉, 타이밍과 구조, 실험AM디자인 옥스베리카메라작동, 동작, 비디오 ＊ 매년 단편제작	SGI Computers 비디오 설비 IRIX Software
		미국캐릭터 AM	학사 4년, 비학위 4년	드로잉, 색 디자인, 스토리, 2,3D 레이아웃, 배경, 특수효과, 포트폴리오 ＊ 매년 단편제작	
왕립 예술대학	영국	영상예술	석사 2년	개별 프로젝트수행 스튜디오실습 전문가와 작품, 테크닉 워크숍 학위: 외부심사위원단의 작품심사	아미가 4000, 옥스베리캠, 아미가 시스템, 디지털 장비, 편집
Sheridan	캐나다	캐릭터AM	학사 3년	애니메이션 동작, 캐릭터 디자인, 응용력 사운드	
		컴퓨터AM	대학원 1년	3D, 특수효과 조명, 시뮬레이션	
요요기 학원	일본	영상학부	전문대 2년	애니메이터과정, 페이팅, 제작, 배경디자인, 촬영, AV operator, CG 과정으로 세분화	

자료: 문화정책개발원

여 전문 프로듀서로 역량을 길러주고 있는 것이다. 이 결과 이들 기관의 졸업생들은 할리우드 등에 일찍이 스카우트되고, 세계 유수 애니메이션 페스티벌에서 수상하는 역량을 발휘하고 있다. 이에 비해 한국은 아직도 전문적 교육이 부족하고 교육과 산업의 연계가 원활하지 못하다는 구조적 문제를 노정하고 있다.

2000년대 들어서 한국 애니메이션산업의 구조적 문제를 타계하고 창작 애니메이션을 육성하기 위해 다양한 노력이 이어져 왔다. 한국 애니메이션산업 진흥은 정책적 주도로 시작되었는데 그중 가장 강력한 정책이 국산 애니메이션 의무방영비율 정책이다. 1998년 지상파 TV에서 방영되는 애니메이션을 보면 5.5%만이 국산 애니메이션이며 나머지 94.5%는 해외 수입품이었다. 이에 정부에서는 국산 애니메이션의 육성을 위해 국산 애니메이션의 비율을 연차적으로 늘려 지상파 방송에서 국산 애니메이션을 50%까지 증진시키려는 정책을 입안하였다.

<표 7.7>에서 보듯이 정부의 정책적 노력으로 국산 애니메이션이 증가하기는 했지만, 고시된 의무비율에 비해 턱없이 낮은 비율

표 7.7 • 지상파 방송의 국산 애니메이션 방영 시간

	KBS			MBC			SBS		
	고시	실제방영		실제방영	1고시	실제	고시	실제방영	
		%*	편수		고시%	편수		%	편수
2000	40%	–	7	40%	–	2	35%	–	5
2001	45%	–	9	45%	–	5	42%	–	3
2002	45%	–	5	45%	–	1	–	–	5
2003	45%	30.37%	3	45%	14%	3	–	27.38%	5

로 방영되는 문제점이 지속되어 왔다. 지상파 3사에서 방영된 국산 애니메이션은 고시 비율인 45%에 훨씬 못 미친 평균 20%대를 보이기도 했다.

지상파 방송사들이 국산 애니메이션 의무비율에 비해 창작 애니메이션을 훨씬 낮게 방영하는 이유는 무엇보다 경제적 채산성 때문이다. 국산 애니메이션을 제작하는 데 30분 작품에 평균 1억 정도가 들지만, 외국 만화를 수입하는 데는 편당 2,000~3,000달러가 들며 포스트프로덕션 비용을 합해도 국산 애니메이션에 비해 10배 이하에서 방영이 가능하다. 애니메이션이 어린이 시간에 국한되어 방영되다 보니, B급 시간대의 광고비가 제작비를 따라 잡을 수 없어 방송사 입장에서는 값비싼 국산 애니메이션을 방영하기보다는 아예 만화 방영 자체를 포기하겠다는 고육책까지 내놓기도 했다.

국산 애니메이션 의무비율 같은 쿼터 정책은 애니메이션의 창작 기반 확대를 위한 가장 손쉬운 규제 정책이다. 쿼터는 정책 집행에 있어서도 가장 간단한 형태의 규제 제도이다. 정부 부처에서는 애니메이션을 영상산업 중 전략산업으로 인식하고 1998년부터 국산 애니메이션 쿼터 정책을 실시하게 된 것이다. 1998년 공영 25%, 민영 15%에서 시작하여 2003년 45%로 쿼터를 늘리는 정책을 표방한 것이다. <표 7.7>에 나타나듯이 고시된 쿼터에 못 미치는 평균 30%대의 국산 애니메이션을 지상파 방송에서 방영하였다. 쿼터 정책 성과가 미달되는 것도 문제지만, 기실 쿼터 정책은 애니메이션 창작 기반 구축을 위한 양적 측면에 기여할 뿐이고, 이것이 장기적으로 한국 애니메이션의 질적 발전을 보장하는 것은 아니다.

이에 국산 애니메이션 창작 기반을 확대하기 위해서 쿼터 정책 이외에 제작 지원 정책이 시도되어 왔다. 의무편성비율 같은 쿼터 정책이 초래할 시장의 교란은 국산 애니메이션의 TV 방영률이 낮은 이유가 가격 경쟁력에서 기인한다는 데서 비롯된다. 국산물의 제작 시 외국물보다 10배, 20배씩 비용이 증가하는데, 방송사가 이를 일방적으로 떠맡을 때, 많은 편법과 부작용이 예상되기 때문이다. 또한 중장기적으로 일방적 규제보다 애니메이션산업의 건전한 시장 형성이 중요해진다. 이를 위해 시장이 형성될 때까지 정부가 비용을 나눠 부담하는 것으로 가장 직접적인 수단이 되는 제작비 지원 제도를 채택하도록 하였다. 의무비율에 따른 국산 프로그램에 대해 총제작비의 20%까지 정부가 장기 대출해 주는 형식으로 제작비 지원 정책이 시작되었다. 1998년부터 2002년까지 방송 의무편성비율과 병행하여 애니메이션에 대한 제작비 지원이 400억 원 규모로 지출되었다. 또한 제작비 지원뿐 아니라, 페스티벌 지원, 수출 지원, 기술 지원 등 다양한 지원 정책을 입안하기에 이른다. 직접 제작비 지원은 기존 산업에 대한 육성뿐 아니라, 상업성이 떨어지는 실험적이고 예술적인 작품에 대한 지원이 가능하게 하는 장치가 될 수 있다.

이와 같은 애니메이션에 대한 국가 지원 정책을 수행하기 위해 가장 우선되어야 할 문제가 국산 애니메이션의 정의이다. 국산 애니메이션의 의무편성비율 정책이나 제작 지원 제도에서 가장 중요한 기준이 국내 창작 애니메이션의 정의가 되기 때문이다. 애니메이션은 일반 실사 영상과 달리 배우 같이 국적이나 인종을 알아볼 수 있는 출연진이 등장하는 것도 아니고 배경도 지역을 특정할 수 없기 때문에 국적을 알기가 상대적으로 어렵다. 더욱이 우리나라는 뿌리 깊은 하청 구조의 문제가 있고, 하청 제작된 것이 편법으로 국산 애니메이션으로 둔갑하는 경우가 종종 있었다. 이를 막아야

함과 동시에, 또한 현재 후기 자본주의에서 생산의 단위가 세계화되는 상황에서 인위적으로 국경선을 적용하는 것도 건전한 해외 공동제작을 통한 기술적 발전이나 시장 확대의 기회를 저해할 수 있다. 이와 같은 두 가지 문제 해결을 위해서 창작 애니메이션을 정의하는 데 많은 논란이 발생하게 되고, 섬세한 정의가 필요하게 된다. 이에 정부에서는 프랑스와 캐나다식의 포인트 시스템을 도입하게 되었다. 이는 하청 생산이 국산 애니메이션으로 둔갑하는 편법을 배제시키기 위해 강력한 기준을 적용하려는 정책적 목적에서 도입된 것이다. <표 7.8>에서 보듯이, 애니메이션 점수 합계가 20점 이상이어야 국산 애니메이션으로 분류된다. 또 공동 제작인 경우 한국 자본이 제작비의 30% 이상이면서 점수 합계가 16점 이상이어야 국산 애니메이션으로 인정된다. 이 기준에 의해 국산 애니메

표 7.8 · 국산 애니메이션 점수 제도

	셀	3D CG	스톱모션
1점	지적재산권, 수익분배권, 레이아웃, 선/채화, 영상편집, 주제가, 성우녹음, 효과음악, 음향/믹싱	지적재산권, 수익분배권, 캐릭터디자인, 배경, 매핑/텍스쳐, 영상편집, 주제가, 성우녹음, 효과음악, 음향/믹싱	지적재산권, 수익분배권, 모델디자인, 배경, 미술감독, 조명, 영상편집, 합성, 주제가, 성우녹음, 효과음악, 음향/믹싱
2점	프로듀서, 기획착안, 시나리오, 모델디자인, 총감독, 스토리보드, 배경디자인, 배경제작, 원화, 동화	프로듀서, 기획착안, 시나리오, 모델링(캐릭터), 모델링(배경), 총감독, 스토리 보드, 애니메이션, 비주얼이펙트/합성, 렌더링	프로듀서, 기획 착안, 시나리오, 스토리 보드, 캐릭터 제작, 세트제작, 총감독, 스톱모션 애니메이션, 촬영

자료: 방송위원회

이션으로 분류되면 방송 편성쿼터를 만족하는 것으로 인정되며, 또한 여러 가지 정부 지원 정책의 혜택을 받을 수 있게 된다.

과거 20년간 정책적 지원과 애니메이션 업계의 노력으로 한국 창작 애니메이션이 육성되었다. 널리 알려졌듯이 한국 창작애니메이션의 최대 성과로 <뽀로로>가 손꼽힌다. 2003년 EBS TV에서 처음 방영된 <뽀롱뽀롱 뽀로로>는 처음부터 5%라는 시청률을 기록하여 국산 애니메이션으로는 신기록을 세웠다. 이후 소위 "뽀통령"으로 불릴 만큼 일대 바람을 일으켰다. 이후 15년 동안 <뽀로로>는 전 세계 130개국에 수출되었고, 프랑스에서는 시청률 57%라는 놀라운 기록을 보이기도 했다. 그 결과 <뽀로로>의 해외 매출은 100억 원을 넘어서고 있다. <뽀로로>의 모회사 아이코닉스는 뽀로로와 더불어 <꼬마버스 타요> 등의 IP를 보유한 어린이용 콘텐츠 전문 기업이다. 2017년 아이코닉스 총매출은 1,111억 원으로 전년 1,002억 원 대비 10.9% 증가하였다고 보고되고 있다. 아이코닉스는 자회사로 뽀로로파크, 플레이스원, 베이징 창려문화전파유한공사, 모린, 스튜디오 게일을 가지고 있어 글로벌한 기업으로 성장하였다. 아이코닉스는 뽀로로, 타요버스 등의 애니메이션을 자체 유튜브 채널에 방영하여 340만 명(뽀로로 270만 명, 타요버스 70만 명) 이상의 구독자 수를 확보하기에 이르렀고 아마존, 넷플릭스 등과의 제휴를 통해 글로벌 사업에 활발히 참여하고 있다. <뽀로로>의 저작권 수입은 한 해 160억 원, 캐릭터 상품 전체 매출은 8,000억 원을 기록하고 있다.

<뽀로로>는 한국 애니메이션의 정책적 지원과 업계의 획기적 체질 개선이 낳은 성과이기도 하지만, 한편 비판의 소리도 제기되고 있다. 업계에서는 <뽀로로>의 성공 이후 너도 나도 이를 벤치

마킹하여 비슷 비슷한 작품이 쏟아져 나오고 유사한 사업을 진행하여 좁은 애니메이션 시장에서 경쟁이 격화하고 퇴출되는 기업이 속출한다는 문제가 제기된다. 영상산업은 창의성을 기반으로 하는데, 유사한 콘텐츠들이 우후죽순 생기는 것은 대체제의 확산으로 실패할 수 밖에 없다.

더 나아가서 <뽀로로> 같은 유아 콘텐츠는 애니메이션을 유아, 아동의 전유물로 인식하는 좁은 틀로만 접근하게 한다는 문제를 노정한다. 애니메이션 시장이 확대되려면 어린이의 전유물이라는 선입견에서 벗어나는 것이 중요하다. 현재 애니메이션 중 높은 관객 동원율을 보이는 작품을 보면, 어린이 뿐 아니라 성인들의 참여가 높은 것이 많다. 특히 일본 애니메이션이 많은 관객을 동원하는 것을 보면 이미 어린이 층을 넘는 관객 시장은 형성되어 있다고 할 수 있다. 방송의 경우는 편성 시간이나 채널 특성상 어린이와 소수 매니아들이 전유하는 경향이 있기는 하지만 문화적 편견으로 애니메이션산업의 성장 가능성을 막는 것은 재고해야 할 문제라 할 수 있다.

애니메이션의 쿼터 정책 등 규제 정책은 대부분 방송에 집중되고 있다. 방송이 부흥의 날개짓을 하는 데 비해 극장용 애니메이션은 TV용보다 더욱 열악한 상황을 드러내고 있다. 극장용 애니메이션은 수입 애니메이션에 비해 경쟁력을 보이지 못하고 있다. 한해 상영되는 국산 장편 애니메이션은 평균 한 작품이 안되고 이마저 일반 관객의 외면을 받아왔다. 2003년에 상영된 <원더풀 데이즈>가 관심을 끌면서 당시로서는 획기적인 20만 관객을 모았다. 이후 애니메이션 역사상 역대 최대 관객을 동원한 <마당을 나간 암탉>이 200만을 기록하며 기염을 토했다. 하지만 이후 애니메이션 영화의 획기적 기록은 이어지지 못하고 있다. 현재까지 100만 이상을 동원한 것으로는 <마당을 나간 암탉>이외에 <점박이: 한반도 공룡>이 유일하다. 이에 비해 디즈니를 비롯한 수입 애니메이션의 경우는 대대적인 마케팅과 볼거리로 관객 몰이를 하고 <겨울 왕국>은 천만 관객을 동원하였다. 일본 애니메이션 <하울의 움직이는 성>의 경우도 300만을 동원하며, 어린이를 넘는 다양한 관객층을 대상으로 한 애니메이션 시장의 성장 가능성을 보여주고 있다.

극장 애니메이션의 시장은 전반적으로 확대되는 추세를 보인다. 2015년 극장 개봉 애니메이션은 68편, 2016년 83편, 2017년 97편, 2018년 109편으로 상승 곡선을 타고 있다. 이에 비해 국내 창작 애니메이션은 극히 소수에 그쳐, 2018년 성과를 거둔 작품으로는 <극장판 헬로카봇: 백악기 시대>가 87만 명 관객을 동원했고, <신비아파트: 금빛 도깨비와 비밀의 동굴>이 67만 명을 동원한 두편 정도에 그치고 있다. 한편 애니메이션산업의 확장을 시도한 <넛잡 2>(2017), <스파키>(2018), <해적왕 작스톰>(2018) 등 글로벌 프로젝트가 100억 넘는 제작비로 야심차게 출발했지만 그리 산업적 성공을 이루어내지는 못했다. 국내 관객만 보면 <넛잡>이 50만 정도 관객을 동원하는 데 그치고 있다.

극장용 애니메이션은 많은 제작비와 높은 기술 수준이 요구되는 분야로 만만한 분야는 아니다. 국내 애니메이션산업은 한해 매출 6,101억 원 규모로 콘텐츠산업 전체 총매출액 100조 규모의 0.6%에 그친다. 출판, 방송, 광고, 게임 등 다른 콘텐츠산업 중 가장 낮은 비중을 보이고 있다. 이런 상황에서 기술 개발에 투자하고 높은 제작비를 감당하여 수준 높은 극장 애니메이션을 제작하기가 현실적으로 어렵다는 것이 업계의 입장이다. 그러나, 애니메이션 시장이 날로 성장하고 있고 이미 다양한 수요가 국내 관객 사이에 존재한다는 점을 감안하면 새로운 전략과 시각이 필요할 때이다. 한국 애니메이션산업의 뿌리 깊은 구조적 문제를 극복하고, 문화적 편견을 넘어 산업적 전략으로 대응할 분야라고 할 수 있다.

한편, 방송과 극장용 애니메이션이 느린 성장을 보이는 데 비해, 최근 부상하는 것은 웹툰의 성장이다. 그동안 국산 애니메이션 창작 기반을 확대하기 위한 다양한 지원 정책과 교육의 확대가 어느 정도 웹툰이라는 새로운 시장으로 편입된 결과라고 볼 수 있을 것이다. 한국 애니메이션 창작 기반의 잠재력에도 불구하고 산업적인 성과로 연결되지 못한 것은 창작 작업에 대한 정책적 지원이 기존 산업에 편입되지 못하였기 때문이다. 과거 하청으로 몸집을 키운 애니메이션 업계의 전통에서 새로운 교육을 받고 창작 열기를 불태우는 애니메이터들을 영입하기는 어려웠다. 기존 업체들은 노동집약적인 제작환경에 익숙했고, 새롭게 교육 받은 창작자들은 업계를 외면하는 악순환이 계속되었다. 그래서 한국 애니메이터들이 안시같은 유서 깊은 세계 애니메이션 영화제에서 우수한 수상 실적을 보였음에도 불구하고 애니메이션산업은 답보하거나 퇴보하는 경향을 보여 왔다. 이에 웹툰 같은 만화 제작의 새로운 창구들은 애니메이터들에게 새로운 창작 공간을 제공한 셈이 된다.

웹툰은 한국이 처음 선 보이고 개발한 콘텐츠라는 점에서 의의가 크다. 2000년 이후 출판 중심의 만화산업이 온라인을 중심으로 재편되면서 포털사이트 무료 웹툰이 나오기 시작하였고 2013년 웹툰의 유료화가 본격적으로 진행되었다. <표 7.9>에서 보듯이 현재도 출판 만화가 매출의 절반을 차지하지만 웹툰의 비중은 22%정도를 점유하고 있다는 것을 알 수 있다. 성장률로 보면 출판 만화가 5%

표 7.9 · 만화산업 현황

중분류	소분류	2016년	2017년	2018년	비중(%)	전년 대비 증감률(5%)	연평균 증감률(%)
만화 출판업	만화 출판사	143,655	155,016	163,258	13.9	5.3	6.6
	일반 출판사 (만화 부문)	341,225	365,076	379,209	32.2	3.9	5.4
	소계	484,880	520,092	542,467	46.0	4.3	5.8
온라인 만화	인터넷/모바일 만화	27,255	37,876	46,669	4.0	23.2	30.9
	인터넷/모바일 서비스	120,888	165,067	218,989	18.6	32.7	34.6
	소계	148,143	202,943	265,658	22.5	30.9	33.9
만화책 임대업	만화임대	23,288	24,748	27,258	2.3	10.1	8.2
	서적임대	44,228	48,541	50,621	4.3	4.3	7.0
	소계	67,516	73,289	77,879	6.6	6.3	7.4
만화 도소매업	만화 서적 및 잡지류 도매	61,056	62,897	63,735	5.4	1.3	2.2
	만화 서적 및 잡지류 소매	214,662	223,006	228,874	19.4	2.6	3.3
	소계	275,718	285,903	292,609	24.8	2.3	3.0
합계		976,257	1,082,228	1,178,613	100.0	8.9	9.9

자료: 한국콘텐츠진흥원 2019

대 성장률인데 비해, 웹툰은 30%대의 평균 성장률을 기록하고 있다. 네이버는 현재 서비스 중인 웹툰 규모가 500편 정도라고 밝히고 있다.

웹툰은 해외에서도 큰 호응을 받아 인도네시아, 태국, 미국 시장에서 구독자가 100만 명을 넘긴 작품들이 속속 생겨나고 있다. 네이버는 해외 서비스 시작 2년 만에 웹툰의 월간 활성이용자수(MAU) 1,800만 명을 달성하여 해외 사용자수가 국내 사용자수를 넘어서는 성과를 냈다고 밝히고 있다. 네이버 웹툰은 전 세계 100개국에 서비스를 확대하고 있는데, 2019년 한해 글로벌 콘텐츠 거래액은 6,000억 원에 이른다. 성장률은 전년 대비 81%이며 이용자는 53%

더 증가한 기록이다. 앱애니 자료에 따르면 네이버 웹툰은 100개국 구글플레이 앱마켓에서 만화 분야 수익 기준 1위를 기록하고 있다. 월간이용자수(MAU)는 6,000만 명, 월간 페이지뷰는 105억뷰를 기록하고 있다. 북미 시장에서 2019년 11월 기준 MAU 1,000만 명을 기록하기도 하였다. 북미에서 '라인 웹툰'을 자회사로 운영하는데, 미국 애플 앱스토어 엔터테인먼트 앱 중 16~24세의 주간 사용자 수 기준으로 4위를 기록하고 있어 웹툰의 인기를 증명하고 있다.

현재 새로운 매체 환경에서 웹툰의 성장은 창작자의 실력으로 승부하는 세계이다. 웹툰은 연관 영상산업에 소스를 제공하면서 많은 시너지 효과를 내고 있어 고무적인 일이라 아니할 수 없다. 앞으로 새로운 미디어가 확대되고, 국제적으로도 한국 웹툰이 유통되고 있는 현실을 고려할 때, 웹툰의 성장은 더욱 가속될 것으로 예상된다.

3 애니메이션 기술과 예술의 경쟁

글로벌한 장에서 애니메이션 시장이 확대되고 경쟁이 치열해지면서 한편에서는 새로운 기술을 개발하고 새로운 기획으로 시장을 재패하려는 시도가 있는 반면, 다른 한편에서는 전통을 고수하고 애니메이션을 산업이나 기술이 아닌 예술로 보고 작품 미학으로 승부하려는 노력도 지속되고 있다. 세계 2위의 애니메이션 패권국인 일본에서 가장 예술적으로 추앙 받는 지브리 스튜디오의 애니메이션 작품은 대표적으로 2D 애니메이션을 고수하며 휴머니즘적 가치와 환경주의 같은 이념적 사상적 주제를 계승하고 있다. 이와 같은 애니메이션의 예술적 접근이 일본 국내 뿐 아니라 세계적으로도 높은 호응을 받으면서 산업적으로도 성공하고 있는 것은 애니메이션의 미래에 대해 또 영상산업의 미래에 대해 다시 생각하게 한다.

애니메이션이 산업적으로 팽창하고 다양해지는 것은 문화적 맥락에서 이해할 필요가 있다. 애니메이션에 대한 관심은 하늘 아래 새로운 현상이 아니라, 실상은 역사적으로 억압되어 왔던 영상이미지에 대한 관심의 부활에서 비롯된다. 앞서 지적했듯이, 인류의 문명은 대부분 문자 중심주의가 너무나 강력하기 때문에 문자언어에 의한 의사소통이 자연스럽고 당연한 것으로 생각하기 쉽지만, 기실 영상언어가 역사 이전부터 의사소통과 자기 표현의 중심이 되어 왔다는 것을 상기할 필요가 있다. 문자언어는 서구 문명의 이성 중심주의와 맥을 같이 하면서, 소유권을 공고히 하기 위한 기록의 필요성에 따라 문자 중심주의 문명을 공고히 하게 된 것이다. 문자에 비해 영상이미지는 그 기호의 다의성에 의해 획일적인 해석과 통제에 적절하지 않아 억압되는 역사적 과정을 거치게 된 것이다.

문자 중심주의 문명권에서 영상 이미지는 희화화되거나 유희화되는 경향을 보이는데 만화나 애니메이션에 대한 고정 관념도 이와 같은 문자중심주의의 발현일 수 있다. 만화를 어린이의 전유물로 여기거나 만화를 즐기는 사람을 미래 전망이 없는 도태된 자 쯤으로 인식하는 것이 이런 고정 관념을 반영하고 있는 것이다. 또한, 미디어나 애니메이션 시청에 열을 보이는 어린이를 우려스럽게 보고 교육상 문제를 우려하는 어른들의 가치관도 이런 문화적 편견의 반영일 수 있다. 이런 환경에서 만화, 애니메이션이 내용이나 용도에 있어 점점 변방화되어 저급 문화로 인식된 것도 이런 문화적 권력의 결과이다.

그러나 실제 애니메이션산업은 첨단의 기술과 새로운 콘텐츠 기획이 집대성된 분야이다. 기술의 발전에 따라 영상 이미지의 다의성과 풍부성이 기록되고 재생산될 수 있는 기술적 기반이 특히 영상 매체와 컴퓨터 커뮤니케이션의 발전에 힘입어 가능해졌다. 또한, 사회 문화적 변화에 따라 이성 중심주의를 넘는 새로운 유형의 인간주의, 감성주의가 눈뜨게 되는 소위 포스트구조주의 혹은 포스트모더니즘의 확산은 영상 문화에 대한 새로운 시점을 제공하게 된다. 이른바 포스트 사상은 이성 중심주의의 서구사상이 지식을 통해 행사해온 권력에 대한 총체적 반성으로 해체주의를 표방하게 되는 것이다. 이에 따라 문자 중심주의도 비판을 받게 되고, 일상적, 즉각적 말, 복합적, 영감적 이미지의 다의성이 새로운 가능성으로 자리매김하게 되는 것이다(Derrida 1978). 포스트모던 영상 이미지의 추앙은 사실 이와 같은 기존 사상에 대한 저항 의식을 담은 것이라고 볼 수 있다. 애니메이션을 즐기는 성인들이 늘어나고, 매니아 층까지 확대되는 것은 각자 문화적 취향이기도 하지만, 더 큰 시각에서 보면 문자중심주의의 기존 문화에 대한 저항을 나타내기도 하는 것이다. 소위 키덜트라는 하위 집단이 형성되고, 장난감이나 애니메이션에 몰두하는 어른들이 생겨나는 것은 이와 같은 문화적 저항, 더 나아가 기존의 고정 관념을 벗어난 새로운 문화에 대한 희구를 뜻하기도 한다.

이와 같은 문화적 환경의 변화에서, 애니메이션은 산업적인 차원에서 높은 고부가 가치를 창출하면서 강력한 영상 이미지의 새로운 문화 지평을 생산 과정에 편입시키는 분야라는 것은 부정할 수 없는 사실이다. 애니메이션은 다양한 창구 효과로 인해 단계별로 더 많은 부가가치를 더해 갈 뿐 아니라, 2차 소비를 촉발하여 캐릭터, 완구 등 그 어느 것보다 높은 산업 연관 효과를 나타낸다. 이와 같이 애니메이션산업은 산업 자본주의시대 제조업과 대조적인 생산과 소비 과정에서 고부가가치를 창출하는 후기 자본주의의 생산양식을 대표하는 산업이라고 할 수 있다. 이로서 후기 자본주의의 사회 변화는 애니메이션에 대한 새로운 사회적 요구를 높이게 된다. 후기 자본주의는 생산양식의 변형에 의해, 산업 자본주의에서 생산 관계가 변형된 형태로 나타나는데 문화산업의 생산력은 규모와 집중화가 아니라, 지식과 창의력에서 발생한다. 과거 산업이 주어진 가치를 최대한으로 생산하기 위해 최대의 에너지와 자원을 투입하고 노동 가치의 절대적 혹은 상대적 착취를 통해 생산을 관리하는 데 반하여, 영상산업은 가치 자체를 끊임없이 재창조하여 수익을 최대화하는 새로운 형태를 띠게 되는 것이다. 이때 에너지와 자원의 투입은 최소화하고, 노동 가치의 전이도 시간이나 강도를 조절하는 과거의 방법과 다른 창의력을 기반으로 하는 새로운 방법에 의거해 투입되는 산업이 애니메이션산업이다.

이런 의미에서 애니메이션산업은 특히 산업적 논리뿐 아니라 문화적·예술적 측면이 중요하게 작용한다. 세계 애니메이션 시장에서 새로운 개념으로 접근하여 산업적인 성공을 이루어 낸 대표적 경우로 일본 애니메이션을 꼽는 것도 이런 시각에서 이다. 일본 애니메이션은 우리나라 애니메이션에도 큰 영향을 주고 때로 표절 시비에 자주 휘말리기도 한다. 표면적 표절이 아니라도 복제된 스타일이 만연하다는 점에서 한국 애니메이션의 정체성에 문제를 제기하는 시각에서는 "한국애니메이션은 없다"라는 극단적 비관론까지 나온다.

그러나 실제 한국 애니메이션이 80년대까지는 일본을 앞섰고, 한국의 자생적 애니메이션의 정신이 유지되고 있다는 반론도 만만치 않다. 현재 일본이 세계 애니메이션 2대국으로 세계를 재패하고 있지만 일본 애니메이션의 성장은 80년대 이후 일련의 산업적 전략과 새로운 문화 조성에 힘입은 것이다. 일본 애니메이션 성장의 초석을 다진 것은 <우주 소년 아톰>이라는 데 이견이 없다. 잡지 연재 만화를 원작으로 1963년 TV 애니메이션을 제작하여 처음 선보인 이후 지금까지 아톰은 일본 '아니메'의 상징으로 불리기도 한다. 아톰을 제작한 데츠카 오사무는 일본 애니메이션의 아버지로 불리고, 아톰은 이후 일본 애니메이션의 장르를 만드는 교두보가 된다.

초기 일본 애니메이션은 산업적 전략으로 틈새 시장 전략을 채택하였다. 수세대 동안 세계를 재패하는 디즈니 애니메이션에 직접 경쟁하기보다는 일본만의 틈새 시장을 개발하게 되었는데, 이때 만든 장르가 로봇 메카닉 장르이다. 이는 우선 경제성으로 승부하게 된다. 이때 일본이 고안한 제작 방식이 리미티드 애니메이션(Limited animination) 방식이다. 이는 1초에 24프레임을 그리는 풀애니메이션 대신 12 프레임 혹은 경우에 따라 8 프레임 셀을 중복 촬영하는 방식을 말한다. 단점은 동작이 끊기고 부자연스럽게 보인다는 것이고, 장점은 물론 비용을 반으로 혹은 그 이하로 절감할 수 있다는 것이다. 디즈니 같은 부드러움과 휴머니즘을 표현하기 위해서는 풀애니메이션(full animation)으로 제작해야 하지만, 메카닉 장르에서는 경우가 달라진다. 로봇의 동작은 꺾이고 끊기는 것이 특징이므로 리미티드 방식이 비주얼 효과로 작용할 수 있다.

본격적인 로봇 메카닉 장르로 등장한 것이 마징가 Z이며 최초

그림 7.3 · 마징가 Z와 태권 V

의 순수 로봇 메카닉 히어로이다. 1972년 처음 출시된 마징가는 우리나라에서도 큰 인기를 끌었다. 당시 일본 애니메이션인지 모르고 즐겼던 어린이들이 나중에 이를 알게 되어 실망하고 배신감을 느끼는 경험을 했다는 것이 일종의 성장통 같은 통과 의례라는 말이 나올 정도로 인기가 있었다.

그러나 이때만 해도 한국의 애니메이션은 일본에 경쟁력이 있었다는 것이 다수설이다. 일본에 마징가가 있었다면 우리나라에는 태권 V가 있으며, 둘이 싸우면 누가 이기나 내기를 할 정도로 쌍수를 이루는 인기를 구가하였다. 태권 V는 한국 창작 애니메이션의 상징이며, 현재까지도 한국 애니메이션의 정체성으로 평가받는다. 1976년 개봉 당시 70만을 동원했다는 경이로운 기록을 남기고 있다. 또 2007년 원작을 재개봉했을 때 60만을 동원하여 현재까지 관객 동원 5위 안에 드는 기록을 낳았다. 70년대 만화를 알 리 없는 어린이부터 추억을 찾는 어른에 이르기까지 관람했다는 말이 된다. 태권 V가 가진 캐릭터의 힘 때문에 3D로 제작하여 한국판 트랜스

포머의 신화를 쓰겠다는 프로젝트가 진행되고 있기도 하다.

80년대는 한국과 일본 애니메이션 역사가 두갈래로 갈라진 시기이다. 일본은 초반 TV 애니메이션의 인기에 힘입어 애니메이션 시장 확대가 진행된다. 특히 OVA(Original Video Animation)의 활성화로 한해 수백편의 애니메이션이 제작되었다. 비디오 전용 애니메이션은 사업자가 쉽게 진입할 수 있고 심의에서 자유로워 다양한 실험이 가능한 매체가 될 수 있다. 이에 힘입어 일본에서 한해 400편 이상 작품이 발표될 정도로 일본은 세계 최대 애니메이션 생산국이 되었으며, 다양한 장르를 개발하여, 청소년, 성인, 하드고어에 이르는 다양한 나이와 계층을 겨냥한 작품이 쏟아져 나오게 된다.

이에 반해, 80년대 이후 한국은 애니메이션의 제작 역량과 우수한 품질이 세계의 주목을 받아 하청 생산으로 전환하게 된다. 디즈니를 비롯한 세계 유수의 업체가 한국 애니메이션 제작의 솜씨를 빌려 애니메이션을 주문 생산하기에 이른다. 그 결과 앞서 지적했듯이 한국 애니메이션의 창작 기반은 꺾이고, 기형적인 산업 구조를 배태하게 된 것이다.

일본 애니메이션은 다양한 실험과 산업 기반의 확대로 성장하면서, 작품성과 예술성을 강조한 일본 아니메 장르를 배태하는 밑거름을 형성하게 된다. 애니메이션의 예술성을 극대화시켜 강조하는 인물로는 단연 미야자키 하야오가 손꼽힌다. 그가 속한 지브리 스튜디오는 애니메이션을 예술성으로 끌어올린 제작사로 인정받고 있다. 지브리는 다카하타 이사오와 미야자키 하야오 두명의 애니메이션 감독의 작품 제작을 목적으로 1985년 도쿠마 서점의 출자로 설립되었다. 출자 전 개봉된 <바람의 계곡 나우시카>의 성공으로 사실상 지브리가 출발한 것이며, 이후 세계적 명작으로 꼽히는 애니메이션을 제작하면서 흔들림없이 예술성에 천착한 작품의 전통을 이어오고 있다. 미야자키 하야오 감독의 <센과 치히로의 행방불명>(2001)은 2002년 베를린국제영화제 금곰상, 2003년 아카데미시상식에서 장편 애니메이션 부문을 수상하여 지브리를 세계에 알렸다. 산업적으로도 성공하여 일본 내 현재까지 관객 동원수 1위를 기록하고 있으며 세계에서도 304억엔(3,500억 원)의 수입을 올렸다. 2004년 개봉한 <하울의 움직이는 성>은 지브리 작품 중 국내 최대 관객을 동원하였다. 또 <이웃집 토토로>는 지브리의 매니아 층을 형성한 작품으로 지금까지 팬층이 두텁고, <모노노케 히메>는 가장 일본적인 정서를 보편적 주제로 표현한 애니메이션으로 평가받기도 한다.

미야자기 하야오는 애니메이션은 기본적으로 그림으로 그려야 한다는 신념을 갖고 있고, 죽을 때까지 2D 애니메이션만을 제작하겠다고 선포한 바 있다. 이와 같은 전통과 예술성에 대한 고집에 가까운 신념은 애니메이션을 산업으로서가 아니라 예술로 인식하는 가치의 표현이라고 할 수 있다. 지브리의 세계적 명성에도 불구하고 현재는 하강하는 추세에 있다. 일단 두명의 감독에 의존한 스튜디오 운영이다 보니 이들이 80세를 바라보는 나이로 작품을 양산할 수 없다는 한계가 있다. 이에 지브리가 새로운 기획으로 돌파구를 마련하려고 하지 않고, 전통과 예술성을 고수하고 있는 점은 여러가지 점을 시사해 주고 있다.

일본의 지브리 스튜디오가 창조하고 고수한 애니메이션의 예술적 전통은 광범위하게 일본 애니메이션 발전에 영향을 주었다. 가장 특기할 영향력으로 전 세계적인 호응을 불러왔던 2016년 개봉작 <너의 이름은>을 들 수 있다. 이는 지브리가 아닌 도호[2]의 작품이지만, 2D 애니메이션으로 빛의 예술이라고 불리는 훌륭한 영상과 관객을 사로잡는 서사로 상업적인 성공도 이루었다. <너의 이름은>은 일본에서만 230억 엔의 수익을 올렸고, 중국에서 약 8,130만 달러의 수익을 올리면서 2D 애니메이션 중 최고의 흥행을 기록했다. 중국에서 7,000여개 영화관에서 동시 개봉되었고, 개봉 당일 277만 관객을 모았다. 2016년 기준, 오스트레일리아에서 771,945달러, 뉴질랜드에서 95,278달러의 수익을 기록했다. 한국에서도 개봉 첫주 118만 관객을 동원하고 약 820만 달러의 수익을 올려 박스오피스 1위를 기록했다. 이 작품의 흥행으로 신카이 마코토 감독은 일본에서 애니메이션 감독으로 미야자키 하야오와 더불어 흥행 수입 100억 엔 이상 올린 감독으로 이름을 올리기도 하였다. <너의 이름은>은 2D 애니메이션으로 회화성을 강조하는 일본 예술 애니메이션의 전통을 이어가며 예술성과 산업적 성공 신화를 다시 한번 쓰고 있다고 평가된다.

---

2 도호는 영화·연극 제작 배급·흥행과 부동산, 교통에 종사하는 한큐 계열의 대기업이다. 1950년대 부터 일본 영화 제작 배급에 관여하여 <7인의 사무라이>나 <숨은 요새의 세 악인> 등의 구로사와 아키라 작품과 <고지라>나 <모스라> 등의 제작에 참여하였다. 이후 일본 영화산업의 황금기가 쇠퇴하면서 도호도 영화 제작에 주춤하다가 2000년대 이후 영화 제작에 활발한 행보를 이어가고 있다. 2013년에는 애니메이션 사업을 신설하게 된다. 이후 애니메이션은 도호 영화 사업의 성공 신화를 이어가는데, 2013년 <바람이 분다>, 2015년 <요괴워치>, 2016년 <너의 이름은>은 그해 수익 1위를 기록하는 영화가 되었다. <바람이 분다>는 미야자키 하야오의 만화를 원작으로 하고 있다.

게임산업의 진화와 기술적 발전

게임은 흔히 청소년들의 공부를 방해하고 중독에 빠져 사회 부적응자로 전락시키는 부정적인 이미지로 인식되는 경우가 많다. 하지만 게임은 영상산업 중에서 최대 성장 분야이고, 새로운 기술이 활발하게 도입되는 분야이다. 4차 산업혁명 시대 관련 기술이 현실적으로 가장 구체적으로 시험되고 적용되는 분야도 바로 게임이다. 게임은 현재 한국 콘텐츠산업 중 세계 수출의 절대적 위치를 차지하고 있다. 현재 한국 게임산업은 세계 4위를 기록하고 있다. 앞서 방송의 수출·입을 설명하면서 개괄했다시피, 게임은 영상 미디어산업 중 가장 수출 실적이 높은 분야이고 <표 5.3>에서 보듯이 전체 영상 콘텐츠 수출 중 60%를 넘고 있다. 한류의 원조 방송 수출이 전체 콘텐츠 수출 중 5%에 그치고 있고, 영화는 0%대 수출 기록을 보이는 것과는 큰 대조를 이룬다. 이와 같은 게임산업의 중요도에 비해 국내 게임산업은 왜곡된 시장 구조와 법적·규제적 논란으로 제대로 성장하지 못하고 있는 것이 문제점으로 지적된다. 또한 게임의 문화적 중요성에 비해 이에 대한 연구와 인식이 극히 저조한 것도 문제점 중 하나이다. 본 장에서는 게임의 산업적 추이와 기술 적용의 실태를 분석하고 게임산업의 거버넌스의 문제를 살펴보고자 한다. 또한 게임의 문화적 측면을 심층적으로 분석하여 게임과 소비 문화의 관계를 조명하고자 한다.

1 게임산업의 발전과 테크놀로지의 진화

90년대 IT 벤처 붐을 타고 성장하기 시작한 한국 온라인게임은 예상치 못한 메가 히트를 치면서 세계 시장을 석권하게 되었고, 현재 세계 4위의 게임산업 대국으로 성장했다. 이후 한국 게임은 꾸준한 성장세를 유지하고 있지만, 최근 새로운 테크놀로지의 진화, 해외 게임의 거센 도전, 게임 플랫폼 환경의 변화로 위기의 기로에 서있다.

우선 가장 최근 발표된 정부 발간 게임 백서에 나타나듯 게임산업은 꾸준한 성장을 보이고 있다는 것을 알 수 있다. <그림 8.1>에 나타나듯이 국내 게임산업은 14조원 규모로 영상산업 중 큰 규모를 자랑한다. 성장률도 등락을 거듭하기는 하지만 과거 10년간 평균 10%의 성장률을 보여 산업 규모를 키워왔다.

가장 특기할 점은 게임산업이 국내 미디어 콘텐츠 분야에서 압도적인 수출 비중을 보인다는 점이다. <표 5.3>에 나타나듯이 국내 미디어 콘텐츠 관련 산업 중 게임의 수출 비중은 66%로 한류를 대표하는 방송, 영화, 음악을 모두 합친 것보다 5배 많은 수출을 자랑하는 절대적 우위를 보이고 있다. 산업적 시각에서 보면 게임한류가 오히려 어울리는 말로 한류의 자긍심을 드높이는 케이팝이

그림 8.1 · 한국 게임산업 추이

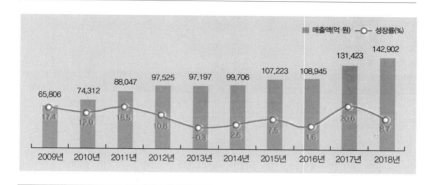

자료: 한국콘텐츠진흥원

나 한국 영화의 산업적 실적과 비교할 수 없는 높은 성과를 보이고
있다. 한국 게임산업은 전 세계 게임산업 중 미국, 중국, 일본 다음
으로 4위를 차지하고 있다.

  <표 8.1>에서 보듯이 한국은 전 세계 게임 시장 중 6.3%를 차
지해 3위와 다소 거리 차이를 두고 있기는 하지만 4위를 유지하
고 있다. 2018년 세계 게임 시장 규모는 1,783억 6,800만 달러이
고 우리나라는 14조원, 13억 달러 규모로 6.3%를 차지한다.

  우리나라 게임 수출의 최대 대상국은 역시 중국이다. 2018년 한
국 게임산업의 수출액 비중은 중국(30.8%), 미국(15.9%), 대만/홍
콩(15.7%), 일본(14.2%), 동남아(10.3%), 유럽(6.5%) 순으로 나타
나고 있다. <그림 8.2>는 세계 권역별 수출 비중을 도형그래프로
보여주고 있다. 중국은 최대 인구 국가로 게임 이용자가 많고 한류
의 영향으로 한국 게임에 대한 수요가 높지만, 또 그만큼 변화무쌍
하고 도전적인 국가이기도 하다. 현재 중화권의 수출 실적이 절반

에 육박하고 있는데 한 국가에 의존도가 높으면 갑작스런 변수가 생길 경우 취약성으로 작용할 수 있다.

표 8.1 • 세계 게임 시장　　　　　　　　　　　　　　　(단위: 천 달러. %)

순위	국가	시장 규모	비중
1	미국	37,429	21.0
2	중국	31,635	17.7
3	일본	21,265	11.9
4	**한국**	**11,326**	**6.3**
5	영국	10,055	5.6
6	독일	8,829	5.0
7	프랑스	8.369	4.7
8	이탈리아	4,113	2.3
9	캐나다	3,523	2.0
10	스페인	3,133	1.8
이하	기타	38,691	21.7

자료: 게임백서 2019

그림 8.2 • 지역별 국내 게임 수출비중(%)

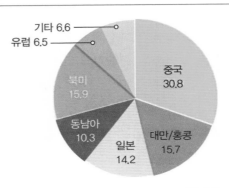

현재 우리나라 게임산업은 여러 가지 도전에 직면해 있다. 첫째, 게임 테크놀로지의 진화에 적응 문제이다. 게임산업은 4차 산업혁명 관련 기술을 적극적으로 받아들이며 크고 작은 기술을 실험하고 발전시키는 교두보의 역할을 하고 있다. 게임산업이 가장 활발하게 적용하는 4차 산업혁명 연관 기술은 가상 현실(VR), 증강 현실(AR) 기술이다. 현재 게임장이나 테마 파크 등에 전용 VR 게임을 설치하고 있으며 이외에도 모바일이나 콘솔, PC 게임에 VR 기술 도입이 활발히 전개되고 있다. PC나 모바일로 VR 게임을 이용하기 위해서는 헤드셋 같은 HMD 장비를 구비하여 이용할 수 있다. 콘솔 게임의 경우 전용 장비가 없는 경우 별도 장비를 구입하여 VR 게임을 이용할 수 있다.

이와 같은 4차 산업혁명 관련 기술 진화가 게임산업에 새로운 화두로 떠오르고 있지만, 우리나라 게임산업은 아직 미온적인 태도로 일관하고 있다. 그 이유로는 아직까지 새로운 기술에 대한 이용자들의 반응이 그리 호의적이지 않다는 점이 새로운 기술 도입을 주저하게 하는 원인으로 작용한다. 한국콘텐츠진흥원 설문조사에 의하면 VR 게임 이용자 다수가 재미가 없다는 반응을 보였고, PC방에서 이용한 사람들 중 100%가 재미없다는 반응을 보였다. 이는 VR 게임에 비호의적인 다른 이유, 가격이 비싸다는 이유를 압도적으로 앞서는 반응이다. 재미가 없을 뿐 아니라 어지럽고 불쾌감을 유발한다는 반응도 많았다. 이용자로서 HMD 장비를 구입하고 착용해야 한다는 것도 부담이 될 수 있다. 장비가 많이 싸지기는 했지만 아직 안정적이지 않고 성능의 문제도 자주 발생하고 있다.

몇년 전 신드롬을 일으켰던 AR 게임 <포켓몬 고>도 우리나라 게임 업계에는 기술 도입의 자극제로 작용하지 못했다.[1] <포켓몬고>의 세계적 인기로 AR 게임 성장 가능성이 수백배 증가할 것으로 예측되었지만 AR 게임 개발을 위해서는 렌더링 기술, 장비 기술에 대한 장기적 투자가 필요한 만큼 게임 업계에서 이런 장기적 투자를 할 수 있는 기업은 많지 않다. 현재 상황은 게임의 대기업들이 기술 개발에 소극적이고 게임의 기술 진화를 위한 R&D도 오히려 중소 기업에서 아이디어를 내고 특허를 내는 실정이다. 현재 게임산업의 선두주자들이 기술 개발에 소극적인 경향은 문제점으로 제기된다.

한편, 현재 게임 기술 진화의 최대 화두로 5G 기술을 들 수 있다. 모바일 통신사들이 5G 기술을 선보이면서 홍보를 위해 게임을 많이 활용하였다. 통신사들이 새로운 기술 환경에서 게임 이용이 어디서나 가능하다는 것을 내세워 광고의 소재로 삼을 정도로 5G 기술은 게임산업의 새로운 장을 마련하게 될 것이라고 전망되었다. KT, LG 등 통신사들이 5G 기술을 도입하면서 내놓은 광고에는 모바일폰을 통해 자유롭게 게임을 즐기는 모습을 연출하였다.[2]

<그림 8.3>의 예시에서 보이듯이 카페나 대중 교통에서 MMORPG를 즐기는 모습을 광고에 담겼다. 그러나 세계 최초 5G 기술 보유국의 위상이 무색할 정도로 현재 5G 기술발전은 한계를 드러내고 있다. 현재 5G 기술은 한국 통신망에서 15% 밖에 되지 않는다는 보도가 나올 정도로 5G 기술은 아직까지 불안정한 상태이다. 이런 상황에서 5G 기술이 게임산업에 활용되고 산업의 지형 변화를 유

---

1 메일 경제. 2016.07.13 게임강국 한국의 초라한 AR: AR게임시장 전무…데이터·장비개발 오래 걸려 투자 머 뭇 https://mk.co.kr/news/special-edition/view/2016/07/503187/

2 https://tv.naver.com/v/11632207

그림 8.3 · 5G 광고

도하는 데 아직 우리나라 업계가 갈길은 멀다.

　5G 기술의 보급은 게임의 생태계를 변화시키고 있다. 가장 큰 변화는 게임 플랫폼의 운영이다. 최근 게임산업의 변화 가운데 가장 눈에 띠는 것은 클라우드 게임의 부상이다. 이는 이용자들이 개별 게임 퍼블리셔별로 다운 받아 이용하는 것이 아니라 클라우드에서 다양한 게임을 즐길 수 있는 형태를 말한다. 구글의 Stadia, 애플의 Arcade를 대표적으로 들 수 있는데, 특히 애플은 100여개의 독점 게임 퍼블리싱으로 이용자를 끌어 모아 선두주자로 자리매김하고 있다. 이런 게임산업의 환경적 변화는 글로벌 독점화의 길로 유도하는 생태 변화이며, 국내 게임산업계에는 불리하게 작용할 수 있다. 현재 해외 게임 수입도 점차 늘어나는 경향을 보이는 것이 그런 우려를 더하게 한다.

　<표 8.2>는 2017년 이후 게임의 수입이 현격히 늘어나고 있는 현상을 보여주고 있다. 이는 게임산업의 지평 변화로 외국 게임의 수입이 늘어나는 현상으로 분석될 수 있다. 외국 게임 업체의 거센

표 8.2 • 국내 게임산업의 수입 현황 　　　　　　　　　　　　　　　(단위: 천 달러. %)

구분		2012년	2013년	2014년	2015년	2016년	2017년	2018년
수입	수입액	179,135	172,229	165,558	177,492	147,362	262,911	305,781
	증감률	−12.6	−3.9	−3.9	7.2	−17.0	78.4	16.3

자료: 한국콘텐츠진흥원

공세와 게임 테크놀로지의 진화는 우리나라 게임 업체들에게 큰 도전으로 작용한다. 특히 벤처 기업으로 성장한 한국 게임 업체에 최근 대기업화한 게임 독과점 현상에 더해 외국 기업의 파상공세가 더해지면서 많은 중소 게임 업체들이 도산위기에 직면해 있다. 2018년 말 이후 이미 중소 기업들이 다수 폐업하는 현상이 통계로 드러나고 있다. 가속되는 경쟁 속에서 성공을 위해서는 새로운 기술 도입을 위해 더 많은 비용을 필요로 하는데 이는 중소 기업에게 이중고가 될 수밖에 없다. 이런 상황에서 투자회사나 대기업은 중소 게임사에 대한 투자를 줄여가고 있고, 그 영향으로 신작 개발을 하지 못한 업체들은 고사할 수밖에 없는 악순환이 계속되는 것이다.

　이런 게임산업의 변화 속에서 한국 게임산업이 대기업 위주로 재편되면서 이들 소수 기업이 성장을 주도하고 있다. <표 8.3>에서 보듯이 넥슨, NC Soft, 넷마블 등 몇몇 대기업이 시장을 주도하고 있다. 5대 기업이 게임산업 전체 매출 14조 중 절반이 넘는 7조 5천을 차지할 만큼 대기업 위주로 재편되고 있다는 것을 보여주고 있다. 문제는 이들 대기업들도 사업의 안정성을 유지하지 못하고 있다는 것이다. 넷마블은 2019년 영업이익이 절반으로 곤두박질치는 기록을 보이는데 이는 넷마블이 배급한 <리니지 레볼루션>의 저조한 실적 때문이다. 한편, 넥슨이 1위를 기록한 것은 넥슨의 오래된

표 8.3 · 국내 게임 기업 실적(2018년)   (단위: 억 원, %)

업체명	매출	매출 증감률	영업 이익	영업이익 증감률
넥슨	25,296	8.0	9,806	9.0
넷마블	20,213	-16.6	2,417	-52.6
엔씨소프트	17,151	-2.0	6,149	5.0
NHN엔터테인먼트	12,821	41.0	687	98.0
컴투스	4,818	-5.8	1,466	-25.6
펄어비스	4,042	244.9	1,668	157.8

자료: 금융감독원

게임 <던전앤파이터>가 중국에서 인기를 끌면서 막강한 이용자 수에 힘입어 끌어 올린 실적에 의한 것이다. 넥슨이 매각에 나서면서 중국 업체가 인수할 것이라는 소문이 돌고 있는 것도 이 게임의 인기에 힘입은 것이지만, 단일 게임에 의존한 기업 구조가 시장에서 우위를 지속할 것인지는 아무도 장담하지 못하기 때문에 시장 가치에 의문이 제기되는 것이다. 한편 엔씨소프트는 2019년 <리니지 2M>을 출시하면서, "큰손 택진 형"이라는 별명으로 뉴스에 회자될 정도로 큰 성공을 거두었다. 엔씨소프트 자체 발표에 의하면 2020년 1분기 영업이익은 전년 대비 200% 증가하고 매출은 100% 증가하는 실적을 보이고 있다. 이와 같이 단일 게임의 상황적 변수에 의해 산업의 희비가 엇갈리는 경향은 역설적으로 게임의 불안정한 산업 구조를 보이는 문제를 말해 준다.

현재 한국 게임산업의 구조가 정체적인 경향을 보이며 테크놀로지 진화와 플랫폼의 변화에 제대로 적응하지 못하고 있는 문제를 보인다. 넥슨이나 엔씨소프트 같은 대기업 게임업체들도 과거의 영광을 답습하고 있는 것이지 새로운 기술 개발이나 장르 개발을 하여 성공을 유도하는 것은 아니고 기술 개발에 소극적이라는 문제점이 있다. 일단 플랫폼 측면에서 보면 우리나라는 PC 기반의 온라인 게임에 치중하는 경향을 보인다.

<표 8.4>에서 보듯이 세계 시장에서 국내 게임이 PC 분야에서 14% 정도인데 비해 모바일은 9%, 콘솔은 1%대를 기록하고 있다. 이에 비해 세계 게임 시장의 추세를 보면 모바일이 절대적 비중을 차지하고, 콘솔 게임이 크게 증가하는 추세를 보이고 있다. <그림 8.4>에서 보듯이 플랫폼별로 보면 모바일 게임이 35%, 콘솔이 27%로 대세를 주도하고 있다. 이에 비해 한국은 PC 기반의 게임이 주도하고 있다. 엔씨소프트의 리니지M, 리니지2M이 큰 성공을 거두면서 모바일 게임의 비중이 점차 높아지는 경향을 보이고는 있기는 하지만, 세계 시장에서 한국 게임의 우위는 PC 부문에 국한되어 있다. 이미 우리나라에서도 게임 이용자의 대다수가 모바일 게임 이용으로 돌아서고 있는데, 그에 맞는 새로운 기술 개발이나 선제적 플랫폼 운영 전략은 부족한 실정이다.

또한 게임 장르 측면에서 국내 업체들은 과거 성공에 힘입어

표 8.4 · **세계 시장에서의 국내 게임 시장 비중(매출액 기준)**   (단위: 백만 달러. %)

구분	PC 게임	모바일 게임	콘솔 게임	아케이드 게임	전체
세계 게임 시장	32,807	63,884	48,968	32,709	178,368
국내 게임 시장	4,566	6,049	480	231	11,326
점유율	13.9	9.5	1.0	0.7	6.3

자료: 게임 백서 2019

그림 8.4 · 플랫폼별 세계 게임 시장 점유율　　　　　　　(단위: %)

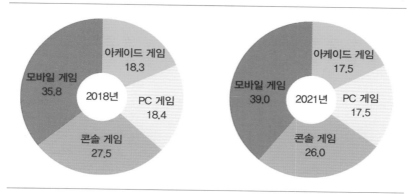

MMORPG에 집중하는 경향을 보인다. 현재 세계적으로 인기 게임의 장르가 빠르게 변화, 융합하면서 새로운 전략적 장르가 개발되고 있다. 또 WoW(War of Warcraft)가 MMORPG가 부동의 위치를 차지하고 있어 이 장르에서 글로벌한 우위를 차지하기는 힘든 장르라고 할 수 있다.

　<표 8.5>, <표 8.6>은 현재 세계와 한국에서 인기 높은 게임 순위를 보이고 있는데, 전통적 MMORPG가 오히려 소수라는 것을 보여주고 있다. 현재 인기순위가 높은 장르로는 FPS(First Person Shooting), 배틀 로얄과 MOBA(Multiplayer Online Battle Arena)장르가 유행을 주도하는 것을 알 수 있다. 한국 게임이 10년 전 히트작에 그대로 머물러 있는 것은 한계로 지적될 수밖에 없다.

　현재 게임산업에서 가장 부상하고 있는 현상은 E-스포츠의 부상이다. <표 8.5>에서 피파 20이 콘솔게임의 1위를 차지할 만큼 E-스포츠의 인기가 높다. E-스포츠는 2018 아시안 게임(Jakarta-Palembang Asian Games) 시범종목으로 채택될 만큼 게임의 위상

표 8.5 · 플랫폼별 세계 게임 이용 순위(2020년 2월)

PC	CONSOLE	MOBILE
1. League of Legends	1. FIFA 20	1. Honour of Kings
2. Dungeon Fighter Online	2. Call of Duty: Modern Warfare	2. Candy Crush Saga
3. Crossfire	3. Grand Theft Auto V	3. Gardenscapes– New Acres
4. Fantasy Westward Journey Online II	4. NBA 2K20	4. Last Shelter: Survival
5. Counter–Strike: Global Offensive	5. Fortnite	5. Clash of Clans
6. World of Tanks	6. Madden NFL 20	6. Pokemon GO
7. World of Warcraft West	7. Dragon Ball Z: Kakarot	7. Monster Strike
8. Roblox	8. Apex Legends	8. Coin Master
9. Fortnite	9. Super Smash Bros. Ultimate	9. Homescapes
10. DOTA 2	10. Tom Clancy's Rainbow Six: Siege	10. Fate/Grand Order|

자료: Superdata

표 8.6 · 국내 게임 이용 순위(2020년 4월)

순위	게임명	순위	게임명
1	리그 오브 레전드(AOS)	6	던전앤파이터(RPG)
2	서든어택(FPS)	7	로스트아크(MMORPG)
3	메이플스토리(MMORPG)	8	피파 온라인 4(스포츠)
4	오버워치 FPS(FPS)	9	카트라이더(레이싱)
5	플레이언노운스 배틀그라운드 (FPS)	10	스타크래프트(RTS)

자료: 게임메카

을 변화시켰다. 현재 국내 게임 중 전문 종목으로 <리그오브레전
드>, <클래시로얄>, <배틀그라운드>, <피파온라인4>가 선정되었고
일반 종목으로 <던전앤파이터>, <서든어택>, <스타크래프트2>,

<카트라이더>, <클럽오디션>, <펜타스톰>, <하스스톤>, <프로에볼루션사커2018> 8개 종목의 채택되었다. 일반 스포츠와 유사하게 E-스포츠는 경기장에서 상용되는데, 2018년 연간 대회 개최일 수는 146일에 이를 정도로 성황을 이루었다. 현재 연간 입장객 수는 182,000명에 이른다. 넥슨 아레나(436석), 서울 OGN E스타디움(1,050석), 아프리카 프릭업 스튜디오(200석), 라이엇게임즈의 롤파크(400석)가 상용 경기장으로 운영되고 있으며 총합 좌석 수는 2,086석이 된다. 정부에서도 E-스포츠 지원 방안을 마련하고 있는데, 그중 경기장 조성 계획이 포함된다. 문화체육관광부는 2019년부터 66억 원 예산으로 전국 5개 권역에 각각 300석 이상 규모의 E-스포츠 경기장을 구축하겠다는 계획을 발표한 바 있다. 또 경기도는 296억 원의 예산을 투자하여 2022년까지 판교 일대에 E-스포츠 전용 경기장을 조성할 계획을 발표하였다.

세계 E-스포츠 시장은 2018년 865백만 달러(9,517억 원) 규모이고, 매년 30%넘는 성장을 하고 있다. 우리나라는 스타크래프트

그림 8.5 · 국내 E-스포츠산업 규모

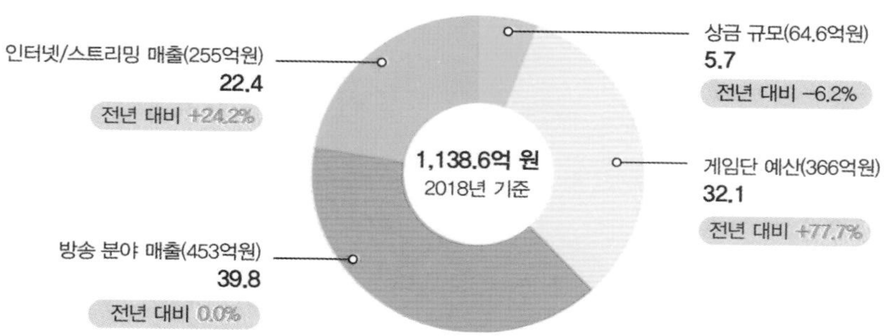

인터넷/스트리밍 매출(255억원)
22.4
전년 대비 +24.2%

상금 규모(64.6억원)
5.7
전년 대비 −6.2%

1,138.6억 원
2018년 기준

게임단 예산(366억원)
32.1
전년 대비 +77.7%

방송 분야 매출(453억원)
39.8
전년 대비 0.0%

자료: 게임 백서 2019

시절부터 E-스포츠의 종주국이라고 할 수 있다. 그러나 현재 세계 시장의 약 15% 정도만 차지하는 규모에 머물러 위축되는 경향을 보인다. E-스포츠산업은 구단, 상금, 중계 예산으로 구성된다.

<그림 8.5>는 국내 E-스포츠 규모와 세부 사업 비중을 보여주고 있다. 이중 중계방송 예산이 가장 큰 부분을 차지한다. 기존 미디어의 비중이 높기는 하지만 증가율은 0%에 머무르는 반면 인터넷 스트리밍 서비스는 급속히 증가하고 있다는 것을 알 수 있다. 유튜브 등의 이용 증가로 인하여 스트리밍 서비스는 급속히 증가하고 있으며 이런 추세는 향후 더 가속될 것으로 보인다. 한편, 게임 구단의 예산이 전년 대비 77% 증가하여, 보다 많은 기업들이 E-스포츠에 관심을 갖고 투자하고 있다는 것을 말해준다. 게임단의 인력구성은 2019년 평균 33.5명으로 프로게이머 평균 16.5명, 육성 군 5.3명, 감독 및 코치 4.9명 사무국 등 6.8명으로 조사되었다(한국콘텐츠진흥원 2019).

현재 E-스포츠산업의 글로벌한 성장은 우리나라 게임산업에는 기회이며 동시에 도전이 된다. E-스포츠를 아시안 게임과 올림픽에 정식 종목으로 채택시키기 위한 워킹 그룹이 발동 중이며, 대한체육회 정식 성원으로 E-스포츠 협회를 포함하기도 하였다. 이같이 E-스포츠산업이 확장되면서 스타크래프트 시절부터 프로게이머를 육성하고 E-스포츠 출발 이후 대회를 석권해온 한국에 전세계가 주목하고 투자를 늘리고 있다. 해외 투자가 한국에 유치되고 게임 종목사들이 한국에 투자를 하는 만큼 또 해외 영향을 크게 받게된다. 향후 글로벌 E-스포츠산업은 더욱 확장 기로에 있으며, 한국이 현재 위상을 유지할 수 있을지는 과제로 남아 있다.

2 디지털 게임의 규제 논쟁과 거버넌스

4차 산업혁명 관련 기술의 시험장으로 날로 기술적으로 진화하고 산업적으로 성장하는 게임에 대해 일반적인 사람들의 사고 방식은 부정적인 경우가 많다. 게임하면 곧바로 중독성, 청소년 유해를 떠올릴 정도로 부정적 인식이 팽배하고, 그 영향으로 각 가정에서 청소년과 부모들이 게임 이용을 두고 줄다리기가 벌어지는 일이 비일비재하다. 이와 같은 게임에 대한 부정적 인식에 기름을 부은 사건이 2019년 세계보건기구(WHO)가 게임 이용을 질병으로 정의하면서 이다. WHO 국제질병표준분류기준(ICD, International Classification of Disease)에서 게임이용 장애는 ICD-11 '6C51' 코드로 표시되어 정신, 행동, 신경발달 장애 영역에 포함시켰다. 이에 따라 게임이용 장애는 지속성, 빈도, 통제 가능성을 기준으로 정신적 질병으로 판정 받게 된다. 우리나라에서는 ICD-11을 수용할지에 대한 논의가 계속되고 있으며, 의료계에서는 지지를, 게임업계에서는 반대 입장을 고수하고 있다. 결론이 어떻게 나오든 그동안 게임 중독성에 대해 학문적인 입증이 제대로 이루어지지 않아 논쟁이 계속되어 왔는데, 게임 중독성을 인정하는 방향으로 선회하는 큰 사건임에는 틀림없다.

우리나라에서 게임 이용에 대한 정책은 규제 위주 정책으로 점철해 왔다. 그때마다 게임 중독성과 청소년 유해성에 대해서는 업계와 정부, 시민단체 간의 논쟁이 격화되어 왔다. 가장 강력한 정책으로 게임 셧다운 정책을 들 수 있다. 이는 16세 이하 청소년 게임 이용자가 0시부터 6시까지 게임을 할 수 없게 차단하는 정책이다. 2011년 5월 19일부터 '청소년 보호법' 개정안에 의해 게임 셧다운제가 실시되었다. 이 법은 2006년 처음 발의된 이후 부처 간 이견, 업계의 반대로 수년간 논쟁으로 이어지다가 마침내 시행된 것이다. 이 법이 시민단체의 요구와 입법부 발의로 제정될 때 실제 게임 중독증을 명시한 것은 아니고, 청소년 수면권 보장을 법의 취지로 내세웠다. 그만큼 게임 중독증은 논쟁의 대상이 되었기 때문에 법에 명문화하기 어려웠던 것이다. 또한, 법 제정 1년 후 2012년 1월 22일부터 '게임산업 진흥에 관한 법률 시행령'상 게임에 과몰입 예방조치로써 본인이나 법정대리인이 요구하는 경우 정해진 특정 시간대나 기간의 게임 제공을 차단하는 선택적 셧다운 제도가 도입되었다. 선택적 셧다운 정책은 부모나 보호자가 청소년의 게임 시간을 통제할 수 있게 하는 제도이다. 게임 이용자들과 게임 업계는 셧다운과 선택적 셧다운 제도에 대해 크게 반발하였다. 이에 헌법 소원까지 낸 결과 2012년 셧다운 제도는 합헌 판결을 받게 되어 그대로 시행되게 된다. 이와 같은 셧다운 제도는 우리나라 뿐 아니라, 중국 베트남 등 아시아 국가들에서 시행되고 있다.

우리나라 게임 규제 정책으로 셧다운 이외에 등급 분류제도가 시행되고 있다. 셧다운이 유독 아시아에 국한되는 규제 정책인데 비해 등급 분류는 세계에서 일반적으로 시행되는 규제 제도로 헌법적 위헌 사례도 찾아보기 어렵다. 현재 우리나라 등급 분류제도는 전체, 12세, 15세, 청소년 불가로 분류되어 있다. 아케이드 게임의 경우 전체가, 청소년 불가로 2가지 분류 체계로 이루어져 있다. 분류의 기준은 선정성, 폭력성 및 공포, 범죄 및 약물, 언어 비속어, 사행성을 포함한 5개 기준으로 연령별 분류가 시행된다. 등급 분류는 정부 기관인 게임물 관리 위원회 심의를 거쳐 시행되고 있다.

세계에서 시행되는 게임 정책을 비교해 보면 우리나라를 포함하여 아시아는 규제 위주의 정책, 서구는 자유시장주의나 자율 규제 형태의 정책적 특성을 보인다. 세계 게임 2위국인 중국은 우리나라보다 더 강력한 규제 정책을 실시하고 있다. 중국은 게임을 전자 헤로인으로까지 지칭하면서 게임 중독에 강력히 대응하고 있다. 얼마 전 청소년 게임 중독증을 치료하기 위한 목적으로 시설에 가두고 가혹행위를 하는 보도가 나오면서 중국인들의 공분을 사고, 세계를 경악하게 한 사건도 이와 같은 중국 내 분위기를 반영한 것이라 할 수 있다. 중국은 강력한 게임 실명제를 실시하여 3차례 인증을 거쳐 게임에 접속할 수 있게 한다. 2006년 이후 '온라인 콘텐츠 전파권 보호 조례'를 제정하여 정부가 온라인 콘텐츠 전파를 관리하고, 2009년부터는 온라인 가상화폐에 대한 규제를 실시하면서 게임머니 유통을 규제하고 있다.[3] 최근에는 중국에서도 게임의 산업적 효과를 인식하여 점차 규제 완화 입장을 취하면서도 동시에 게임 이용을 규제하는 이중적 정책을 실시하고 있다. 2019년에는 '미성년자 콘텐츠 관리법'을 통과시켜 미성년자의 총 게임 이용시간을 통제하는 게임 총량제를 도입하였다. 또 WHO의 게임 이용장애 질병코드 등재를 중국 국민건강위원회에서 지지하면서 가장 앞장 서 이를 받아들이고 있다.

세계 게임산업의 부동의 1위를 차지하는 미국은 정부 주도의 게임 규제 정책은 전무하다고 할 수 있다. 사실상 미국은 어린이, 청소년에 대한 미디어 유해 환경에 어느 국가보다 민감하고 엄격하

---

3 https://www.grac.or.kr/board/ Inform.aspx?bno=115&searchtext=&searchtype=004&type=
view&pageindex=49

다. 게임도 예외는 아니지만 내용에 대한 심의는 민간 자율기관에 의해 주도된다. 이는 60년대부터 사회적으로 논란이 되었던 영화에 대한 내용 규제를 민간 업체가 나서서 스스로 규제하는 제도인 등급 시스템과 유사하게 도입된 제도이다. 미국은 게임의 등급제를 도입하고 있는데 업계에서 구성한 엔터테인먼트 소프트웨어 심의 위원회(ESRB, Entertainment Software Rating Board)에서 등급 시스템을 집행한다. 미국은 90년대 초 비디오 게임이 확산되면서 이미 어린이 청소년에 대한 유해성에 대해 사회적 관심이 높아지고 입법기관에서 관심을 보이자 바로 업계에서 앞장서서 자정 노력을 펼쳤다. ESRB는 콘솔 게임, 스마트폰, 태블릿, 컴퓨터, VR 등 모든 게임에 대한 등급 심사를 실시하고 있다. 등급은 전체가, 10세, 13세, 17세, 미성년 사용불가 5등급으로 분류된다.[4] 1994년부터 ESRB는 사전 등급, 사후 관리 시스템을 도입하여 자율 규제 시스템을 더욱 강화하고 있다.

유럽도 게임에 대한 정부 주도의 규제 제도는 지양하고 자율 시스템에 의존하여 관리하고 있다. EU 차원에서 범유럽게임정보(PEGI, Pan European Game Information)기구를 조성하여 게임 등급을 매기고 관리하고 있다. PEGI 또한 민간 자율기구이고 유럽 인터렉티브 소프트웨어 협회(ISFE, Interactive Software Federation of Europe) 주도로 컴퓨터·비디오·게임 등급을 심의한다. EU의 모든 국가가 따르는 것은 아니고 현재 35개국만 이를 받아들이고 있다.[5] 예를 들어, 영국 같은 경우는 게임에 대한 일체의 규제 제도를 도

---

4 ESRB, Ratings Guide, https://www.esrb.org/ratings-guide/

5 PEGI, The PEGI Organization, https://pegi.info/page/pegi-organisation

입하지 않고 있으며, 사행성 게임에 대한 규제도 실시하지 않고 있다. 오히려 게임산업을 지원하기 위해 게임 업체에 최대 80%의 세금 공제, 25,000파운드의 한도 내의 펀드 지원, 게임 개발 교육 등을 제공하는 차세대 기술 아카데미를 설립하여 게임산업에 대한 지원 위주 정책을 실시하고 있다(김용민 2020).

이와 같이 나라에 따라, 문화권에 따라 게임에 대한 정책은 차이를 보이고 있다. 게임을 산업적 시각으로 접근할지 교육적 시각으로 접근할지에 따라 정책의 우선순위가 달라진다. 또한, 게임에 대한 인식 자체가 문화적 맥락에 따라 영향을 받는다는 점도 상기할 필요가 있다. 현재 게임은 건전한 신체와 건전한 정신의 대명사로 불리는 스포츠의 한 부분으로 인식될 만큼 큰 인식의 변화를 일으키고 있다. 동시에 사회적 루저와 중독증 정신 질환의 일환으로 치부되는 극단적인 평가도 나온다. 현대 테크놀로지 진화의 시험장이며 창의산업의 역군으로서 게임산업의 위상과 문화재로서의 게임의 영향력을 균형 있게 인식하고 대응할 거버넌스의 필요성이 어느 때보다 커지는 이유이다.

3 디지털 게임 내러티브와 소비문화

현재 우리 사회에서 가장 많이 회자되는 4차 산업혁명이라는 담론이 황금빛 미래 청사진을 그리는 홍보용으로 사용되는 경우를 제외하고 가장 현실적인 성과로 나타내는 분야는 단연 게임산업이 될 것이다. 청소년들의 일탈이나 중독성으로 흔히 비난 받는 게임이 실상 산업적 측면에서 볼 때 콘텐츠산업 분야 중 막대한 수익을 내고 있으며 영상 콘텐츠 중에서 최대 수출 업종으로 세계 게임산업에서 경쟁력 있는 승자로 부상하고 있다. 영상 미디어산업을 통틀어 게임산업은 수출의 절반 이상을 차지하고 있고, 산업 점유율도 영상 콘텐츠산업 중 최대치를 보이고 있다. 뿐만 아니라, 게임산업은 4차 산업혁명의 핵심 기술로 대변되는 AI, 로봇, VR, AR 기술의 최대 실험장이며, 첨단 기술이 크고 작은 규모로 부단히 적용되고 개발되는 영역이기도 하다.

이와 같이, 첨단 기술과 4차 산업혁명 산업의 면모를 나타내는 게임산업이 아이러니하게도 가장 활발하게 개발하는 소재와 내용은 머나먼 옛날 이야기, 신화적 소재를 주로 하고 있다는 점은 흥미로운 현상이라고 아니 할 수 없다. 갈수록 대규모로 개발되는 게임과 첨단 기술을 적용한 게임에는 어김없이 고대 신화나 중세 암흑시대를 배경으로 하는 경우가 많다. 이런 게임에는 흑기사, 정령, 마법사, 몬스터, 왕들이 주요 캐릭터로 등장하고 있다. 게임을 이끄는 아이템도 이런 신화적 소재에 부합하는 무기와 갑옷, 신비한 물약이 등장하며, 중세 성과 지하 동굴, 광야와 옛 시전 같은 공간적 배경과 건축물을 주로 배경으로 하고 있다. 특히 게임산업에서 롱런을 기록하면서 최고의 산업적 가치를 내고 있는 MMORPG (Massive Multiplayer Online Role Playing Game) 장르와 현재 최고 이용률을 자랑하는 배틀 장르의 대부분은 신화적 소재와 신화 서사를 근간으로 하고 있다. MMORPG의 시대를 열고 지금까지 롱런하고 있는 블리자드사의 <스타크래프트>나 <워크래프트>는 물론 우리나라 온라인 게임의 신화를 쓴 엔씨 소프트의 <리니지>나 넥슨사의 인기 게임들은 모두 전형적인 신화를 내러티브의 기반으로 하고 있다.

MMORPG 게임의 경우 각기 상이한 내러티브와 알고리즘을 개발하고 있지만 기본적으로 고대나 중세 신화의 모티브와 캐릭터, 아이템을 공통적으로 포함하고 있다는 점에서는 거의 예외가 없다. 이렇게 게임에 도입되고 있는 신화적 모티브는 현란한 시각적 효과로 빠르게 유저를 환상의 세계로 유인하는 산업 전략으로 평가될 수도 있다. 하지만, 시각적인 겉멋이나 매혹의 유인책으로만 보기에는 게임에 등장하는 신화 내러티브가 지나치게 규칙적이고 보편적이라는 점에 주목할 필요가 있다.

이에 현재 디지털 게임에 도입되고 있는 신화적 내러티브의 성격을 좀더 면밀하게 분석할 필요가 있는데, 그 내용은 대부분 중세 판타지에 근거하고 있다는 것을 발견할 수 있다. 게임에 등장하는 신화 내러티브는 이야기의 배경이 되는 고대나 중세가 아니고, 빅토리아 시대에 성행하게 된 낭만주의적 중세 신화를 근간으로 하고 있다. 이는 근대 시대에 재창조된 고딕문화로 네오 고딕(Neo-gothic) 혹은 모던 고딕(modern gothic)으로 불린다. 모던 고딕의 교두보를 형성한 작품으로는 <프랑켄스타인>(Shelly 1816)을 들 수 있으며, 당대 문학 조류를 형성하는 데 큰 영향을 끼쳤을 뿐만 아니라, 이후 다양한 작품으로 거듭나면서 대중문화에 큰 영향을 끼쳤다. 할리우드 영화와 TV 드라마, 공연을 망라하고 광범위하게 재생산되고 있는 <뱀파이어>(Polidori 1819), <드라큘라>(Stoker 1897) 이야기와 함께 <프랑켄스타인>은 모던 고딕 문화의 대표작으로 손꼽힌다. 이들 작품이 대표하는 모던 고딕 문화의 특징으로는 작품에 어김없이 등장하는 기괴한 신체, 비밀의 방과 미로를 간직한 중세의 성, 유령이나 마법 같은 신비한 힘과의 전투와 육체적 고통, 죽음의 그림자가 수반되는 점을 들 수 있다. 빅토리아 시대부터 문학 작품으로 시작한 고딕 문화는 이후 다양한 장르로 파생되면서 현대에 이르러서는 고스족이라고 불리는 하위 문화로까지 확산되는 광범위한 문화 현상으로 성장한다. 이들 모던 고딕 문화는 동일한 이미지를 다양한 문화 장르에 지속적으로 나타내고 있다.

디지털 게임의 신화 내러티브는 이런 모던 고딕 문화를 계승한 하나의 문화 장르이며, 모던 고딕의 내러티브적 특징, 영상 디자인, 심리적 효과를 디지털 세계에 그대로 반복하고 있다. 게임에 등장하는 몬스터와 기사, 마법사 같은 주요 캐릭터와 중세적 공간의 설계, 또 시간을 뛰어넘어 반복되는 저주와 몰락의 어두운 유전 인자들은 고딕 문화의 특징을 그대로 보여주고 있다. 게임에는 예외 없이 기괴한 신체의 종족이나 몬스터가 등장하며 마법의 전투가 실행되고, 여기서 끊임없이 반복되는 피 튀기는 죽음과 육체적 고통의 적나라한 전시는 모던 고딕의 성격을 그대로 나타내 주고 있다. 이와같이 디지털 게임이 보이는 중세적 공간과 시간적 요소들은 역사적 중세가 아닌 근대 시대 신낭만주의 이미지로 재탄생되고 덧칠해진 표면적 비주얼로서의 중세 판타지이다.

빅토리아 시대 근대화가 정점에 이르게 되는 시기에 낭만주의적이고 암울한 모던 고딕 문화가 유행하게 된 이유에 대해서는 논쟁이 계속되고 있다. 모던 고딕은 근대 계몽주의 사상과 산업혁명으로 고양된 사회 발전의 일관된 방향에 대해 제동을 걸기 위한 하나의 저항과 대안으로 발생했다는 것이 하나의 시각이다. 근대화의 이면에서 잃어버린 낭만과 인간성을 회복하기 위해 중세 전통에서 대안을 찾고 새로운 문화를 형성하기 위한 노력으로 등장했다는 평가가 그것이다. 그러나 또 한편에서는 모던 고딕은 사실 근대주의에 대한 저항이나 대안이 아니고, 보수주의 이데올로기의 소산이며 빅토리아 시대 영광과 발전을 희구하는 근대주의 이데올로기의 발현이라는 반론이 제기된다(Hogle 2014). 이런 시각에서 보면 모던 고딕이 중세 고딕을 재현하지 않으며, 이를 비틀고 희화화하여 항상 몰락의 길로 귀결된다는 점이 설명된다. 모던 고딕에 등장하는 주인공들은 초월적 힘을 가지고 신비한 마법의 세계에 속하면서도 항상 인간을 동경하고 보통 사람이 되기 위해 노력하는 인물로 나온다. 사회를 우스꽝스럽게 학습하는 유아적 <프랑켄스타인>, 피에 목마른 <드라큘라>의 모습도 보통 인간을 동경하고 희생하는 모습으로 나타난다(Mudge 1992; Zurutuza 2015). 이들은 그로테스크한 육체로 인간을 위협하나 항상 나도 인간이 되고 싶다는 욕망을 드러내고 있는데, 종국에는 비밀이 벗겨지면서 몰락의 길로 추락하는 것으로 이야기는 끝나게 된다. 이런 시각에서 보면 할리우드 영화를 위시한 대중매체에서 고딕 문화가 끊임없이 재생산되는 이유도 고딕 문화가 일정한 심리적 효과를 내기 때문으로 공간적으로 폐쇄공포증을 일으키고 시간적으로 격세유전의 섬뜩한 대물림의 공포를 일으켜 스릴러의 단골 소재가 되는 것이다(Baldick 1992).

이와 같은 모던 고딕 문화를 푼터(1980)는 중산층 문화를 대변하는 가치라고 주장하면서 근대 사회 구조에 내재된 감춰진 폭력을 상징한다고 주장하였다. 한편, 지젝(1989)은 사회 구조적으로 가지고 있는 사회적 적대감을 과거로 돌려 환멸하는 이미지로 치환시키려는 전략으로 고딕 문화를 이해하기도 한다. 이런 시각은 모던 고딕이 근대화의 대안이나 비판이 아닌, 근대주의 이데올로기의 발현이며 현상 유지를 위한 사회 심리적 기제로 활용된다는 점을 지적하는 것이다.

모던 고딕 문화는 중세 문화의 특정한 부분만을 부각시키면서 중세적 세계관을 특정한 방식으로 모방하고 있다. 파노프스키(1951)는 고딕 건축과 중세 사상의 유비성을 추적하면서, 중세 고딕 문화를 4단계로 분류하고 있다. 11세기 초기 고딕 문화는 주변 문화로 여겨져 놀림의 대상이 되었는데, 이후 주류 문화로 자리 잡으면서 13세기 고딕 문화는 정점에 달하며 중세 스콜라 철학의 정신으로 건축과 문화에 담긴다. 일반적으로 인간의 자율성과 이성을 억압하는 중세 암흑 시대라는 이미지가 있지만, 이와 정반대로 중세 사상을 대표하는 아퀴나스의 스콜라 철학은 신학에 접근하는 방식으로 이성을 들고 있다. 아퀴나스는 플라톤의 이성주의와 아리스토텔레스의 논리학을 바탕으로 스콜라 철학을 완성하였다. 스콜라 철학을 발전시키면서 그가 일생을 매진한 문제는 바로 신앙과 이성의 조화이다. 이와 같은 스콜라 철학은 13세기 전성기 고딕 양식에 반영되고 있는데, 전성기 고딕 건축의 백미로 손꼽히는 프랑스의 생 드니 성당은 스콜라 철학이 추구하는 신성과 이성의 연합, 신체와 영혼의 일치라는 모티브를 잘 반영하고 있다.

이러한 전성기 고딕 양식이 변화를 보이게 되는 것은 14세기에 이르러서이며 이때 전성기 고딕 양식이 점차 퇴조하고 해체되는 시기라고 보는 것이 파노프스키의 주장이다. 파노프스키는 14세기 고딕 양식은 과거에 비해 장식적이고 복잡해지는 특징을 보이는데, 이는 중세 초기에 신비주의와 주관주의 경향의 신학과 사상이 부활한 결과라고 보고 있다. 중세 후반 반이성주의적이고 신비주의적인 기독교 사상이 다시 부활하면서 이성주의 사상을 억압하게 되었다. 이에 이성주의와 신비주의 극단적 양대 진영이 대립하게 된다. 종교 권력이 득세하고 부패가 만연해지는 것도 이 시기임은 주지의 사실이다. 우리가 현재 가지고 있는 중세 암흑 시대에 대한 고정관념이나 신비주의 이미지는 스콜라 철학이 정점을 이루는 중세 전성기가 아니고, 14세기 중세 몰락기의 사회 특징이며 문화현상이다.

　이런 중세 몰락기의 암흑과 신비주의로 점철된 중세 이미지가 근대 역사 단계에서 불현듯 소환되면서, 모던 고딕 문화가 꽃피우게 된 것이다. 모던 고딕은 스콜라 철학 같은 중세 사상과 이성을 기반으로한 양식을 삭제하고 장식적이고 신비주의적인 중세 이미지의 외피만을 차용한다. 모던 고딕이 차용한 양식은 중세 고딕의 쇠퇴기 발생하는 신비주의와 주관주의로 변화된 양식이지 역사적 중세를 표현한 것이 아니다. 빅토리아 시대 융성했던 모던 고딕 문화는 중세의 현실이 아니라 억압받는 암흑의 시대로 상상된 중세이며 신비주의와 초현실성으로 재탄생한 판타지로서의 고딕 문화인 것이다.

　21세기 디지털 게임과 영상 문화를 통해 다시 부활하고 있는 고딕 문화는 또 한번 변형된 상상의 중세를 재현해내고 있다. 현재 수없이 리메이크되는 뱀파이어 이야기에서 호러, 좀비 스릴러, 마블의 영웅 이야기에 이르기까지 고딕문화는 영상 문화에 광범위하게 재생산되고 있다. 이에 게임 같은 디지털 미디어가 확산되면서 고딕 문화가 더욱 확산되고 있는 것이다. 이것이 역사적 고딕은 물론 아니고 모던 고딕과도 일정한 차이를 보인다. 오늘날 이와 같이 21세기 고딕 문화가 흥행하는 이유를 사회 구조적 변화에서 찾는 연구들이 나오면서 이를 신자유주의 고딕이라고 명명하기도 한다 (Blacke & Monnet 2017). 신자유주의 비평가들은 다양한 형태로 할리우드 영화에 도입되는 고딕풍의 호러, 좀비, 액션 스릴러 영화가 세계적으로 유행하고 아시아나 유럽에서 지역 버전의 고딕 문화가 만들어지는 이유를 신자유주의 세계 정치 경제의 재편에서 찾고 있다. 아시아 호러 영화, 유럽의 좀비 영화, 아프리카의 고스트 문학 등은 대표적으로 고딕 문화가 지역화되고 세계화의 혼종성을 만들어 내는 형태로 발전하면서 글로벌하게 확산되고 있는 현상이라고 보고 있다. 이와 같이 대중문화에 나타나는 호러의 세계화는 현실에 대한 고발이나 대안 모색이 아니고 최악을 상상하며 현실에 안주하게 하는 이데올로기로 기능한다는 것이다. 고딕 문화는 위협과 공포를 효과적으로 시각화시키며 사회 심리적 효과를 배가시키는 기제로 사용되고 있다.

디지털 게임은 현재 대중문화 중에서도 고딕 문화가 가장 노골적으로 나타나는 미디어라고 할 수 있다. 국내·외 게임을 망라하고 대규모 디지털 게임에 단골 소재가 되는 것은 중세 신화이다. 이들 게임에 사용되는 신화적 내러티브는 세계 어느 사회나 다양하게 존재하는 신화가 아니고, 특정 지역 신화, 곧 북유럽과 중세 신화를 바탕으로 하고 있다. 현재 세계 게임 이용 1위인 MOBA <League of legend>(LoL, Riot Games), MMORPG의 절대강자 <War of Warcraft>(WoW, Blizzard), 또 국내 게임의 양대 산맥인 <리니지>(NC Soft)와 넥슨의 <던전앤파이터>(Nexon) 같은 인기 게임들은 모두 게임의 알고리즘이 상이하지만 공히 디지털 고딕의 신화적 내러티브를 바탕으로 한다는 점에서는 공통점을 보이고 있다.

이들 게임의 신화적 내러티브는 캠벌의 전형적인 신화 서사 구조를 따르고 있다. 캠벌(1949/2008)은 세계의 다양한 신화를 분석한 <영웅의 천개의 얼굴>에서 영웅 신화에 보편적으로 나타나는 구조, 즉 영웅의 추방과 고난의 여정을 거쳐 영웅이 귀환하는 과정을 서사의 기본 구조로 하고 있다고 설명한다. 게임도 캠벌이 유형화 하고 있는 영웅의 보편적 서사 구조와 공통점을 보인다(Buchana

& Seo 2012; Cayres 2016). 예를 들어, <리니지>의 경우 주인공 아덴의 왕자 데포로쥬는 역적 기사 켄의 왕위 찬탈로 추방되고, 고난의 여정에서 혈맹원을 모아 전쟁을 통해 왕권을 찾아 귀환하는 내용으로 게임의 내러티브가 구성되고 있어 캠벌이 분석한 신화의 보편적 구조를 그대로 따르고 있다. <던전앤파이터>는 미래 대전으로 신과 12사도가 전쟁하는 상황에서 아라드 행성에 전이 현상으로 혼돈의 상태에 빠지고 마력으로 천계가 봉쇄되면서 영웅(파이터들)이 던전에서 몬스터를 사냥하고 평화를 회복하는 귀환의 여정으로 내러티브가 짜여져 있다. 미국 게임인 <LoL>은 룬의 전쟁으로 황폐해진 룬테라 행성을 구원하고 더 이상의 피폐함을 막기 위해 챔피온을 소환하여 리그를 치르는 내용으로 게임이 전개된다. 이것도 몬스터와 장애를 파괴하고 질서를 회복하는 여정으로 내러티브가 구성되어 신화의 기본 구조를 따르고 있다. <WoW>의 세계관도 대재앙으로 황폐한 세계에 종족간 성전으로 평화를 회복하고자 하는 신화의 기본 구조를 보이고 있으며, 아제라스 행성에 원종족의 얼라이언스와 침략 종족인 호드 사이 전쟁 과정에 동원된 13종족이 기사, 마법사, 수도사 같은 11개의 다양한 직업군의 연합과 조직으로 성전을 수행하는 것이 게임의 주요 내용이다(공병훈 2017; 류철근·구혜인 2014; 윤혜영·김정연 2015). 이와 같이 국·내외의 게임들은 캠벌이 분석한 신화 내러티브의 보편적 구조를 보이면서, 고딕 문화의 상징인 중세 건축, 공간 맵, 마법, 무기, 기사, 몬스터(악령), 검의 전투 같은 중세의 이미지를 재현하고 있다.

게임 서사는 게임이 시작되면서 화면 전반에 배치된다. 그러나 게임이 보이는 서사 구조는 일관되게 지속되는 것이 아니고 게임 수행과정에서 변형되게 된다. 이러한 게임의 서사와 게임 수행과정에서 변화를 설명하는 개념이 게임-서사 격차론 곧 LND(Ludonarrative dissonance) 이론이다. 게임은 일종의 놀이로 이것이 배경으로 하고 있는 서사적 배경과 놀이 과정은 간극을 보이게 된다. 또한, 실제 게임 수행자들은 서사에 주의를 기울이지 않고 게임에 몰입한다는 많은 연구 결과들이 나오고 있다(Jenkins 2005; Stobbat & Evans 2014; Karavatos 2017). LND는 게임 설계자에 의해 처음 발의된 개념으로 게임 구조(ludic structure)와 서사 구조(narrative structure)가 별개로 상존한다는 인식에서 비롯되었다(Hockings 2007). LND가 발생하는 첫 번째 이유는 문학적 서사와 게임의 기술적 메커니즘과 차이에서 비롯된다. 문학적 서사가 디지털 게임으로 표현될 때 변형이 일어나고 선택적으로 도입되는 것은 이와 같은 서사와 디지털 기술의 차이에서 발생한다고 할 수 있다.

둘째, LND가 발생하는 이유로 게임의 만족도가 시간적 변수가 아니고 상황적 변수에서 발생한다는 점을 들 수 있다. 설화와 예술, 문학이 일반적으로 연대기적으로 전개되고 갈등과 이의 해결이라는 시간적 요소에 의해 카타르시스를 주는 반면 게임의 재미는 이와 전혀 다른 요소에서 발생한다. 게임의 재미는 시간적이라기보다 공간적 요인에서 오며, 동시적이고 반복적으로 재생되는 상황적, 공간적 요인이 강하게 작용한다. 게임은 이야기를 구술하고 청취, 시청하는 구조가 아니기 때문에, 실제 눈앞에 전개되는 공간과 상황변수에 의거해 유저들이 전략을 수행하고 구현해 가면서 즐거움을 느끼게 된다. 물론 영화나 다른 영상 콘텐츠 구성에도 공간과 상황적 요소가 중요하지만 이는 서사 흐름에 종속된다. 반면, 게임 서사는 시간적 흐름이 아닌 수행의 상황에 초점이 맞춰져 있어서, 수행의 결과도 새로운 공간이나 위치 점유, 즉 레벨업으로 귀결된다. 이러한 게임의 특성이 일반 문학이나 다른 콘텐츠의 서사와 차이가 있다는 점에서 젠키스(2005)는 게임 서사를 환경적 이야기(environmental story telling) 구조라고 명명하기도 하였다.

셋째, LND가 발생하는 이유로 상호성(interactivity)을 들 수 있다. 게임 유저들은 일반 콘텐츠 관객처럼 서사를 3자적 시각에서 보는 것이 아니라 게임의 일부분이 되어 스스로 서사의 일부가 된다. 게임 유저들은 주어진 서사가 아니라 스스로 실시간 전략을 짜고 상황을 바꾸기 위해 게임의 퀘스트를 수행해 가는 것이다. 이에 따라 게임 서사가 구성되는 것이고, 게임의 서사는 선형적인 연대기가 아니라 비선형적 하이퍼텍스트 형식으로 전개되는 원리이다. 하이퍼텍스트는 다양한 경우의 수로 설계된 게임의 서사이며 유저의 퀘스트 수행에 따라 다양한 방향으로 게임의 서사가 구성되어 가는 상호작용적인 이야기 전개를 의미한다(Sworthfort 2017; Tomai 2014; Picucci 2015). 이에 더해, 게임의 상호성은 하이퍼텍스트로 구성된 서사 구조 뿐 아니라 다른 유저와의 상호성에 의해 실시간으로 다양하게 구성될 수 있다. 일반 게임도 그렇지만 다자간 상호성으로 플레이하는 MMORPG의 경우 게임의 서사는 유저 간의 상호작용에 의해 무한하게 재구성될 수 있다.

이와 같은 게임의 LND에 의해 게임 알고리즘은 상황적이고 상호적으로 구성되는 전개 양식을 전제로 구성된다. <표 8.7>은 앞서 예시한 4개 게임의 구성 요소를 보여주는 표이다.

표 8.7 • 4개 게임 구성 요소

	리니지	WoW	던전앤파이터	LOL
맵	글루딘 마을(본토) 기란 마을 말하는 섬, 아덴 마을 우드벡 마을 오렌 마을 요정 숲 마을 웬던 마을 은기사 마을 총 12개의 마을	얼라이언스 대도시: 다르나서스 스톰윈드 아이언포지 엑소다르 호드 대도시: 썬더 블러프 언더시티 오그리마 실버문 중립도시: 샤트라스, 달라란 등	아라드 대륙: 엘븐가드 헨돈마이어 웨스트 코스트 천계: 신의 도시 겐트 슬라우 공업단지 마계: 센트럴 파크	소환사의 협곡. 뒤틀린 숲: 도살자의 다리
NPC	아덴상단 구순 나니에르 마이베르 총 41 NPC.	대군주 사울팽 졸라니 그레즈코 선장 의술사 잘라 루우카	세리아 키리 샤일록 샤란 로저 레빈 단진	없음
전장/ 캠핑 (던전)	필드 사냥터: 몽환의 섬, 오크부락, 오만의 탑, 서 부 사막지대, 개미굴 던전: 시련의 던전 오만의 탑, 파티던전.	필드 사냥터: 슬픔의 늪, 저주의 땅, 시험의 골짜기, 심연의 나라 등. 던전: 감시관의 금고 검은바위 용광로 등	그란 플로리스 머크우드, 그락카락 등 스톰 패스(설원): 산등 성이, 리쿠의 천정 등 베히모스: 백야, 혈옥 등	소환사의 협곡 내 블루, 레드, 바론, 용, 삼거리(유저명).
마법	마법사: '미티어 스트라이크' '디스인 티그레이트' '콘 오브 콜드' 다크엘프: '블라인드 하이딩' '파이널 번' '쉐도우 슬립'	성기사: '사형선고' '천벌의 망치' '신성화' 죽음의 기사: '서리낫' '서리고룡의 격노' '신드라고사의 숨결'	런처(거너): '캐넌볼' '레이저 라이플' '화염 강타' 'FM-31' 그레네이드 런처' 넨마스터(격투가): '기옥탄' '사자후'	이즈리얼: '비전이동' '신비한 화살' 아리: '매혹' '현혹의 구슬' '혼령 질주'
트랩, 버그	몬스터 공격시 트랩 사용 간헐적	사냥꾼 '강철 덫'.	상점에서 덫, 지뢰, 폭 탄 등의 트랩 무기 판 매. '베놈 마인' 독성 지뢰	케이틀린-'요들 덫'. 니달리-'매복 덫' 티모-'유독성 함정'
Hack, 치팅	다크엘프 '블라인드 하이딩'.	마법사: '일렁임' '환영 복제'. 사냥꾼: '위장술'	메카닉의 카모플라쥬 (은신), 마법사의 위상 변화(순간이동)	부쉬 플레이: 이블린, 샤코의 은신능력 갱킹 역갱킹

<표 8.7>은 다양한 게임이 다양한 서사와 전략을 구사할 수 있는데, 게임에 공통적으로 나타나는 구성 요소를 분류한 것이다 (Sanjay 2016; Stern 2010; 강신진 2010). MMORPG나 전략 배틀 게임에서 게임 내러티브를 구성하는 데 지형적 배경이 중요하게 작용한다. 게임의 알고리즘도 지형 맵을 중심으로 설계된다. <표 8.7>에 나타나듯이, <리니지>의 마을과 사냥터, <WOW>의 얼라이언스와 호드의 지형, <던전앤파이터>의 사막과 도시, <LoL>의 맵 지형은 라인을 구성하고 PvP(player vs. player)를 통해 다양한 전투와 전략을 전개하는 기반이 된다. 한편, NPC(Non Player Character)는 게임의 퀘스트를 주고 아이템을 제공하는 캐릭터로 상인(ie 아덴)이나 동행자(i.e.세리아), 마법사(i.e샤란)같은 다양한 NPC가 게임에 개입하게 된다(정보균외 2014; 권용만 2016). <LoL>의 경우 게임 내러티브가 전투를 대신하는 리그의 성격을 띠고 있어 NPC는 따로 존재하지 않는다.

게임의 과정은 적을 물리치고 잃어버린 땅과 주권을 회복하는 과정으로 전투가 발생하는 전장과 던전, 신비한 마법과 스킬, 해킹이나 트랩 같은 전략이 대부분 게임에 등장하게 된다. 사냥터나 협곡 등 전장에서는 치열한 전투가 감행되며, 감금과 고문, 탈출이 시도되는 지하 감옥, 곧 던전이 등장한다. 전장과 던전에서 승리하기 위해서는 강력한 힘이 필요하게 되며, 게임에서는 마법(i.e.마티어스트라이크), 기사(i.e.성기사), 연금술사의 무기(i.e.현혹의 구슬) 같은 신비한 힘이 동원된다. 이들 마법의 캐릭터와 아이템들은 대부분 고딕 문화가 반영된 디자인으로 설계되어 신비주의를 강조하고 있다. 또한 게임에서는 상대를 빠르게 제압하기 위해 핵과 트랩이 동원되며, <LoL>에서 전투 중 정글러가 나타나 제압하는 갱킹이나

역갱킹 같은 전략이나 <WoW>에서 분신술 위장술 등 교란 전략이 동원된다.

게임의 알고리즘에 따라 게임의 룰이 형성되는데, 유저들은 PvP 혹은 PvE(Player vs Environment)를 통한 상호작용에 의해 게임을 수행하고 임무를 달성하게 된다. 이로 인해 게임의 과정은 소설이나 만화 영화 같은 일반 서사 전개와 다른 특성을 보이게 되며, 문학 작품을 원작으로 하고 있는 게임도 LND에 의해 원작과는 다른 전개를 보이게 된다(Quijano 2011; Tesak 2017).

그러나 이것이 게임에서 서사의 존재를 부정하거나, LND 연구자들이 주장하듯이 게임에서 서사는 부차적이라고 보는 시각은 섣부른 결론이라고 할 수 있다. 게임은 기존의 예술과 대중문화에 일반화된 전통적인 서사 방식과 다른 방식의 서사와 전개 방식을 보일 뿐이지 서사 자체가 없거나 중요도가 없는 것은 아니다. 앞서 설명했듯이, 일반 문학이나 대중매체 같은 시간적 연대기 방식의 플롯이 아니고, 공간적이고 환경적인 서사, 상호성에 의해 게임의 서사 구성은 이루어지는 것이다. 게임은 기승전결 방식을 따르는 것이 아니고 동시적이고 다층적으로 구성되는 서사라는 차이점을 보일 뿐이다. 게임에 따라 서사 양식에 대한 의존도가 다를 수는 있지만, 모든 게임은 각기 방식으로 서사를 구현하고 있다. 이것이 유저들이 게임을 하면서 의미를 파악하고, 재미를 느끼게 하는 기본 요소가 된다.

디지털 게임의 소비 문화를 심리적 차원에서 해석해 보면 디지털 고딕 문화는 특정한 세계관을 반영하고 있다는 것을 발견할 수 있다. 모던 고딕 문화를 계승하여 발전시킨 신비주의적, 신낭만주의적 디지털 게임의 서사 구조는 기본적으로 이원론적 세계관을 반영하고 있다. 모던 고딕 문화에 나타난 서사구조는 역사적 중세 문화와 중세 스콜라 철학을 반영한 것이 아니고, 중세 초기와 쇠퇴기 신비주의 기독교에 나타난 고딕 문화를 모방하고 있다는 점을 설명한 바 있다. 중세 쇠퇴기 고딕 문화는 전성기 고딕의 이성주의를 탈피하여 신비주의로 흐르는데, 이의 기반은 이원적 세계관을 반영한 것이다. 즉 세계가 선과 악의 이원화, 육체와 영혼의 이원화를 기반으로 형성되었다고 보는 세계관이다. 19세기 고딕 문학에서 강조되는 괴기스러운 육체, 육체의 고문과 고통, 장엄한 중세풍 건축물에 숨겨진 지하 감옥과 미로, 광기의 다락방, 주인공 행동에 나타나는 악마적 제의 의식과 신비한 힘은 모두 이러한 이원적 세계관을 반영하고 있는 것이다. <프랑켄스타인>의 누더기 신체와 <드라큘라>의 괴기스런 모습과 이중 생활에서부터 현대 대중문화에 등장하는 어두운 영웅, 좀비, 호러 영화에 이르기까지 모두 고딕 문화의 이원론적 세계관을 재생산하고 있는 것이다. 이들 장르들은 빛과 어둠의 세계로 이원화되어 어둠의 세계를 지배하는 유령의 혼, 비밀과 신비, 감춰진 이중적 공간과 이에 반응하는 이원적 심리의 주인공의 광기를 내러티브의 중심에 놓고 이원론적 세계관을 전개하고 있는 것이다.

디지털 게임은 이와 같은 이원론적 세계관을 더욱 확대 재생산하고 있다. 게임에는 괴기스러운 신체와 고통 받는 육체의 전시, 이원적 지형과 비밀의 공간, 초현실적이고 신비주의적 마법이 극단적 형태로 등장한다. 게임이 그리는 공간 맵은 선과 악의 영역으로 이원화되고 몬스터와 적으로 묘사되는 이종족에 대한 피의 전쟁과 잔인한 사냥은 일고의 동정심이나 동류 의식 없이 치열하게 전개된다. 혐오스러운 신체와 던전에서 가해지는 육체의 고통은 게임에서 극단적인 형태로 나타나는데, 이는 선과 악으로 이원화된 신비주의 고딕 문화의 전형이 극단적으로 재생산되고 있는 것을 말해 준다. 몬스터나 이종족은 동물적이고 본능적인 존재로 묘사되며 여기에 이성의 힘이나 공감의 여지는 없고 오직 타자로서 공격의 대상이

그림 8.6 • 오크 족(WoW)

그림 8.7 • 요정(리니지)

되며 신비한 힘으로 절멸시켜야 하는 대상으로 나타날 뿐이다. 앞서 예시한 리니지, WoW, 던전앤파이터, LoL 모두 지형, 캐릭터, 전략에서 이와 같은 이원론적 세계관을 그대로 반영되고 있다. <그림 8.6>, <그림 8.7>이 예시하듯이 괴기스런 육체와 신비주의적 마법의 캐릭터는 대규모 디지털 게임에 거의 예외 없이 공통적으로 등장한다.

디지털 게임이 중세 판타지를 통해 신비주의와 이원론적 세계관을 확대 재생산하는 것은 단순히 심리적 문제가 아니고, 사회 구조적 기반이 중요하게 작용한다는 주장도 있다. 신비주의적 고딕 문화와 자본주의 발전을 연계하여 깊이 있는 이론을 도출하고 있는 지젝(1989)은 그의 저서 <이데올로기의 숭고한 대상>에서 마르크스의 이데올로기론을 정신분석학으로 재해석하여 자본주의의 추동력과 영적이고 종교적인 숭고한 가치는 동시적이고 유비적 관계를 형성한다고 설명하고 있다. 판타지는 사람들로 하여금 경이감과 감탄을 불러 일으켜 마음을 움직이게 하는데, 이런 경이감은 벤야민이 말한 심미, 즉 아름다움과 유사하지만, 이에 한발 더 나간 것이 숭고함이다. 숭고함은 심미성이 주는 즐거움(쾌락)에 더해 불쾌감을 수반하며 이는 라깡이 말한 쾌락을 넘는 주이상스와 같은 경험이다. 지젝은 매체에서 끊임없이 재현되는 타이타닉의 침몰 장면이나 히치콕의 스릴러 영화, 낭만주의 문학이나 바그너 오페라에 공통적으로 나타나는 어두운 판타지는 두려움과 경이감을 동시에 불러일으키며 쾌의 극단에서 불쾌를 느끼게 하는 주이상스를 맛보게 한다고 주장한다. 숭고함은 이와 같은 쾌와 불쾌를 동시에 불러일으키는 주이상스의 경험이다.

극단적 감정을 일으키는 숭고함은 일상적이거나 경험의 세계를 넘는 초월성과 불가지적인 세계를 마주할 때 발생하는 감성이다.

지젝은 이런 감성을 인간이 무의식적으로 갖고 있는 죽음의 충동에 의해 자극된 것이라 보고 있다. 대중문화에서 반복 재생산되는 숭고함의 이미지들은 단순한 죽음의 충동을 넘어 두 번의 죽음, 즉 물리적 죽음과 다시 부활하여 죽음에 당면하는 상징적 죽음으로 재현된다. 이런 두번의 죽음의 간극을 메워주는 신비한 초현실적 경험이 경이와 공포의 주이상스를 불러일으키는 숭고함의 정체라는 것이 지젝의 주장이다.

이런 숭고함의 체험은 예술이나 대중문화를 통해 모방되고 재생산되면서 사회 구조적 기능 또한 수행하게 된다. 현대 자본주의는 이러한 숭고함의 감성에 의존하고 있으며, 고통을 견디면 성공과 미래가 보장된다는 신화, 현실이 고통스러울수록 영광은 커진다는 종교적 신앙과 유사한 판타지로 나타나게 된다. 지젝은 어린이 만화, 영화, 텔레비전, 또 몬스터가 득실대고 죽음과 부활이 반복되는 비디오 게임이 이러한 이데올로기적 역할을 하고 있다고 그의 저서에서 예시하고 있다(pp.142-150). 이런 의미에서 디지털 게임의 고딕 신비주의는 경이감의 몰입을 유도하면서 사회 구조적 측면에서 자본주의 확대 재생산이라는 이데올로기적 역할을 하고 있는 것이다.

4차 산업혁명 시대로 불리는 현재 디지털 게임이 소환하고 있는 중세 판타지는 강도 높은 심미주의를 보여주기 위해 설계된 게임 알고리즘이지만 그 내면에는 사회 구조적, 사회 심리적 함의를 내포하고 있다. 중세 판타지를 확대하고 있는 디지털 게임은 LND에 의해 문학이나 다른 대중매체의 내러티브 방식과 다르게 공간적이고 환경적인 구성 방식으로 전개된다. 하지만 이것이 게임에 내러티브가 부재하거나 부차적이라는 것을 말하는 것은 아니며, 중세 말기와 근대 고딕을 거쳐 현대 고딕 문화에 이르기까지 반영되고 있는 기본적인 고딕 문화는 여전히 유효하게 작용하고 있다. 고딕 내러티브의 기본 구조는 이원론적 세계관과 신비주의, 숭고함의 이데올로기적 징후들을 재현하면서 다른 대중매체보다 게임에서 한결 강력하고 극단적인 방식으로 전개되고 있는 것이다.

게임에서 반복적으로 등장하고 있는 몬스터와 괴수들, 이들을 무찌르는 마법과 요정들과 연금술적 검을 휘두르는 흑기사의 피튀기는 전투와 영토의 탈환은 섬뜩한 공포와 신비한 쾌감을 동시에 맛보게 한다. 이러한 감성의 이중주는 지젝의 용어로 말하면 숭고함의 이데올로기를 재생산하는 기제가 된다. 게임이 주는 신비주의적 숭고함의 체험은 단순한 즐거움과 말초적인 비쥬얼의 자극을 넘어, 아니 오히려 바로 그 단순하고 말초적인 감각적 쾌감 때문에 현 사회 구조를 유지시키고 이에 편착하게 만드는 사회 심리적 기제로 작용하는 것이다. 퇴행과 수정을 반복하며 팽창을 지속해온 자본주의가 현재 새로운 변화를 위해 기치로 든 4차 산업혁명의 경이로운 희망 아래 이에 맞는 숭고함의 이데올로기를 게임의 고딕 판타지가 보여주고 있는 것이다. 디지털 게임은 가장 극단적인 방식으로 판타지를 창출하고 있으며, 이는 그만큼 사회 체제가 유지되기 위해 극한의 자극이 필요하다는 반증이며 숭고함의 대상이 요구된다는 뜻이기도 할 것이다.

뉴스 알고리즘과 저널리즘의 변화

　　근대 미디어의 역사를 시작하고, 사회적 역할이 강조되는 전통적인 매체 장르인 뉴스가 현재 진보하는 미디어 기술을 광범위하게 도입하고 적극적으로 활용하고 있는 현실은 일견 아이러니하게 보이기도 한다. 현재 미디어 환경의 변화로 다양한 신 매체가 뉴스 생산에 뛰어들면서, 저널리즘의 영역이 확대되고 때로 영역이 모호해지는 현상을 보이기도 한다. 소셜 네트워크를 통한 다양한 뉴스 매체가 양산되고 있을 뿐만 아니라, 전통 미디어에서도 새로운 기술을 도입하여 뉴스 생산에 활용하고 있다. 이제 기자가 아닌 AI가 기사를 쓰는 경우가 점차 늘어나고 있으며, 기자의 기사와 로봇 기사 중 후자가 더 많은 신뢰를 얻는다는 연구 결과까지 발표되고 있다. 이대로라면 4차 산업혁명 시대에 사라질 직업에 저널리스트가 낄 수 있다는 염려 어린 전망까지 나오는 실정이다.

　　그러나 뉴스 알고리즘의 발전과 활용보다 더 빠르게 확산되고 있는 것이 저널리즘의 새로운 병폐이며 가짜 뉴스 담론의 확산이다. 4차 산업혁명 시대 기술의 발전과 이에 따른 미디어 환경 변화에 의해 저널리즘의 영역이 확대되고 변화하면서 가짜 뉴스가 큰 문제로 떠오르고 있는 것이다. 2018년 세상에서 가장 많이 회자된 주제어가 가짜 뉴스라는 빅데이터 분석이 나올 정도로 가짜 뉴스는 우리나라 뿐 아니라 세계 어느 나라도 피해갈 수 없는 사회 문제로 비화되고 있다. 가짜 뉴스는 저널리즘의 사회적 역할을 축소시킬 뿐 아니라 궁극적으로는 민주주의를 왜곡시키는 큰 문제가 아닐 수 없다. 이에 본 장에서는 뉴스 알고리즘의 현황을 살펴보고 여기서 발생하는 정치 사회적 문제와 거버넌스의 문제를 논의하고자 한다. 특히 우리나라의 경우는 다른 나라에 비해 뉴스 댓글이 큰 영향을 나타내고 있다. 이는 댓글 저널리즘이라고 까지 불리는데, 수용자 의 참여로 저널리즘의 새 지평이 열리고 있는 것을 나타내 준다. 우리나라 댓글 저널리즘의 실례를 들어 저널리즘의 문제와 민주주 의 상관관계를 살펴보고자 한다.

1 뉴스 알고리즘 도입의 확대와 사회적 이슈

현재 뉴스 플랫폼이나 전통 저널리즘 기관을 망라하고 뉴스 알 고리즘을 다양하게 도입하고 있다. 주요 포털들은 저마다의 알고리 즘으로 뉴스를 편집하여 보급하고 있으며, 전통 신문사와 방송사들 도 뉴스 알고리즘을 활용하고 있다. 우리나라의 주요 포털 사이트 중 다음은 '루빅스' 알고리즘을 개발하여 뉴스 편집을 하고 있고, 구글도 알고리즘을 통해서만 뉴스를 배치하고 있다. 네이버 또한 2019년부터 뉴스 편집에 사람의 개입을 종료하였고 네이버 모바일 플랫폼은 알고리즘 배열로 전환한다고 밝힌바 있다.

한편, 세계의 뉴스 기관들도 뉴스 알고리즘을 광범위하게 도입하고 있다. 옥스퍼드대 로이터 저널리즘 연구소 연구에 따르면, 미국, 호주, 한국, 일본, 영국 등 29개국 신문사 194개 가운데 71%는 AI를 사용한다는 결과를 밝히고 있다. 이중 59%는 추천 알고리즘을 사용하고, 39%는 광고 정책 등에 AI를 활용한다는 언론사 관계자들의 응답을 보고하고 있다. 뉴스 제작에 알고리즘을 활용하는 비율은 35%라고 보고하고 있다. 이와 같이 세계 각국 전통 신문사들의 대다수가 뉴스 알고리즘을 사용하고 있으며, 그 추세는 날로 확대되고 있다.

뉴스 알고리즘은 제작, 편집, 소비 각 부문에 활용되고 있다. <표 9.1>은 기사 작성에서부터 편집, 독자를 위한 추천 알고리즘까지 뉴스에 활용되는 다양한 알고리즘의 유형을 보여주고 있다. 뉴스 제작에 알고리즘이 도입된 것은 2014년 LA 타임스에서 비롯되었으며 이후 AP통신, 블룸버그(Bloomberg), 포브스(Forbes), 프로퍼블리카(Pro-Publica), 워싱턴 포스트(the Washington Post) 등 세계 유수의 언론사들이 속속 도입하고 있다.

알고리즘 뉴스 제작, 혹은 로봇 저널리즘의 최초 사례는 LA타임스가 퀘이크봇(Quakebot)을 개발하여 미국 지질 조사 결과를 알고리즘으로 분석하고 문장으로 생성하여 기사를 완성한 것에서 시작되었다. 이후 AP통신의 애플의 연차보고서 분석 기사, 2016년 올림픽 기사에 활용한 워싱턴 포스트의 헬리오그래프(Heliograph), 2018년 프로 야구 퓨처스리그 경기 결과를 뉴스로 알리는 케이봇(KBOT)의 개발로 프로 야구 기사 작성으로 확대되었다. 이와 같이 알고리즘 뉴스 제작은 특히 경제 기사, 스포츠 기사를 중심으로 활용되기 시작하였다.

표 9.1 • 뉴스 알고리즘

	유형	특징	사례
뉴스제작	기사작성 알고리즘	정형화된 데이터 기반, 자연어 생성 알고리즘을 통해 기사 작성	'이큐봇', 내러티브 사이언스의 '스탯몽키', 오토메이티드 인사이츠의 '쿼츠'
	뉴스 예측 알고리즘	기사와 온라인 데이터 기반 미래 뉴스 예측	'레코디드 퓨처'
	뉴스 요약 알고리즘	단어 및 문장 유사도 계산 알고리즘을 활용해 중첩되는 기사들로부터 뽑아낸 핵심단어들을 자연어 처리 방식에 따라 문장 형태로 제시	네이버의 뉴스요약봇 다음의 뉴스자동요약
뉴스편집	뉴스 클러스터링 알고리즘	클러스터링은 수집된 뉴스들로부터 공통된 주제(키워드)를 찾는 것과 그 주제에 따라 유사한 뉴스들을 묶는 것 모두를 포함한다.	네이버 다음
	자동뉴스 분류 알고리즘	제목과 내용 등의 유사도 분석을 통해 이루어지지만, 정해진 분류에 배치되도록 '분류기'를 적용	지니뉴스
	중복기사 배제 알고리즘	언론사 내 기사 중복과 언론사 외 기사중복을 배제, 구글은 언론사 내 중복기사 배제	최근접 이웃 분류기 (K-Nearest Neighbor Classifier)
뉴스이용	추천 알고리즘	뉴스의 속성을 기준으로 하는 콘텐츠 기반 추천/이용자와 뉴스 사이에 측정된 유사성을 기준으로 하는 협력적 필터링 추천	버즈피드
	뉴스랭킹 알고리즘	뉴스의 순위 책정 시스템	구글

자료: 김미경·이은지 2019

뉴스 알고리즘이 가장 많이 활용되는 부문은 뉴스 편집 부문이다. 특히 우리나라 경우는 80% 가까운 수용자들이 포털을 통해 뉴스를 접하고 있는데, 포털의 뉴스 편집권은 절대적인 영향력을 발휘한다. 현재 주요 포털들은 알고리즘을 활용해 뉴스를 편집하므로, 저널리스트의 게이트 키핑 역할이 이제 알고리즘에 이양된 것이나 다름 없다. 이에 알고리즘 독재(algocracy)라는 말이 나올 정도로 저널리즘에서 알고리즘이 막강한 권한을 발휘하게 되었다.

최근 정치 뉴스에 여당 의원이 "카카오 들어오라고 해"라는 기사가 보도되면서 포털 뉴스의 정치적 중립성에 대한 논쟁이 불같이 일기도 하였다.[1] 포털측에서는 알고리즘에 의해 뉴스가 편집되므로 인위적 개입이 없다고 강조했지만, 이것이 다시 논쟁의 씨앗이 되기도 하였다. 현재 주요 포털들은 뉴스의 추천 알고리즘을 통해 뉴스 소비를 주도하고 있다. 카카오 추천 AI 알고리즘 루빅스는 '멀티암드밴딧(MAB, Multi Armed Bandit)' 방식을 채택하고 있으며, 시간이 지날수록 뉴스 클릭 가능성은 감소, 뉴스 게시 위치에 따라 클릭 확률 차이, 한번 본 뉴스는 다시 보기할 가능성 낮다는 3가지 변수를 기본으로 알고리즘을 짠다. 이에 따라 알고리즘은 최신 뉴스일수록 가중치를 높이고, 한번 클릭된 뉴스에 대해서는 가중치를 떨어뜨리는 방식으로 예측성을 높이고, 이용자 선호도를 반영하여 배치하는 방식을 취한다. 멀티암드밴딧 알고리즘은 슬롯머신 확률 방식을 도입한 알고리즘으로, 탐색 횟수를 줄이면서 수익을 극대화하는 슬롯머신 전략을 뉴스에 적용한 것이다. 한편, 네이버는 유사한 관심사로 뉴스를 추천하는 '협력 필터링'과 과거 콘텐츠 뉴스 수용 이력에 따라 뉴스를 추천하는 AI 기술을 기반으로 추천 알고

---

1 머니투데이 2020. 09. 09 알만한 사람이 왜? "혹시 뭔가있나"...계속되는 윤영찬 미스터리
  https://news.naver.com/main/tool/print.nhn?oid=008&aid=0004468561

리즘을 운영하고 있다. 뉴스 수용자에 대한 빅데이터를 축적하여 알고리즘의 정확도를 높일 수 있게 된다.

뉴스 알고리즘도 사람이 설계한다는 점을 고려하면, 기계에 의해 제작, 편집되었다고 해서 객관성과 공정성을 보장한다고 보기는 어렵다. 더 나아가, 뉴스 알고리즘의 문제점은 뉴스 수용의 패턴을 왜곡하여, 언론을 호도하고 민주주의에 역행할 수 있다는 비판이 제기된다. 즉 4차 산업혁명 시대 미디어 기술과 환경의 변화로 확대된 저널리즘의 영역은 정보민주주의와 참여민주주의를 진작시키고 있지만 또 한 측면에서는 여론을 왜곡하고 새로운 형태의 독재를 가능하게 한다는 우려도 나온다. 뉴스 알고리즘의 확대는 수용자가 선호하는 정보를 지속적으로 추천함으로 정보의 편식을 일으키고 알고리즘의 게이트 키핑에 의존하게 하는 문제를 발생시킨다.

뉴스 알고리즘의 부작용으로 제기되는 문제 중 심각한 것으로 자기 확증 편향성을 들 수 있다. 즉 뉴스 알고리즘에서 본인의 선호와 성향에 맞는 뉴스가 추천되고 제공되면서 뉴스를 편식하게 되고, 유사한 정보와 뉴스만이 확대 재생산되는 경향을 말한다. 뉴스 알고리즘에 의한 확증 편향성의 기제로 필터 버블을 들 수 있다. 이는 뉴스가 이용자 맞춤형 정보 형태로 제공되어 알고리즘으로 걸러진 정보만 이용자에게 도달해 편향된 정보에 갇히는 현상을 말한다. 또한 에코 체임버 효과를 들 수 있는데, 이는 온라인 공간에서 마치 메아리에 갇히는 것 같은 현상을 말한다. 즉 온라인 공간에서 자신과 같은 목소리만 증폭되어 자기 메아리에 매몰되는 현상을 말한다. 뉴스 알고리즘의 확대에 의해 결국 자신과 생각이 비슷한 사람들끼리 모이고 소통하여 편향성에 갇히게 되는 부작용을 일으키게 되는 것이다. 이와 같이 필터 버블과 에코 체임버 현상에 의해 뉴스 소비의 확증편향성이 증가되는 것이다.

이와 같은 뉴스 알고리즘의 부작용에 의해 궁극적으로 민주주의가 위협을 받는다는 경고가 나온다. 뉴스 알고리즘은 이용자의 이념, 불만, 편향을 조장하는 콘텐츠가 관심받기 쉽도록 한다(Marchal, Neudert, Kollanyi, & Howard 2018). 알고리즘은 개인정보, 행동 데이터 등 빅데이터 방식을 이용하여 유사한 사람들을 집단화하고 그룹 내에서 신념의 공유, 행동의 공유, 정보의 공유를 유도한다 (Ghosh and Scott 2018). 뉴스 알고리즘에 의한 확증 편향성으로 사회 전체의 통합은 방해받고, 사회 양극화를 부추기게 된다. 뉴스 알고리즘의 부작용은 정보의 왜곡, 편향 뿐 아니라, 이로 인해 궁극적으로 민주주의와 사회 통합을 방해하는 요인으로 작용하게 되는 것이다.

뉴스 알고리즘에 의한 사회 분열의 부작용은 투사 효과, 합의 착각효과로 나타난다. 합의 착각효과는 뉴스를 소비할 때 자신의 의견과 같은 기사를 보고 우호적이라 느끼는 것을 뜻한다(Christen & Gunther 2003). 한편, 자신의 의견과 일치하지 않는 뉴스 보도를 볼 때 이를 적대적이라고 인식하고 합의 착각효과를 현저히 감소시키는 것으로 밝혀졌다(김미희·정다은 2015). 투사효과(projection effect)는 뉴스를 접할 때 자신의 의견을 투사하여 다른 사람의 의견이나 정보를 자신의 의견과 같다고 인식하는 경향을 말한다. 투사효과와 합의 착각효과에 의해 집단적 의견을 피력하고, 다른 의견에는 적대하거나 대항하는 경향을 보이게 된다. 이는 왜곡된 인식과 효과에 의해 사회 분열을 조장하고 사회 통합을 막고 건전한 민주주의의 뿌리를 와해시키는 요인으로 작용하게 된다.

이와 같은 뉴스 알고리즘의 부작용을 해결하거나 축소하려는 많은 노력이 수반되고 있다. 첫째, 해결 방식은 기술적 해결 방식으로 알고리즘 구성이 나타낼 수 있는 데이터의 편향성과 매개 변수를 조정하는 방식이다. 한쪽으로 치우친 데이터 세트의 균형을 바로 잡고, 매개 변수의 설정을 조정하는 시도가 이에 해당한다.

둘째, 해결 방식으로는 뉴스 수용자들의 인식의 변화를 들 수 있다. 뉴스 알고리즘의 확증 편향성의 부작용을 독자가 인식하지 못하면, 그 부작용에 함몰되게 된다. 반면, 수용자가 편향성을 인식하면 수용자 스스로 이에 대한 조정 작용을 발휘하게 된다. 페이스북 이용 패턴 연구에 따르면 뉴스 피드를 활용하면서 알고리즘에 대해 모르는 이용자가 대다수라는 결과를 발표한 바 있다. 알고리즘이 개인 이용자를 분석하여 뉴스를 추천하여 이용하게 하는 것인데, 본인이 스스로 선택한 것으로 착각한다는 말이 된다. 실제 뉴스 알고리즘이 작동하고 있다는 것을 인식하고, 때로 조작 편향된다는 것을 인식했을 때 뉴스에 대한 수용자의 태도나 이용 패턴은 달라지게 된다. 특히 포털에서 실시간 검색어가 조작되거나 소셜미디어에서 추천 알고리즘의 편향성을 인식하게 될 때 수용자들은 뉴스 알고리즘에 대한 의존성을 낮추고 확증 편향적 뉴스 소비도 감소하게 된다는 연구 결과가 나오고 있다.

셋째, 보다 적극적으로 뉴스 알고리즘을 보완할 수 있는 방식으로 대안 알고리즘을 개발해야 한다는 논의도 제기된다. 즉 뉴스 이용자들의 선호에 따른 현재 알고리즘의 형태가 아니라 보다 저널리즘 가치에 기반을 둔 뉴스 알고리즘을 개발해야 한다는 것이다. 또한 알고리즘의 투명성을 진작시키기 위해 자연어 처리, 형태소 분석, 클러스터링 같은 알고리즘 원천 기술을 공개하고 알려야 한다는 의견도 제기되고 있다.

2 뉴스 알고리즘과 가짜 뉴스

콜린스 사전사 단어 사용 빅데이터 분석에 의하면 2018년 전년
에 비해 가장 사용이 증가한 단어가 바로 가짜 뉴스이다. 가짜 뉴
스라는 말은 2016년 미국 대선 이후 광범위하게 쓰이기 시작했는
데, 이제는 어느 나라도 가짜 뉴스의 위협에서 자유롭지 못한 실정
이다 가짜 뉴스는 언론의 문제일 뿐 아니라 민주주의에 위협이 되
는 중요한 문제이고, 사회 문화적으로도 영향을 주는 중차대한 문
제라 아니할 수 없다.

그러나 가짜 뉴스가 무엇인가 하는 데는 이견이 있으며, 서로가
서로를 공방하고, 자신의 뜻에 맞지 않는 것을 가짜 뉴스로 서로
공격하는 일이 비일비재하여 문제의 심각성을 더욱 심화시키고 있
다. 이론적으로도 가짜 뉴스가 무엇인가에 대해서 통일된 이론이
존재하지 않고, 다양한 정의가 공존하고 있다. 가장 단순하게는 뉴
스에 허위가 포함될 때 가짜 뉴스로 본다는 정의가 있다(Guess
2018; Laser 2017). 또 다른 이론에서는 의도적이거나 일부러 허위
사실을 뉴스로 보도하는 경우 가짜 뉴스로 정의하고 있다(McNair
2017; Bakir & McStay 2018). 여기서는 의도성, 고의성이 가짜
뉴스의 필수 요소가 되는 것이다. 이런 정의에 따라 2016년 미국
대선을 연구한 논문에서는 가짜 뉴스를 고객을 속일 목적으로 의도
한 뉴스이며 허위라는 것이 입증될 수 있는 것만 가짜 뉴스로 정
의하고 있다(Allcott & Gentzkow 2017, p.213). 이런 의미에서
보면 트럼프 대통령이 전통 뉴스 매체를 향해 가짜 뉴스라고 말하
고, 우리나라에서도 이념에 따라 대상 매체를 싸잡아 가짜 뉴스라

고 하는 것은 이론적 정의에 부합하지 않는다.

　가짜 뉴스는 저널리즘 역사와 함께 해온 유구한 문제로 볼 수도 있지만, 실제 가짜 뉴스 문제는 매체 환경이 변하고 디지털 기술이 뉴스 생산과 소비에 개입하면서 발생하는 문제로 보는 것이 적절하다. 이전에도 사실 보도가 아닌 뉴스의 문제가 항시 발생했지만, 2016년 이후 가짜 뉴스가 담론화되고 확산되고 있는 이유는 디지털 미디어 환경에서 발생하는 문제이기 때문이다. 이런 의미에서 개념적으로 가짜 뉴스(fake news)를 잘못된 정보(misinformation), 즉 사실과 다른 보도와 구분할 필요가 있다. 잘못된 정보는 저널리즘에서 사실성·객관성 기준으로 이전부터 항상 존재해왔던 문제이다. 이에 비해 가짜 뉴스는 의도적 정보의 왜곡을 의미하는 것이고 디지털 매체와 뉴스 알고리즘 같은 기술적 수단으로 대규모적으로 확산되는 뉴스를 대상으로 한다는 점에서 엄밀하게 정의되어야 하는 문제이다. 이런 의미에서 가짜 뉴스 연구는 상당 부분 기술의 문제에 초점을 두게 된다(Balmas 2014; Frend 2011; Karlova 2013).

　가짜 뉴스는 여러 방식으로 나타날 수 있는데, 탄독은 가짜 뉴스의 유형을 풍자, 패러디, 위조, 조작, 프로파간다 5개로 분류하고 있다(Tandoc et. al. 2017). 어느 유형이든 가짜 뉴스는 사실에 근거하지 않고 의도적으로 사실을 왜곡한다는 공통점을 보인다. 가짜 뉴스 생산의 동기로 크게 두가지인 경제적 이익과 정치 이념적 이해 관계를 들 수 있다. 경제적 이익을 도모하기 위해 가짜 뉴스를 만들거나, 상대 진영을 공격하기 위한 정치적 이념적 목적으로 가짜 뉴스는 주로 만들어 진다. 물론 이전에도 경제적·정치적 동기는 항상 존재해왔지만, 현재 기술의 발전과 매체의 대량 확산으로 가짜 뉴스 확산이 기술적으로 가능해진 것이다.

4차 산업혁명 시대 소셜 네트워크 서비스의 보급은 저널리스트와 수용자의 경계를 모호하게 한다. 또 뉴스 매체와 비 뉴스 매체 간의 경계도 와해되고 있다. 이런 의미에서 뉴스 정보의 소스가 다양해지고 경계도 와해되면서 그만큼 가짜 뉴스의 확산도 증가하게 된 것이다. 이에 따라 가짜 뉴스의 범위도 논란의 대상이 되고 있다. 저널리즘 이론에 따라 가짜 뉴스를 명확히 뉴스 보도에 한정하여 가짜 뉴스를 판정해야 한다는 주장이 있다(Horne and Adali 2017; Laser 2018). 이에 반해 전통적 의미의 저널리즘 장르 뿐 아니라, 인터넷 정보, 소문, 프로파간다까지 가짜 뉴스의 대상으로 봐야 한다는 주장도 있다(Mustafaraj & Metaxas 2017; Waisbord 2018). 현재 기술 발전과 매체 환경의 변화로 전통적 경계가 허물어지는 시점에서 저널리즘의 경계도 모호해지고 뉴스 소스가 다양해지는 경향을 고려하면, 가짜 뉴스의 범위와 대상도 확대된 개념으로 접근하는 것이 타당해 보인다.

현재 가짜 뉴스에 대한 대안으로는 팩트 체크가 유효하게 등장하고 있다. 팩트 체크는 알고리즘을 통해 뉴스의 사실 여부를 입증하는 작업이다. AI를 통해 뉴스 아카이브에서 사실과 가짜 뉴스를 걸러내는 팩트 체크가 광범위하게 도입되고 있다. 최근 트위터에서 팩트 체크 제도를 도입하고 있다. 미국에서는 전통 미디어에 의존하지 않고 스스로 정보 소스를 생산하는 트럼프의 언론 이용 방식에 의해 그의 트윗 중 일부가 트위터에 의해 가짜 뉴스로 지정되고 삭제되거나 숨겨져 논란이 되기도 하였다. 이같이 많은 뉴스 매체들이 알고리즘 방식이나 실제 보도 형식을 통해 팩트 체크를 도입하고 있다.

한편, 팩트 체크에 대한 부작용과 우려도 제기된다. 가장 광범위하게 우려되는 문제는 팩트 체크를 통해 걸러지지 않은 가짜 뉴스는 진실로 오인되어 더 큰 영향력을 끼칠 염려이다. 반대로 사실이지만 가짜 뉴스로 오류 처리되어 문제를 초래할 수도 있다. 기존 데이터 베이스에서 기계적 알고리즘 방식으로 처리되는 팩트 체크가 한계를 가질 수밖에 없는 데서 발생하는 문제이다. 더 나아가 팩트 체크는 가짜 뉴스의 정밀한 개념에 근거한 것이 아니라는 점에 있다. 앞서 가짜 뉴스의 정의에서 논의했듯이 단순히 잘못된 정보와 가짜 뉴스는 다른 것이다. 팩트 체크는 사실성에 부합하는지를 가려내는 작업으로 저널리즘의 전통적 문제인 잘못된 정보와 의도적이고 목적성에 입각한 가짜 뉴스를 가려내지 못한다. 즉 팩트 체크 결과가 사실성의 정오만을 제시하기 때문에, 오보의 영향력, 비중, 목적성을 밝히지는 못하는 것이다. 심지어는 팩트 체크가 자신의 입장과 의견을 입증하기 위해 이용되는 경우도 발생하게 된다. 팩트 체크가 가짜 뉴스의 하위 범위로까지 비화될 가능성이 우려되는 이유가 여기서 발생한다.

3 댓글 저널리즘과 참여적 언론

뉴스 알고리즘의 부작용과 가짜 뉴스가 4차 산업혁명 시대 기술의 발전과 이로 인한 매체 환경의 변화로 인해 보편적으로 야기되는 저널리즘의 문제이지만, 유독 우리나라에서 문제가 되는 것이 댓글과 관련된 것이다. 소셜 미디어나 대안 매체들이 저널리즘 영역을 확대하고 새로운 뉴스 채널들을 양산하고 있는 현실에 우리나라도 예외가 아니어서 유튜브 뉴스 채널이나 팟캐스트 뉴스의 구독이 늘어나고 있다. 그러나 우리나라의 경우 인구 전체 분포로 보면 전통 미디어에 대한 소비가 여전히 높다. 다만 이전과 다른 점은 전통 미디어의 뉴스를 포털을 통해 소비한다는 점이다. 이에 따라 포털 뉴스의 영향력이 커지고, 유독 댓글이 큰 영향력을 발휘한다는 점이 우리나라에서 발생하는 특이한 현상이다.

통계적으로 보면, 우리나라 뉴스 소비자의 80% 가까이가 포털 사이트를 통해 뉴스를 소비하고 있다는 연구 결과가 나오고 있다 (Kim 2018; Kim 2017). 또 포털을 통해 뉴스를 접하는 대다수 사람들이 일반 독자들이 코멘트를 다는 댓글을 읽고 이에 영향을 받는다는 응답을 하고 있다. 뉴스 댓글에 대한 설문조사에서 65.7%가 댓글이 여론을 나타낸다는 반응을 보이고 있다(Kim & Oh 2016). 대다수의 사람들이 댓글을 통해 여론을 파악하고 영향을 받는다는 의미에서 댓글도 뉴스의 일부로 인식하여 댓글 저널리즘이라는 말까지 나오기에 이르렀다.

그러나, 실제 댓글이 여론을 반영하는가에 대해서는 많은 논란이 제기된다. 우선 댓글을 쓰는 사람은 전체 뉴스 독자 중 극히 일부분이고, 그 구성도 편향성이 있다. 한국언론진흥재단의 설문 조사에 의하면, 우리나라에서 뉴스 댓글을 다는 사람의 비율은 8.2%에 지나지 않는다. 이들 소수 인원의 인구 구성도 남자, 교육 수준이 높은 사람의 비율이 편향적으로 높은 것으로 나타나고 있다. 이는 댓글이 여론을 나타낸다고 보는 것은 위험천만한 것이라는 사실을 나타내 주는 것이다. 그럼에도 불구하고 같은 여론 조사에서 20%에 해당하는 사람만이 뉴스 댓글을 읽지 않는다고 답하고 있다. 이는 80% 해당하는 대다수 사람이 뉴스와 함께 댓글을 읽는다는 말이 된다. 또 70% 응답자가 댓글도 뉴스 보도 영역에 포함되어야 한다고 반응하고 있다. 이는 뉴스 소비자의 대다수가 극히 소수의 사람이 쓰는 댓글을 읽고 이에 영향을 받고 있다는 것이다.

우리나라에서 뉴스 댓글은 소비자 뿐 아니라, 전통 미디어에도 영향을 미치고 있다. 이제 저널리즘의 영역이 확대되고, 뉴스와 비뉴스의 경계가 모호해지면서, 전통 미디어에서 오히려 댓글을 정보 소스로 사용하여 뉴스를 제작하는 경우가 점점 늘어나고 있다. 사회적으로 관심이 많은 이슈에 대해 포털에 실린 댓글을 보고 여론을 파악하고 댓글을 인용하여 뉴스를 생산하는 전통 미디어의 보도 비율이 늘어나고 있다. 또 페이스북이나 유튜브 같은 소셜 미디어의 내용을 정보 소스로 삼아 뉴스를 제작하는 전통 미디어의 뉴스 비중도 높아지고 있다.

이와 같이 10%도 안되는 독자의 댓글이 여론으로 인식되어 대다수 수용자에게 거꾸로 영향을 미치는 현상은 여러 가지 요인으로 분석해 볼 수 있다. 첫째, 댓글 저널리즘이 영향을 미치는 요인은 기술적 편의성 때문이다. 뉴스 소비자가 즉각적으로 반응을 보일 수 있는 디지털 미디어의 기술 수단이 제공되기 때문에 동의, 비동의를 간편하게 클릭하고 쉽게 의견을 게시할 수 있게 되었다. 이런 기술적 편의성은 여론 형성의 부작용을 설명하는 전통 이론의 원리대로 여론으로 호도되는데 더욱 광범위하고 일상적으로 진행된다는 점에서 전통 미디어와 차이를 보인다. 미디어 수용 과정에서 왜곡되는 여론 형성을 설명하는 대표이론으로 침묵의 나선이론, 거울 효과, 제3자 효과 같은 원리를 들 수 있는데, 이들이 디지털 미디어에도 그대로 작용하고 있다(Sherrick & Howe 2018; Jung & Park 2016; Houston 2011). 침묵의 나선이론은 소수의 의견이 여론으로 굳혀지는 것은 의견을 내지 않는 다수가 침묵함으로 가능해진다는 원리를 설명한 이론이다. 댓글 저널리즘으로 설명하면 포털 뉴스에서 독자들이 뉴스 댓글을 보고 동의 클릭이 많은 것을 다수 의견으로 인식하여, 다른 의견은 표현하지 않고 침묵하는 현상을 보인다. 또한 앞서 설명했듯이 거울 효과는 다수의 의견을 자신과 같은 것으로 투영하여 인식하는 것으로 여론을 왜곡하는 현상으로 나타날 수 있다. 제3자 효과는 자신은 보도에 영향을 받지 않고, 다른 사람은 영향을 받는다고 인식하는 것으로 뉴스 댓글에 대해서 자신은 영향을 받지 않는다고 인식하지만, 사실상 여론 왜곡 현상에 자신도 참여하는 현상을 말한다. 악플과 욕설로 가득한 댓글을 폄훼하고 자신은 무관하고 제3자에게 나쁜 영향을 끼칠 것이라 여기지만, 사실 본인도 영향을 받고 있을 수 있다. 이와 같은 여론 왜곡의 가설들이 댓글 저널리즘에서는 더욱 확대되고 여과장치 없이 진행되는 것은 문제점으로 지적된다.

둘째, 우리나라에서 유독 댓글이 문제가 되고 저널리즘의 영역으로까지 여겨지는 이유로 문화적 요인을 들 수 있다. 전통적으로 한국은 개인주의보다 집단주의 성향이 강하게 나타난다. 지금도 학연주의, 지연주의가 부패와 부조리를 일으키는 고질적인 병폐로 지적되는데 이는 집단주의의 결과이다. 대부분의 나라가 전통적으로 집단주의가 강하다가 농경 사회를 벗어나 근대화 하면서 집단주의 전통이 약화하고 개인주의 경향으로 전이하게 된다. 반면 한국의 경우 근대화와 경제 발전 과정에서 집단주의가 더욱 강화되는 아이러니한 현상을 보였다. 이는 70, 80년대 군사 독재 체제에 의해 근대화와 경제발전이 추진되면서, 개인주의와 자유주의를 억누르고 집단주의를 강화한 결과라고 볼 수 있다. 한국의 전통적 가치인 체면 문화, 눈치 문화 같은 전통적 가치가 집단주의를 부추긴다는 연구들도 있지만(Choi & Kim 2000; Heo & Park 2012), 이보다 근대화 과정에서 강화된 공포와 억압에 의한 집단주의가 강하게 작용한 것이라 볼 수 있다. 학교나 직장에서 또 사회에서 다른 사람과 다르거나 소위 "튀는 것"을 염려하고 동일화하기 위해 집착하는 사회 심리는 집단주의 경향의 반영이라 할 수 있다. 뉴스 소비에도 이런 집단주의 경향이 작용하여, 다른 사람들은 어떻게 생각하는지 빠르게 파악하고 이에 동조하는 경향이 댓글 저널리즘을 형성하는 원동력으로 작용한다고 할 수 있다.

셋째, 댓글 저널리즘이 한국 사회에서 막강한 영향력을 행사하게 된 데는 전통 미디어에 대한 신뢰도 문제와 관련이 있다. 최근 한국 사회가 집단적으로 겪은 최대의 상흔은 헌정 사상 처음 대통령 탄핵과 세월호 사건이라고 할 수 있을 것이다. 이런 사회적 위기와 격변을 겪으면서 소위 "촛불 혁명"으로 대변되는 정치적 참여가 고조되었다. 이에 대해서는 훗날 역사적 평가가 내려지겠지만, 저널리즘과 관련해 두드러지게 나타난 현상으로 언론에 대한 불신을 들 수 있다. 사람들은 기존 매체의 뉴스를 믿지 못하고 수많은 소문과 자체 생산된 뉴스를 광범위하게 찾아보는 경향을 보였다. 때로는 소문과 일반 독자의 댓글이 사실로 밝혀지고 기존 언론 기관에 다시 인용되는 일이 반복되면서 언론을 불신하고 저널리스트를 조롱하는 소위 "기레기"(기자＋쓰레기의 약자)라는 말이 퍼지게 된 것도 이때부터 였다. 이런 상황에서 일반 독자들의 뉴스 댓글에 많은 관심을 보이게 되었다. 물론 많은 경우 댓글은 악플과 가짜 뉴스로 얼룩진 것이지만, 그중에 일부라고 사실로 밝혀질 때 독자들은 전통 미디어의 불신을 강화하고 점점 댓글에 의존하게 된 것이다.

이와 같이 기술적, 문화적, 사회적 요인에 의해 우리나라에서 뉴스 알고리즘의 부작용과 가짜 뉴스의 최대 사건도 댓글을 중심으로 나타나게 되었다. 소위 '드루킹 사건'으로 대변되는 뉴스 댓글 조작 사건은 정치적 사건으로 비화되었지만, 새로운 미디어 환경에서 저널리즘의 위기를 보여주는 가짜 뉴스의 단면이기도 하다. 드루킹 사건은 알고리즘에 의해 댓글 공감수를 조작한 사건으로 1심에서 관계자가 모두 실형을 선고 받은 사건으로 상고심이 진행중인 사건이다. 드루킹은 매크로라는 기술을 이용하여 뉴스 댓글을 조작한 혐의로 실형을 선고 받았다. '매크로(Macro)'는 자주 사용하는 명령어를 키 입력으로 할 수 있도록 만든 프로그램을 말한다. 컴퓨터 프로그램 제작 같은 명령어를 여러 번 작성해야 할 때 업무의 효율성을 높이기 위해, 이를 쉽게 작성하기 위해 만든 프로그램으로 기계적으로 반복 복사 기능이라고 할 수 있다.

드루킹을 인터넷 아이디로 쓰는 김동원은 매크로 프로그램을 댓글 조작에 맞게 프로그래밍한 킹크랩을 만들어 댓글 조작하였다는 혐의로 기소되었고, 1심에서 3년 6개월의 실형을 선고받았다. 법원과 검찰에 따르면 드루킹 일당은 2016년 12월부터 2018년 3월까지 1년 4개월간 총 9,971만여 건(기사 8만여 개, 댓글 141만 개)에 공감·비공감을 부정 클릭해 네이버의 댓글순위 산정업무를 방해했다는 혐의로 기소되었다. 드루킹 일당은 시연한 매크로 프로그램을 사용해 댓글을 조작했고 매크로 프로그램 조작의 효율을 높이기 위해 '킹크랩'이라 불리는 별도의 서버를 구축한 것이다. 이 서버에는 자동으로 네이버 댓글의 '공감' 클릭수가 올라가도록 하는 자동화 기능이 있다. 서울지방경찰청 사이버수사대가 입수한 드루킹의 최측근 '초뽀'의 이동식 저장장치를 통해 드루킹 일당이 '킹크랩 사용지침'을 바탕으로 댓글을 조작한 것으로 밝혀졌다. 수사에 의하면 일명 '게잡이방'이라 불리는 비밀 메신저 대화방에 댓글 공작을 할 기사의 URL 주소를 올리면, 킹크랩을 활용한 댓글 공작이 실행되는 절차가 진행되었다고 한다.

드루킹 일당은 좀더 효율을 높이기 위해 킹크랩 2를 개발하여 이전에 비해 7배 넘는 클릭수 조작을 실행하였다. 드루킹 일당이 킹크랩 2차 버전을 사용하기 시작한 건 2018년 2월 21일부터다. 이전까지 사용한 킹크랩 1차 버전은 댓글 조작 명령어 실행을 위해 휴대전화를 도구로 사용해야 했다. 이 때문에 휴대전화와 유심칩이 많이 필요했고 댓글조작 규모에 한계가 있었다. 반면 킹크랩 버전 2는 아마존 웹서비스를 이용해 휴대전화 없이도 댓글 조작이 가능하게 되었다. 드루킹 일당은 아마존 웹서비스에 킹크랩 프로그램을 구축해 놓고 사용한 것으로 조사됐다. 아마존 서버에 아이피 변경, 브라우저 변경, 유저정보 등 명령어를 입력해 휴대전화 등 하드웨어 없이도 매크로 프로그램을 구동하는 게 가능했다. 킹크랩 버전 1이 여러 대의 휴대전화를 이용해 이뤄졌기 때문에 데이터통신 지연이나 기기 문제 등으로 오류가 자주 발생했기 때문이다. 재판에서 특검보는 "킹크랩 2는 1과 달리 휴대전화가 필요없어 유심칩 구매 비용과 인터넷 요금 등을 절약하는 데도 효과적이었다."고 설명하고 있다. 특검팀은 킹크랩 버전 2가 네이버 등 포털사이트의 어뷰징(반복적 댓글이나 클릭 수를 조작하는 행위) 방지 정책을 우회할 수 있도록 설계됐다고 설명하였다.

이와 같이 킹크랩은 단순 매크로(자동 입력 프로그램)가 아니라 디도스(DDoS · 분산서비스거부공격)와 유사한 방식의 전문 '패킷 프로그램'에 가깝다. 경찰 수사팀 관계자는 손으로 할 작업을 자동으로 반복하는 알고리즘인 매크로가 아니라, 서버에 허위 신호를 보내 정상 신호인 것처럼 인식하게 만드는 패킷 방식을 사용했다고 밝히고 있다. 이를 업계에서는 '패킷 프로그램'이라고 부르는데 서버에 감당할 수 없을 정도로 많은 양의 트래픽을 순간적으로 발생시켜 홈페이지 등을 마비시키는 디도스와 같은 원리로 일종의 해킹 프로그램을 말한다.[2] 매크로를 이용한 댓글 조작은 특정 아이디로 네이버에 로그인하고, 설정된 기사의 댓글 창을 클릭한 뒤 특정 댓글의 '공감'을 누르고 로그아웃하는 과정을 자동으로 반복하는 것인데 매크로를 실행하면 실제로 이런 과정이 반복되는 걸 눈으로 확인할 수 있다. 하지만 패킷 프로그램은 위 과정을 실제로 하지 않지만 마치 한 것처럼 위장한 수백, 수만건의 신호를 보낼 수 있다. 이 신호들이 허위인 줄 모르는 서버가 실제인 것으로 인식하도록 하는 것이다. 패킷 생성 프로그램은 실제로 버튼을 누르지 않고도 가짜로 패킷을 만들어 눌렀다고 신호를 보내는 방식으로, 패킷 생성 프로그램의 속도가 매크로보다 훨씬 빠르다. 킹크랩은 범용 프로그램인 매크로 방식보다는 네이버라는 특정 타깃을 대상으로 만든 전용 프로그램인 패킷 생성 프로그램으로 인식되고 있다.

드루킹 사건이 정치 사건으로 비화하고 한국 사회에 최대 스캔들이 된 것은 고위 공직자들이 연루된 연유이다. 드루킹 사건에 연루된 것으로 기소된 경남 도지사 김경수에 대해 실형이 선고되었다. '2018고합823 컴퓨터 등 장애업무 방해, 공직선거법위반'의 판결문에 따르면 피고인은 컴퓨터 등 장애업무 방해죄에 대하여 징역 2년, 공직선거법위반죄에 대하여는 징역 10개월을 선고받았다. 판결문에는 김경수가 매크로 프로그램 사용을 통한 여론조작(일명 드

---

2 https://news.joins.com/article/22563902

루킹 사건)에 공모했다고 판단했으며 피고인과 드루킹 일당은 여론 조작 과정에서 BD 주식회사 등에 컴퓨터 등 장애업무 방해 피해를 입혔다고 적시하고 있다. 1년 4개월 동안 김 지사가 드루킹 김씨로부터 받은 조작 기사 목록은 8만여 건에 달하고 김 지사는 댓글조작이 필요한 기사 URL(웹페이지 주소)을 직접 텔레그램을 통해 보냈다고 보았다. 특검팀에 따르면 2018년 2월 21일부터 3월 20일까지 1달 사이에 5533개 기사의 댓글 22만 1729개에 대해 1,131만 116회에 이르는 공감·비공감 조작이 이루어졌다고 밝히고 있다.

법원의 판결문은 드루킹 사건이 여론의 왜곡과 조작에 해당한다고 정의한다. 판결문의 결론을 인용하면 "댓글 순위 조작 범행은 온라인 공간에서의 투명한 정보의 교환과 그에 기초한 자유로운 토론을 통한 건전한 온라인 여론 형성의 기능을 심각하게 훼손했다. 이는 현대사회에서 정보통신기술 발달과 모바일통신의 보편화로 인해 온라인 여론의 방향이나 동향이 갈수록 사회 전체의 여론 형성에 막대한 영향을 미치게 된다는 점에서 심각한 범죄행위가 된다. 더 나아가 이 사건 댓글 순위 조작 범행은 국민이 직접 그 대표를 선출하기 위하여 의사를 표출하는 선거의 국면에서 특정한 방향으로 여론을 유도하기 위하여 기계적인 방법에 의하여 왜곡된 온라인 여론을 형성하려 한 것이라는 점에서 더욱 그 위법성의 정도가 중대하다고 할 것이다. 피고인의 위와 같은 행위는, 앞서 본 바와 같이 단순히 인터넷 포털서비스 운영 회사에 대한 업무방해에 그치는 것이 아니라 온라인 상의 건전한 여론 형성을 심각하게 저해하고 유권자들의 정당과 후보자에 대한 판단과정에 개입하여 그들의 정치적 의사결정을 왜곡함으로써 자유롭고 공정한 선거과정을 저해한 것이고, 나아가 그 과정에서 위와 같은 목적을 달성하기 위하여 거래의 대상이 되어서는 안 되는 공직을 제안하기에 이른 것이어서 그 죄질이 매우 불량하다"라고 선고의 이유를 대고 있다.

이와 같이 한국의 최대 정치 스캔들을 일으킨 댓글 조작 사건은 기술적 발전에 기인하고 있다. 컴퓨터 작업에 흔히 사용되는 매크로 같은 프로그램이 쉽게 여론 조작의 도구로 탈바꿈하는 것은 기술 진보의 부작용을 여실히 보여준다. 미디어 환경의 발전과 기술의 진화로 네트워킹이 글로벌하게 확대되고 거의 직접민주주의에 가까울 만큼 정치 참여의 수단이 진화되고 있다. 반면, 기술 진화의 속도보다 더 빠르게 여론의 왜곡과 참여 동원 조작까지 가능한 수단이 알고리즘으로 개발되고 있는 실정이다. 이에 언론의 미래는 심각하게 위협받을 수밖에 없다. 이에 기술 발전의 부작용을 줄일 수 있는 거버넌스가 필요한 시점이다.

뉴스 알고리즘의 부작용과 관련 우선 제기되는 거버넌스의 문제가 법 제도적인 한계이다. 빠르게 변화하는 기술 변화에 비해 이에 적응하고 규제할 제도는 한계를 보이고 있다. 드루킹 사건의 예를 보더라도 판결문에서는 여론을 왜곡하고 민주주의를 위협하는 죄질이 나쁜 범죄라고 적시하면서도 처벌 규정은 미흡함을 드러낸다. 드루킹 사건 공범 판결문에서 댓글 조작 사건이 여론의 조작이며 가짜 뉴스에 의해 선거의 부정을 의미하는 치명적인 사건이라고 하면서도 선고는 업무 방해죄에 대한 처벌에 그치고 있다. 이것이 정치적인 판결이라는 비판도 있지만, 그에 앞서 날로 발전하는 미디어 기술과 환경 변화에서 법적으로 기술적 여론 조작과 가짜 뉴스 유포에 대한 처벌 근거가 부족하다는 현실을 반영한 것이다. 가짜 뉴스와 여론 조작이 디지털 미디어의 발전과 소셜 미디어의 발전으로 부상하는 문제이지만 그 심각성에 비해 법적 제도적 장치나 거버넌스의 수단이 미처 따라가지 못하고 있는 현실을 드러내고 있다.

4 소셜 미디어산업의 독점 구조와 참여적 미디어의 패러독스

뉴스 댓글이 오늘날과 같이 막강한 영향력을 발휘하고 여론을 좌지우지하게 되고, 급기야 민주주의를 위협하는 부작용까지 일으킨 것은 근본적으로 소셜 미디어의 독점적 산업 구조에 기인한다. 한국 포털의 절대적 우위를 차지하는 영향력 때문에 댓글 저널리즘의 문제와 조작 사건까지 비화되었다고 볼 수 있다. 소셜 미디어는 일반 수용자들의 네트워크를 맺어주는 플랫폼의 역할을 하면서, 내용은 이용자 UCC(User Created Contents)나 기존 미디어 콘텐츠를 싣기 때문에 민주적 매체로 여겨진다. 하지만 산업 구조적으로 보면 독점적이라는 이율배반적 측면을 노정한다. 소셜 미디어의 성격상 네트워크는 독점에 구심점이 모여지게 되고, 다른 것들은 도태되는 것이 소셜 미디어의 산업적 속성이다. 구글, 유튜브, 페이스북이 이러한 독점화 과정을 거쳐 다른 소셜 네트워크 서비스를 밀어내고 현재와 같은 독점적 유치를 차지하게 된 것이다. 우리나라에서는 유독 구글도 맥을 못 출 정도로 한국인 대다수가 이용하는 인터넷 포털의 지위를 네이버가 차지하고 있다. 앞서 설명했듯이 우리나라 뉴스 소비자의 80%가 포털을 통해 뉴스를 소비한다는 통계가 있고, 이중 절대 다수는 네이버를 이용하고 있다. 이러한 네이버의 독점적 위치 때문에, 댓글 조작의 사건도 발생하게 된 것이다.

네이버가 서비스를 처음 시작했을 당시에 국내 인터넷 검색 분야에는 글로벌 기업 야후가 막강한 1위를 차지하고 있었고, 메일과 카페 서비스를 주도한 다음이 그 다음으로 경쟁력을 발휘하고 있었다. 네이버는 이런 경쟁 상황 속에서 사업에 진입하였으며, 2000년 4월 27일 한게임과 합병을 추진하면서 서비스 개발에 집중했다. 네이버는 2000년에 세계 최초로 통합 검색 엔진을 개발했고, 2001년 상반기 국내 최초로 검색 광고 모델을 선보였다. 네이버는 2001년 9월 회사명을 'NHN(Next Human Network)'으로 변경하고 지식iN, 블로그, 카페와 같은 서비스를 잇달아 개발하면서 한국에서 포털의 지위를 확보해 가게 된다. 2003년 4월에는 글로벌 기업 야후를 누르고 검색 서비스 방문자 수 1위를 기록하였다. 네이버가 이같이 일인자 자리를 차지하게 된 것은 지식인 덕분이라는 말이 나올 정도로 한국에 맞는 서비스를 개발하여 성공한 사례이다. 네이버는 2009년에 온라인 비즈니스 플랫폼 및 인프라의 전문성을 강화하기 위해 NHN비즈니스플랫폼을 설립했다. 2011년에는 2조 1474억 원의 매출을 기록하면서, 국내 포털 사이트 중에서 압도적 1위 기업으로 성장하기에 이른다. 2018년 설문조사에 따르면 네이버의 포털 점유율은 75.2%로 응답자 4명 중 3명이 네이버를 이용하는 셈이 되었다.

네이버의 압도적 포털 점유율에 의해 뉴스 소비에서도 독점적 위치를 확보하게 된다. 네이버는 2004년부터 뉴스 서비스에 댓글 기능을 도입하였다. 2007년에는 댓글 추천 기능을 공감, 비공감으로 나누고 2012년에는 댓글순서를 최신순과 댓글에 대한 답글이 많은 순서로 나눠 서비스를 제공하게 된다. 이와 같이 최근에 달린 순서대로 댓글을 보여주는 방식이 10년 넘게 이어지다가 2013년

공감수에서 비공감 수를 뺀 호감도 순 기준을 추가했다. 2017년 6월에는 댓글 접기 요청 기능과 공감 비율순을 추가했고 같은 해 11월 호감도 순을 없애고 공감 수 높은 순서로 보여주는 순공감 순으로 댓글 정책에 변화를 시도했다.

이런 일련의 네이버 뉴스의 댓글 기능은 네이버 뉴스 소비를 증가 시키는 데 큰 역할을 하였다. 한편 그 이면에 뉴스 소비의 독점적 위치를 확보함에 따라 여론 조작의 대상이 되었으며, 드루킹 댓글 조작 사건이라는 전대미문의 사건도 발생하게 된다. 드루킹 사건 이후 네이버에 대한 많은 비판이 제기되었으며, 포털의 뉴스 편집과 댓글 기능에 비판이 모아졌다. 신문협회는 포털이 뉴스 시장을 장악하면서 온라인 뉴스시장에서 절대권력을 행사하고 저널리즘의 가치를 훼손하여 신문산업을 위협하는 폐해를 낳았다고 주장했다. 네이버 뉴스 서비스에 대한 비판 중에서 댓글 기능이 가장 많이 제기되는 것도 이런 문제에서 기인한다.

네이버의 댓글 기능은 해외 포털사이트와 언론사들의 언론 보도 방식과 차이를 보인다. 네이버는 소위 인링크(inlink) 방식을 채택하는데 뉴스 본문을 포털 안에서 제공하는 방식이고 여기에 댓글을 달 수 있는 공간이 마련되어 있다. 이에 비해 세계 최대 포털의 강자인 구글(Google)은 '아웃링크(qutlink)' 방식을 채택하고 있다. 즉 구글은 네이버와 달리 뉴스 페이지는 기사 제목만 노출하고 기사를 클릭하면 언론사 홈페이지로 연결되는 방식을 사용하고 있다. 또 'MSN'은 인링크 방식이지만 기사에 댓글 다는 공간이 없고 기사를 이메일, 페이스북 등으로 복사하는 기능만 제공한다.

뉴스 알고리즘의 최대 스캔들이 된 드루킹 사건이 발생하면서 네이버에 대한 비판이 제기되었고 네이버도 새로운 뉴스 알고리즘 개발로 부작용을 막고자 새로운 정책을 발표하기에 이른다. 드루킹 사건 당시 국회 청문회에 불려간 네이버 창업자 중 한 사람인 이해진 글로벌투자책임자(GIO)는 댓글 조작을 막을 근본적인 방법은 없다는 문제점을 토로하면서 향후 뉴스 편집과 랭킹 뉴스 폐지를 검토하겠다는 입장을 밝혔다. 청문회에서 댓글 조작을 네이버가 방조했다는 비판에 대해 이해진은 "매크로라는 것은 대단한 기술이 아니지만 막을 수 있는 근본적인 방법이 없다. 모든 인터넷 업체가 겪는 문제"라고 진술한 바 있다. 기술적으로 매크로를 원천봉쇄하기 어렵지만 댓글 조작을 막기 위한 어뷰징 방지 기술을 강화하겠다는 입장을 밝혔다.

네이버는 댓글 조작 같은 뉴스 알고리즘의 어뷰징 기술을 방지하기 위해 한해 100억이 넘는 투자를 하고 있다고 밝히고 있다. 드루킹 재판에 참고인으로 진술한 네이버 측은 어뷰징 대응 정책으로 순공감순 댓글 배치에 부당한 방법으로 변경하는 시도를 막기 위하여 동일인이 다수의 아이디(ID)를 이용하여 댓글에 공감 또는 비공감을 클릭하지 못하도록 하는 방식을 채택하고 있다고 밝히고 있다. 판결문 기록에 따르면, 아이피(IP)와 NNB값(브라우저 쿠키, 네이버가 사용자를 구별하기 위해 부여한 값으로 이용자가 서버에 접속할 때 생성되는 특정한 전자적 값)을 조합하여 특정 시간 내, 특정 횟수 이상으로 동일 댓글에 공감, 비공감을 클릭하면 기계(프로그램)가 아닌 실제 사람이 사용자인지 여부를 확인하기 위한 캡챠(보안 문자 입력)에 노출되도록 한다. 또, 하나의 아이피에서 다수의 로그인 시도를 하는 경우 로그인을 차단하고, 이용자가 공감, 비공감을 클릭하는 순간 네이버가 특정한 키 값(토큰)을 부여한 후 그 키 값의 이상 유무를 확인하여 이상이 있는 경우(비정상적인 API 호출)

해당 클릭 행위를 무효 처리하는 등 어뷰징을 차단하기 위하여 약 20여 명의 관리자를 두고, 1,000여 대의 어뷰징 감시 장비, 다양한 시스템 로직을 마련하여 상시적으로 어뷰징을 감시 및 차단하고 있다는 입장을 네이버측은 강조하였다.

네이버는 2018년 4월 25일 새로운 댓글 정책 개편안을 발표했다. 기존에 '공감' 횟수에 제한이 없고 시간에 상관없이 댓글을 총 20개 달 수 있었던 댓글 정책과 달리 댓글 추천에 한도를 설정하고 댓글을 연속해서 달 수 있는 시간 간격을 늘리는 등 개편안을 포함한다. 개편 정책에 따르면 사용자가 댓글에 누를 수 있는 '공감, 비공감' 수가 계정 1개당 24시간 기준 50개로 제한된다. 공감, 비공감을 취소해도 해당 개수에 포함되며, 하나의 댓글에 한 번씩만 누를 수 있게 한다. 연속해서 댓글을 작성할 때 시간 간격을 기존의 10초에서 60초로 늘리고 공감, 비공감 클릭할 수 있는 시간도 10초 간격을 두는 방향으로 개정이 이루어졌다. 계정 하나로 같은 기사에 작성할 수 있는 댓글 수를 과거 20개에서 3개로 줄였다. 또한 정책 개편과 더불어 인공지능 기반 이용자 로그인 패턴 학습 및 추가 인증 요구, 클라우드 서버를 통한 접근 차단, 기계적 어뷰징 의심 아이디 차단 등 기술적 대응도 강화하는 내용을 개정된 댓글 정책에 포함하고 있다.

네이버의 개편안은 화면 개편, 뉴스판의 신설, 급상승 검색어 제거, 댓글 기능의 개편 네 가지로 요약할 수 있다. 이제까지 뉴스 섹션에 네이버가 어떤 뉴스를 노출할지 결정하는 편집권을 가졌다면, 개편된 안에 따르면, 이전 방식과 달리 네이버에 뉴스 콘텐츠를 공급하는 언론사들이 어떤 뉴스를 노출할지 결정할 수 있게 한다. 네이버 뉴스 홈에 올라오는 기사는 언론사의 선택에 따라 아웃링크와 인링크 방식으로 선택할 수 있는 기능을 추가할 것이라고 한다. 뉴스 피드는 네이버의 인공지능 기반 추천 서비스 에어스 (Airs)가 사용자들의 취향을 분석해 추천하는 추천 알고리즘을 사용하게 된다. 네이버 모바일 뉴스에 적용되는 '모두를 위한 Airs 추천' 메뉴가 일반 컴퓨터 기반의 뉴스홈으로 확대 적용되는 것이다.

댓글 기능 중 큰 변화는 페이스북, 트위터 등 SNS 계정으로 댓글을 달 수 있었던 소셜 댓글 기능을 폐지하는 정책이다. 소셜 댓글은 뉴스에 대한 의견을 SNS로 쉽게 공유할 수 있게 하는 기능이다. 그러나 소셜 댓글이 복수의 아이디를 활용하여 여론 조작에 악용하는 사례가 드루킹 사건에서 지적되면서 폐지하게 되었다. 또한 한 사람이 매크로 프로그램 같은 기계적 알고리즘을 이용해 여론을 조작하는 것을 방지하기 위해 전화번호만으로 로그인 할 수 있고, 하루에 달 수 있는 댓글 수도 제한하는 정책도 시행하게 되었다. 네이버는 댓글을 다는 사람이 매크로 프로그램을 이용하는지 추적하는 기능도 추가한다고 한다. 이를 통해 매크로 프로그램을 이용해 댓글을 다는 것을 막고, 매크로 프로그램 사용자를 추적해 경찰에 수사를 의뢰하는 처리 과정을 만들 계획이라고 한다. 설령 이용하는 계정이 다르더라도, 올리는 내용이 동일하거나 유사하다면 이를 감지해서 댓글을 올리는 것도 막을 예정이라고 밝히고 있다.

뉴스 알고리즘에 의한 부작용과 댓글 조작 사건이 발생하면서 주요 포털과 뉴스 플랫폼들이 알고리즘에 의한 뉴스 편집의 부작용을 방지하기 위해 또 다른 알고리즘을 개발하고 기술 개발에 투자를 늘려가고 있지만 문제의 해결은 요원해 보인다. 어뷰징 기술과 편법들은 새로운 알고리즘 기술에 앞서 더욱 빠르게 진화하고, 기계적 방식과 인공적 방식을 혼합하여 더욱 효과적이고 걸리지 않는 전략들로 여론을 왜곡하고 댓글을 조작하는 일이 일어나고 있다. 매크로 같은 범용 기술이 여론 조작에 쉽게 동원되고 불과 최소한의 인공적 조작으로 실시간 검색을 조작하고 이것이 다시 여론을 호도하는 사건들이 발생하면서 이제 플랫폼 사업자들은 원초적 기술과 조작에도 방법이 없다는 것을 쉽게 인정하는 게 현실이 되었다.

미디어 기술의 진화와 뉴스 알고리즘의 개발로 저널리즘의 객관성을 확보하고 참여적 언론을 조성할 것이라고 기대했지만 현실은 그와 정반대로 가고 있는 점은 우려를 자아낸다. 과거에 경험해 보지 못한 수준으로 가짜 뉴스가 양산되고 다양한 매체와 정보의 홍수 속에서 미디어 이용자들은 정보의 진위조차 파악하기 어려워 혼란에 빠지기 일쑤이다. 디지털 미디어의 발전과 참여적 뉴스 매체의 개발로 일방적 매스 커뮤니케이션의 시대가 가고 좀더 민주적이고 참여적 여론 조성이 가능해질 것이라 기대와 달리, 낮은 수준의 기술과 전통적인 여론 왜곡의 기제에 의해서도 쉽게 여론은 호도되고 왜곡된 정보로 동원되는 참여적 미디어의 패러독스를 실감하게 한다. 현재야말로 테크놀로지의 신화에서 벗어나 깨어있는 시민으로서, 미디어 이용자로서 자각이 그 어느 때보다 필요한 시대가 되었다.

참고문헌

강민석·주종우 (2020). 4차 산업 혁명 시대에서 인공지능(AI)의 작품 창작에 관한 연구 -예술인들의 인식을 중심으로-. 『한국디지털콘텐츠학회 논문지』, 21(1), 121-130.

김경욱 (2002). 『블록버스터의 환상, 한국 영화의 나르시시즘』. 서울: 책세상.

김기덕 (2019). 4차 산업혁명시대 콘텐츠와 문화콘텐츠. 『인문콘텐츠』, (52), 9-31.

김대원·김수원·김성철 (2016). OTT 서비스 도입 전후 해외 방송사업자의 콘텐츠 전략에 대한 비교 분석. 『정보사회와 미디어』, 17(2), 149-170.

김동환 외 (2020). 알고리즘 기반의 개인화된 카드뉴스 생성 시스템 연구. 『한국멀티미디어학회논문지,』 23(2), 301-316. https://doi.org/10.9717/KMMS.2020.23.2.301

김미경·이은지 (2019). 디지털 뉴스 알고리즘 플랫폼의 뉴스 신뢰도와 합의착각 효과 이용 동기, 지각된 유용성, 지각된 위험성과 지각된 편향성의 영향. 『정치커뮤니케이션 연구』, 통권55호, 39-83.

김민성·박성훈 (2010). 3D 애니메이션 제작 관련 기술동향 분석과 제안. 『한국엔터테인먼트산업학회논문지』, 4(2), 29-36.

김병희 (2015). 포털의 검색 알고리즘 개발에서 기사 어뷰징 방지를 위한 영향요인 탐색. 『커뮤니케이션 이론』, 11(3), 47-89.

김성구 (1998). 『자본의 세계화와 신자유주의』. 서울: 문화과학사.

김소영 편 (2001). 『한국형 블록버스터: 아틀란티스 혹은 아메리카』. 서울: 현실문화연구.

김수철·이현지 (2019). 문화산업에서의 플랫폼화: 웹툰산업을 중심으로. 『문화와 사회』, 27(3), 95-142.

김승래 (2018). 4차 산업혁명과 AI시대의 법적 과제와 전망. 『법학연구』, 18(2), 21-57.

김우리·옥민욱 (2019). 장애 아동의 학습을 위한 증강현실 및 가상현실 기반 중재연구 분석 학업 성취와 학습 태도를 중심으로. 『학습장애연구』, 16(3), 51-72.

김재영·이재호 (2002). 외주 정책 10년의 평가와 선진 외국의 외주 실태, 『문화 방송』.

김주란 (2018). VR경험이 VR광고캠페인 효과에 미치는 영향 연구: 공감 능력의 조절적 영향을 중심으로. 『광고PR실학연구』, 11(2), 62-82.

김진영·허완규 (2018). 제4차 산업혁명시대 인문사회학적 쟁점과 과제에 관한 연구. 『디지털융복합연구』, 16(11), 137-147.

김희재·정정주 (2020). 넷플릭스 이용동기와 행태에 관한 의미망 연구. 『언론과학연구』, 20(2), 89-129.

남인영 (1998). 블록버스터 또는 아이러니, 『키노』, 11월호, 163-165.

남형두(Nam, Hyung Doo) (2019). 건강정보 빅데이터와 프라이버시 침해 문제. 『정보법학』, 23(3), 1-33.

문다영·김승인 (2019). K-콘텐츠 발전 전략 연구 -넷플릭스와 왓챠플레이를 중심으로-. 『디지털융복합연구』, 17(2), 399-404. https://doi.org/10.14400/JDC.2019.17.2.399

문화관광부. 『내부 자료』.

박기덕·정진훈 (2014). 증강현실을 이용한 이미지기반 AR카드 활용방안 연구. 『디지털융복합연구』, 12(8), 467-474.

박승택·성인재·서상원·황지수·노지성·김대원 (2017). 기계학습 기반의 뉴스 추천 서비스 구조와 그 효과에 대한 고찰. 『사이버커뮤니케이션학보』, 34(1), 5-48.

박영표·오규환 (2013). 액션 기반 MORPG 유저 시나리오 특성화 사례 연구: 「던전앤파이터」와 「League of Legends」를 중심으로. 『한국컴퓨터게임학회논문지』, 26(2), 49-53.

방송진흥원 (1998). 『영상 산업의 아시아 시장 진출을 위한 수출 전략 연구』.

방송진흥원 (1999a). 『외주제작 의무 편성 정책의 효과 및 개선 방향 연구』.

방송진흥원 (1999b). 『다매체 시대 영상 산업의 문호 개방과 국제 공동 제작』.

배재권 (2017). 빅데이터 분석 시장 활성화를 위한 기술적, 제도적 요인에 관한 연구: 전문가 심층인터뷰 방법을 중심으로. 『예술인문사회융합멀티미디어논문지』, 7(5), 885-894.

변현지 (2019). 생산자-조직가의 매개체로서 유튜브 플랫폼 분석. 『문화연구』, 7(2), 96-127.

변현진(Byun Trina Hyunjin) (2018). 유튜브 콘텐츠의 제작·이용 환경 특성과 인기 채널 분석 및 함의점 고찰.『조형미디어학』, 21(4), 227-239.

서영우 (2019). 5G 서비스와 방송 미디어의 진화.『방송과 미디어』, 24(3), 76-81.

서울산업진흥재단 (1998). 『애니메이션 센터 운영 계획』.

서형준 (2019). 4차 산업혁명시대 인공지능 정책의사결정에 대한 탐색적 논의. 『정보화정책』.

손승혜 (2001). 아시아에서의 위성 방송과 국제 커뮤니케이션 논의의 패러다임 전환.『한국 방송 학보』, 15권 2호. 121-154.

송민정 (2016). 동영상 스트리밍 기업인 넷플릭스의 비즈니스모델 최적화 연구.『방송통신연구』, (1), 40-74.

송치만·백일 (2016). 게임 서사의 다양성을 보장하는 담화화의 주관성 연구-「리그 오브 레전드」를 중심으로. 『기호학연구』, 47, 177-205.

CJ 엔터테인먼트 (2001). 『Anual Report 2001』. CJ 엔터테인먼트.

안지훈 (2015). 게이머 조직시민행동이 게임 지속사용의도에 미치는 영향: 리니지2 중심으로. 『한국게임학회 논문지』, 15(1), 7-16. https://doi.org/10.7583/JKGS.2015.15.1.7

영화진흥위원회 (2002). 『영화 진흥 위원회 정책 보고서』. 영화진흥위원회.

오이쥔·조재희 (2017). 넷플릭스(Netflix) 이용자의 지속적 이용의도의 결정 요인에 관한 연구.『한국언론학보』, 61(5), 341-375.

유성선 (2018). 4차 산업혁명 AI시대 인성교육의 방법과 전망. 『한중인문 학연구』, 60, 33-48.

유지훈, 박주연. (2018). 글로벌 OTT 서비스 이용자의 지속적 이용 의도에 미치는 요인 연구. 『방송통신연구』, 46-79.

윤선희 (1998). 디즈니 애니메이션에 나타난 영상 산업의 탈영토화와 탈코 드화. 『한국 언론 학보』, 43권 2호. 210-242.

윤선희 (2001). 인터랙티브 방송 프로그램에 나타난 문화 권력. 『한국 방 송학보』, 15권 2호, 197-232.

이민정 (2019). 가짜 뉴스 생산의 알고리즘. 『한국방송미디어공학회 학술발 표대회 논문집』, 173-176.

이병호 (2016). 수익 창출 측면에서의 유튜브 역사 분석 -유튜브와 크리에이 터 영상미디어 채널의 수익 증진 현황. 『예술과 미디어』, 15(3), 117-146.

이보미 (2019). 유튜브 이용자의 채널 구독 및 만족도에 영향을 미치는 요 인에 대한 연구.

이소은 (2019). 5G 시대 콘텐츠의 변화와 과제. 『사이버커뮤니케이션학보』, 36(4), 5-40.

이영수 (2018). VR 플랫폼을 활용한 웹드라마 스토리텔링 연출에 대한 연 구. 『미디어스토리텔링』, 3(1), 1-16.

이재삼 (2019). 4차 산업혁명 시대에 있어서 과학기술의 발전을 통한 국가 경쟁력 강화 방안 연구. 『원광법학』, 35(4), 179-207.

이종만 (2019) 유튜브 이용자의 성격 특성과 이용 동기가 강박적 유튜브 사용에 미치는 영향.

이준명 외 (2016). 플레이어의 개인 성향과 게임 내의 트롤링 행위의 관계: 「리그 오브 레전드」를 중심으로. 『한국게임학회 논문지』, 16(1), 63-72. https://doi.org/10.7583/JKGS.2016.16.1.63

이준호·이사희·윤지환 (2019). 유튜브 개인여행방송 시청자의 개인 특성 과 사회적 시청이 시청만족, 지속이용, 방문의도에 미치는 영향. 『호텔경 영학연구』.

이현승 외 (2002). 『한국 영화 제작 환경 개선을 위한 연구』. 영화인회의.

이희은 (2019). 5G 이동통신과 미디어 테크놀로지의 물질성: 인프라로서의 미디어 네트워크를 향한 탐색적 연구. 『문화와 정치』, 6(2), 233-262.

임재민·이종한 (2014). 영상미디어 기술의 발달과 애니메이션 표현력의 확장에 대한 연구. 『만화애니메이션 연구』, 325-347.

임창호·이윤용 (2019). 제4차 산업혁명 시대의 드론 이용 테러리즘의 실태 분석 및 대응방안. 『한국범죄심리연구』, 15(3), 191-202.

임형백 (2017). 제4차 산업혁명 시대의 정부의 역할과 실패 비즈니스. 『한국정책연구』, 17(3), 1-22.

전병원 (2018). 4차 산업혁명시대 영화영상 기술변화와 스토리텔링의 대응. 『인문과학연구』, 165-183.

정윤식 (2017). 4차 산업혁명과 방송 통신 규제 패러다임 고찰. 『방송통신연구』, 146-170.

정중호·정의준 (2015). MMORPG 내러티브 구조 동향 연구 -NCsoft 게임 「리니지」, 「아이온」, 「블레이드 앤 소울」 중심으로-. 『한국컴퓨터게임학회논문지』, 28(2), 121-127.

조혜진·서지훈·최진탁 (2015). 주식 뉴스 콘텐츠를 활용한 오피니언마이닝 기반의 OAR 감성사전 알고리즘 기법. 『한국정보기술학회논문지』, 13(3), 111-119.

최선영·고은지 (2018). 넷플릭스 미디어 구조와 이용자 경험 행동경제학 관점에서 본 이용자와의 관계 맺기. 『방송문화연구』, 30(1), 7-42.

최정영·한치훈·김범수 (2020). 유튜브 크리에이터의 매력과 소통이 관계 형성과 지원의도에 미치는 영향 1인 미디어 산업의 관계마케팅 전략적 접근. 『e-비즈니스연구』, 21(1), 131-151.

최정영·한치훈·김범수 (2020). 유튜브 크리에이터의 매력과 소통이 관계 형성과 지원의도에 미치는 영향: 1인 미디어 산업의 관계마케팅 전략적 접근.

최종석 (2019). 4차산업혁명시대 지방정부의 스마트시티 추진 전략. 『한국지방정부학회 학술대회 논문집』, 139-147.

최한정 (2018). 온라인 RPG에서의 문화자본 형성과 상호작용 유형에 대한 연구.

최혜선·김승현 (2020). 국내외 OTT서비스의 사용자 경험 연구 -넷플릭스와 왓챠, 웨이브를 중심으로-. 『디지털융복합연구』, 18(4), 425-431. https://doi.org/10.14400/JDC.2020.18.4.425

최한정·유승호 (2019). 온라인 RPG에서의 문화자본 -"월드 오브 워크래프트" 플레이 경험을 중심으로-. 『한국게임학회 논문지』, 19(2), 95-110. https://doi.org/10.7583/JKGS.2019.19.2.95

플레너스 (2002). 『내부 자료』.

한국문화정책개발원 (1997). 『국내 애니메이션 산업 육성 방안』.

한국애니메이션창작자협회 (2003). 『애니메이션 정보 자료집』.

한국콘텐츠진흥원. (2020). 『해외콘텐츠산업동향』.

한국콘텐츠진흥원 (2019). 『콘텐트산업통계』.

한현원·조성희 (2009). 구조주의 서사이론에 기반한 MMORPG 퀘스트 분석: 「월드 오브 워크래프트」를 중심으로. 『한국콘텐츠학회논문지』, 9(9), 143-150. https://doi.org/10.5392/JKCA.2009.9.9.143

한창완 (2003). 『저패니메이션과 디즈니메이션의 영상 전략』. 서울: 한울아카데미.

한희경 (2019). 유아 유튜버의 놀이 콘텐츠 특성 및 적절성: 「보람튜브 브이로그」 채널을 중심으로. 『학습자중심교과교육연구』, 19(23), 215-236.

현승헌·백용재 (2017). 4차 산업혁명 시대의 미디어 서비스의 변화. 『정보와 통신 열린강좌』, 34(2), 22-31.

황진석·이상신·박시현·한경석 (2020). 4차 산업혁명시대, 공연예술의 융복합 사례연구. 『연기예술연구』, 17, 129-147.

조선일보 (2002. 1. 21). "스크린 쿼터 일수 축소 검토," 12면.

한국일보 (1999. 3. 5). "쉬리 유사 할리우드 장르 전략의 성공," 15면.

Alexander, A. et al. (1993). *Media Economics*. N.J.: Laurence Publisher.

Allcott H & Gentzkou M. (2017). Social media and fake news in the 2016 election. *Journal of economic perspectives*. 3(2), 211-236.

Amsden, A. (1989). *The Asia's Next Giant*. Oxford: Oxford University Press.

Ang, I. (1985). *Watching Dallas: Soap Opera and the Melodramatic Imagination*. London: Methuen.

Antsell , C. & Gash, A. (2008). Collaborative Governance in thery and practice. *Journal of public administration Research and Theory*. 18(4), 543–571.

Ashcroft, B. et al. (eds.) (1989). *The Empire Writes Back: theory and practice in postcolonial literature*. London: Routledge.

Baek, J., & Kim, K. C. H. (2016). The Analysis of the Successful Factors from User Side of MMORPG 「World of Warcraft」. *Cartoon and Animation Studies*, 42, 151–175. https://doi.org/10.7230/koscas. 2016.42.151

Bagdikian, B. (1992). *The Media Monopoly*. Boston: Beacon Press.

Baldick, C. (1992). *The Oxford Book of Gothic*. Oxford: Oxford University Press.

Balio, T. (ed.) (1985). *The American film industry*. Madison: The University of Wisconsin Press.

Balmas, M. (2014). When Fake News Becomes Real: Combined Exposure to Multiple News Sources and Political Attitudes of Inefficacy, Alienation, and Cynicism. *Communication Research*. 41, 430–454.

Barglow, R. (1994). *The Crisis of the Self in the Age of Information*. N.Y.: Routledge.

Barnet, M. & Duval, R Eds. (2005). *Power in Gobal Governance*. New York: Cambridge University Press.

Barthes, R. (1983). *Selected Writings*. s. Sontag (ed.). London: Fontana.

Baudrillard, J. (1981). *For a Critique of the Political Economy of the Sign*. St. Louis: Telos Press.

Baudrillard, J. (1983). *Simulations*. N.Y.: Semiotext.

Beason, M. (2011). Globalization, governance and political economy of public policy reform in East Asia. *Governance*. 14(4), 481–502.

Bell, D. (1984). *The Coming Post‑Industrial Society*. N.Y.: Basic Books.

Ben, N. (2019). Measuring traffic manipulation on Twitter. *Project on computational propaganda*, 35–40.

Bevan, C. & Cowan D. (2016). Uses of Macro Social Theory: A Social Housing Case Study. *Modern Law Review*. 79(1), 76–101.

Bhabha, H. (1994). *The Locatation of culture*. London: Routledge.

Blake, L & Monnet, A. (2017). *Neoliberal Gothic*. Machester: Manchester University Press.

Boehmer, E. (1995). *Colonial and postcolonial literature*. Oxford: Oxford University Press.

Bork, R. et al. (1997). Post‑modern gothic and limits of structural rationalism. *Journal of society of architectural history*. 56(4), 479–493.

Bradshaw, S, Neudert L. & Howard, N. (2019). Government Responses to Malicious Use of Social Media. *Project on Computational Propaganda*. https://comprop.oii.ox.ac.uk/research/government‑responses/

Brewer, D. (1983). *English Gothic Literature*. London: Macmillan Press.

Buchanan‑Oliver M & Seo Y. (2012). Play as co‑created narrative in computer game consumption – *The hero's journey in Warcraft III*.

BURCHELL, G.; GORDON, C.; MILLER, P. (Eds.). *The Foucault effect: Studies in governmentality*. Chicago, Illinois: University of Chicago Press, 1991.

Campbell, J. (1949/2008). *The Hero with thousand faces*. New York: New World Library.

Cayres V. & Duran A. (2016). World of Warcraft Dramaturgical Approach: a Drama that Plays with its Own Limits. *Kinephanos: Journal of Media studies and popular culture*, 153–170.

Chess, S. (2015). Uncanny Gaming. *Feminist Media studies*. 15(3), 382–396.

Choi, S & Kim G. (2010). Internal Structure of the Korean Social Face (Chemyon, 體面). *Korean Psychology*, 12(1), 185-198.

Christen, C. T., Kannaovakun, P., & Gunther, A. C. (2002). Hostile Media Perceptions: Partisan Assessments of Press and Public during the 1997 United Parcel Service Strike. *Political Communication*, 19(4), 423-436.

Chung, J. & Park, N. (2016). The effect of biased perception toward others' comments on perceived public opinion. *Korean Journal of Journalism & Communication Studies*, 60(2), 95-126.

Compaign, B. (1982). *Whoo Owns the Media?: Concentration of Ownership in the Mass Communications Industry*. N.Y.: Knowledge Industry Publication.

Conline, L., & Roberts, C. (2016). Presence of online reader comments lowers news site credibility. *Newspaper Research Journal*. 37(4), 365-376.

Deleuze, G & F. Guattari (1983). *Anti-Oedipus: Capitalism and Schizophrenia*. Minneapolis: University of Minnesota Press.

Dennis, A. (2008). Ladies in peril. *Neo-Victorian Studies*, 1(1), 41-52.

Derrida, J. (1978). *Writing and Difference*. London: Routledge.

Doges, P. (2007). The new institutionalism as theoretical foundation of media governance. *Communications*. 32(3), 325-330.

Dunne, D. (2014). *Multimodality or Ludonarrative dissonance*. http://dx.doi.org/10.1145/2677758.2677785

Fisher, F. (2006). Participatory governance as deliberative empowerment. *American Review of Public Administration*. 36(1), 19-40.

Foucault, M. (1979). *Discipline and Punish: Birth of the Prison*. A. Sheridan (trans.). N.Y.: Vintage Books.

Foucault, M. (1980). *Power/Knowledge: Selected Interviews and Other Writings 1972~1977*. Gordon (trans.) N.Y.: Pantheon Books.

Frenda, S, Nichols, L. (2011). Current issues and advances in misinformation research, *Current Directions in Psychological Science.* 20(2011), 20–23.

Gelfaud, L. (1999). Haunted world; narrative, ritual, carnival in gothic role playing games. *New directions.* 3, 1–15.

Gerard, W. (2016). Nostalgia for an idealized aristocracy during the romantic era. *Word & Image.* 32(4), 393–408.

Guback, T. (1969). *The International film industry: Western Europe and America since 1945.* Bloomington: Indiana University Press.

Habermas, J. (1989). *The Stuructural Transformation the Public Sphere.* Cambridge: MIT Press.

Hellman, C & Majamäki, M. (2016). Ordinary men with extra–ordinary skills? Masculinity constructs among MMORPG–gamers. *Journal of Research in Gender Studies.* 6(2), 90–106.

Heo & Park (2012). Concepts of Nunchi. *Humanity and Science.* 35(33), 557–581.

Hogle, J. (2006). *Gothic Literature.* New York: Thomson.

Hogle, J. (2014). *The Cambridge companion to the Modern Gothic.* Cambridge: Cambridge University Press.

Houston, B et al. (2011). Influence of user comments on perceptions of media bias and third person effect in online news. *Electronic news.* 5(2), 79–92.

Hwang, J. & Kil, Y. (2018, April 23). Worldwide negative effect of replies, what they do with it in other countries? *Hangyerae.*

Hwang, Y. & Kwon, O. (2017). A study on the conceptualization and regulation measures on fake news. *Journalism & Law.* 16(1), 53–101.

Jang, Y & Lee E. (2017). Effects of other's comments and intervention of site managers. *Journal of Social Science.* 10, 377–421.

Jenkins, H. (2015). Game Design and Narrative Architecture. *Computer 44.* https://www.researchgate.net/publication/238654339

Karavatos, A. (2017). *Ludonarrative dissonance and player perception of story and mechanics in MMORPGs.* Unversity of Stovde Thesis.

Karlova, N, Fisher, & Plz, R. (2013). A social diffusion model of misinformation and disinformation for understanding human information behaviour. *Information Research.* 18, 1–17.

Karppinen & Hallvard. Media governance In Loblich & Rudiger (eds) *Communication and Media policy in the era of internet.*

KDC Newsroom (2018, April 25). Naver new policy of replies. *Korea Economy Daily.*

Keane M. (2006). Once were peripheral: creating media capacity in East Asia. Media, *Culture & Society*, 28(6), 835–855.

Kim, K. (2018, March 13). Naver, the prime search engine, what would be the rate of user satisfaction? *Joongang Daily.*

Kim, S. (2017, Nov 29). Readers view news on the portal sites. *No Cut News.*

Kim, Y. (2015). Exploring the effects of source credibility and others' comments on online news evaluation. *Electronic News.* 9(3), 160–176.

Koh, H. (2018, Dec. 28). Special counsels demand 5–year prison for Kim Kyongsu. *Hangyerae.*

Kooiman, J. (1994). *Modern Governance.* London: Sage.

Kooiman, J. (2003). *Governing as governance.* London: Sage.

Korea Press Foundation (2016). *2016 Annual survey of media users.* Seoul, Korea: Korea Press Foundation.

Kress, G. & Leeuwen, T. (1997). *Reading Images.* London: Routledge.

Krzywinska, T. (2015). Gaming horror's horro. *Journal of Visual culture.* 14(3), 293–297.

Kwak, S (2019, Sep. 9). Their Chokook, Their league only. *Weekly Chosun.*

Kweon, S. & Kim, I. (2008) A study of the relationship between perception and activities in the news replies. *Journalism and Information.* 42, 45–78.

Lee, D, Lee, S. & Lee, Y. (2018, Oct 26). Naver at the hearing "no fundamental method to block manipulation of replies". *Maeil Economy Daily.*

Lee, E. (2011). Perceived bias or biased perception? Effects of others' comments, perceived opinion climate, and issue involvement on perceived news slant. *Korean Journal of Journalism & Communication Studies,* 55(3), 179−198.

Lee, G. & Koh, H. (2010). Who controls newspapers' political perspectives?: Source transparency affiliations in Korean news articles about US beef imports. *Asian Journal of Communication,* 20(4), 404−422.

Lee, Y. (2019, Jan.30). Report, the case of Druking. *News 1.*

Limits. Kinephanos: *Journal of Media studies and popular culture,* 153−170.

Litman, B. et. al. (1994). "Measuring diversity in US television programming," *Studies in Boradcasting.* v.30. 131−153.

Logan, A. (1996). *Gnostic Truth and Christian heresy.* Edinburgh: Hendrickson Publisher.

Macfarlane, K. (2017). Market value: American Horro story's housing crisis. *In Neo-liberal Gothic,* 145−160.

Maden, V. (2017). Suburban gothic witch hunting, anxiety induced conformity. *Journal of American Culture.* 40(1), 7−21.

Marx, K. (1967). *Capital Vol. 1.* N.Y.: International Publishers.

Mosco, V. (1996). *The Political Economy of Communication.* London: Sage.

Mudge, B. (1992). *Man with two brains: gothic novel and popular culture.* New York: Modern Language.

Napoli, P. (2015). Social media and the public interest. *Telecommunication Policy.* 39, 751−760.

Nielson, C. (2014). Coproduction or cohabitation: are anonymous online comments on newspaper websites shaping news contents? *New Media & Society.* 16(3), 470−487.

O'Malley, P. (2017). *Catholicism, sexual deviance and Victorian gothic culture*. Oxford: Oxford University Press.

Ock, H. (2019, April 17). Moon's confidant suspected of opinion rigging released on bail. *Korea Herald*.

Oh, H. (2018, Oct. 31). Naver damaged brand value because of Druking incidence. *Maeil Economy Daily*.

Panofsky, E. (1951). *Gothic architecture and Scholarticism*. Latrobe: Archabbey Press.

Park, J. & Kim, W. (2018, May 8). The new reply policy of Naver can be broken up in 30 minutes. *Hangyerae*.

Picucci, M. (2015). *Non-determinism in the narrative structure of video games*. New Castle University Thesis.

Pierre, J. (2000). *Debating Governance*. Oxford: Oxford University Press.

Pittinen (2018). Morality in let's play narrative: moral evaluation of gothic monsters in game play. *New Media & Society*. Online.

Punter, D. (1980). *The literature of terror: a history of Gothic fictions*. London: Longman.

Puppis, M. (2010). Media governance: communication, *culture & critique* 3, 134–149.

Quijano–Cruz, J. (2011). How Linearity Affects Narrative: The Incomplete Story of Final Fantasy XII. *Eludamos: Journal for Computer Game Culture*. 5(1), 105–110.

Rhodes, R. (1996). The New Govenrance: governing without government. *Political Studies*. 44(4).

Rosenau, J. (1995). *Governance in 21st century*.

Rosenau, J. & Czempiel (1992). *Governance without governemtn: order and change in world politics*. New York: Cambridge University Press.

Ruiz, C. et al. (2011). Public sphere 2.0. *International Journal of Press*

/Politics. 16(4), 463−489.

Sagner, K. (2007). *Gothic.*

Said, E. (1978). *Orientalism.* N.Y.: Pantheon Book.

Samantha, C. (2010). Putting the Neo back into neo−Victorian. *Neo−Victorican Studies.* 3(2), 172−205.

Samuel C. Woolley, Douglas R. Guilbeault (2017). Computational Propaganda in the United States of America: Manufacturing Consensus Online. *working paper,* https://comprop.oii.ox.ac.uk/research/

Sanjay, M. (2016). *Game programing algorithm.*

Schiller, H. (1996). *Information in equality.* N.Y.: Routledge.

Scopello, M. (1991). *Les Gnostique.* Paris: Cerf.

Seraphine, F. (2014). *Ludonarrative Dissonance.*
https://www.researchgate.net/publication/307569310

Sherrick, B & Hoewe, J. (2018). The effect of explicit online comment moderation. *New Media & Society.* 20(2), 453−474.

Shim, D. (2006). Hybridity and the rise of Korean popular culture in Asia. *Media, Culture & Society.* 28(1), 25−44.

Shu, K. et. al. (2017). *Fake news detection on social media.* Working paper.

Smoodin, E. (ed.) (1994). *Disney Discourse: producing the Magic Kingdom.* N.Y.: Routledge.

Spawforth, C, Millard D. (2017). Multiplayer games as a template for multiplayer narratives: a case study with dark souls. *Proceedings of Narrative and Hypertext workshop.*

Spooner, C. (2006). *Contemporary Gothic.* London: Reaction Books.

Squire, J. (ed.) (1992). *The Movie Business Book.* N.Y.: Simon & Schuster.

Stern, E. (2002). 'A Touch of Medieval: Narrative, Magic and Computer Technology in Massively Multiplayer Computer Role−Playing Games.' *CGDC Conference proceedings.*

Stobbart, D & Evans, M. (2016). *Engaging with video games*. Oxford: Interdisciplinary Press.

Stoker, Gerry. (1998). Governance as Theory: Five Propositions, *International Social Science Journal*. 50(1): 17–28.

Tandoc, E et al. (2018). Defining "Fake News", *Digital Journalism*, 6:2, 137–153.

Tesák, J. (2017). *Narrative Storytelling and Dialogic Interaction in Video Games*. Masaryk University Thesis.

Tomai E, et al. (2014). Exploring Narrative Structure with MMORPG Quest Stories. *Tenth Artificial Intelligence and Interactive Digital Entertainment Conference proceedings*.

Wasco, J. (1994). *Hollywood in the Information Age*. Texas: University of Texas Press.

Willams, F. & J. Pavlik (eds.) (1994). *The People's right to know: media, democracy, and the information highway*. London: Lawrence Erilbaum.

Wolf, M. (1999). *The Entertainment Economy*. N.Y.: Random House.

Yoon, s. (2002). Democratisation and restructuring the media industry in South Korea. *Media Development*. V.54 v.1, 23–28.

Yoon, S. (2014). Asian Modernization and Mediatization of Religion. *Journal for the Study of Religions and Ideologies*. 13(39), 1–19.

Zizek, S. (1989). The *Sublime object of Ideology*. New York: Verso.

Zurutuza, K. (2015). The Vampire as gender and racial construction of Western campitalism. *International journal of arts and science*. 8, 541–550.

Ryoo, J. (2013, Aug 1). History of NHN, start of naver.com in 1999, and became the first runner of search engine in 2000. *NSP Communication*.

Shin, A. Et al. (2019, May 4). The ticket price of BTS concert, 560 man Won ($ 5,0000 USD, added by the author)? *Donga Daily*.

Jong, C. (2018, Aug 6). Naver should be classified as monopoly. *Media Today*.

Jong, J & Park, T. (2018, Jul 6). Naver let Macro manipulate. *Joongang Daily*.

Jong, J. (2018, Jul 22). Manipulating 11,310,000 in a month..breaking in Naver by Druking KingCrab 2. *Joongang Daily*.

Kang, E. (2019, Aug 30). Supporting vs impeaching Chokook. Debates on search ranking. *News 1*.

Kang, I. (2018, May 9). No news on the first page? New policy of Naver mobile. *IT Donga*.

저자약력

윤선희

현재 한양대학교 미디어 커뮤니케이션 학과 교수로 재직하고 있으며, 전공 분야는 문화연구, 영상커뮤니케이션, 비판이론이다. 미국 오리건 대학에서 문화연구, 정치경제학을 전공하여 박사 학위를 받았다. 방송, 영화, 디지털 미디어 등 다양한 매체에 대한 문화적 분석과 비판적 시각을 제시하는 연구 성과를 보이고 있다. 특히 저자의 연구는 디지털 게임 수용자 연구, 북한의 한류 연구의 효시가 되었으며, 세계적으로 인용이 많이 되고 있다. 국내 학술지뿐 아니라 국제 저명 학술지에 관련 연구 20여 편을 출간한 바 있고, 새로운 관점에서 미디어의 변화를 조망하는 연구 결과를 국제 학술지를 통해 연속적으로 발표하고 있다. 저서로는 <글로벌 미디어와 아시아 정체성> <영상산업과 문화 연구> <사이버 문화와 여성>이 있다. 현재 세계언론학회(IAMCR, International Association for Media and Communication Research) 영상문화 세션 회장을 맡고 있고, ISMCR(International Society for Media, Culture and Religion) 학술대회 디렉터, Asian Communication Research 편집장을 역임한 바 있다. 미국 예일대, 영국 케임브리지 대학 등 세계 여러 유수 대학에 방문 교수로 있으면서 글로벌한 연구와 국제 교류로 학문 발전에 공헌하였다.

4차 산업혁명과 영상 미디어산업
−시장, 거버넌스 그리고 소비문화

초판발행	2021년 3월 2일
중판발행	2022년 2월 10일
지은이	윤선희
펴낸이	안종만·안상준
편 집	조보나
기획/마케팅	오치웅
표지디자인	조아라
제 작	고철민·조영환
펴낸곳	(주) **박영사**
	서울특별시 금천구 가산디지털2로 53, 210호(가산동, 한라시그마밸리)
	등록 1959. 3. 11. 제300-1959-1호(倫)
전 화	02)733-6771
f a x	02)736-4818
e-mail	pys@pybook.co.kr
homepage	www.pybook.co.kr
ISBN	979-11-303-1167-8 93320

정 가   18,000원